# Découvrez l'histoire par les archives de presse

## RETRONEWS

Le site de presse de la BnF

www.retronews.fr

# BULLETIN

DE LA

# SOCIÉTÉ ACADÉMIQUE

## DE CHAUNY

Vue de Chauny, d'après une Gravure du XVII<sup>e</sup> siècle.

*(Prise des hauteurs de Sinceny-Autreville)*

# BULLETIN

## DE LA

# SOCIÉTÉ ACADÉMIQUE

## DE CHAUNY

TOME QUATRIÈME

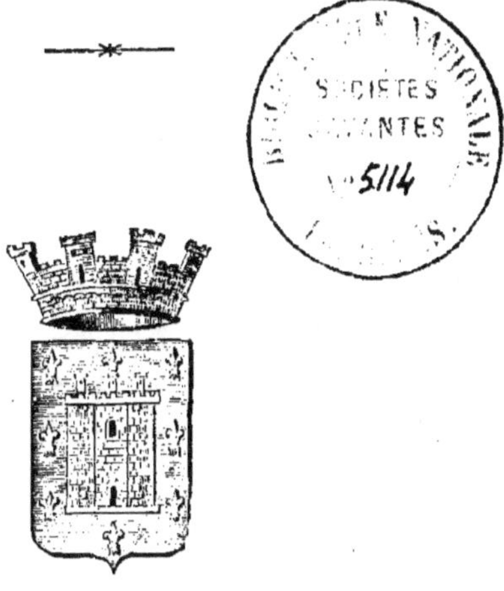



CHAUNY

IMPRIMERIE, PAPETERIE, LIBRAIRIE A. VISBECQ

Edmond TROUVÉ, Successeur

1890

# Chauny en Cent Ans

*Notes et Documents historiques de 1789 à 1889*

Par l'Abbé CARON

Secrétaire-Trésorier de la Société Académique de Chauny

— ❧ —

## INTRODUCTION

UNE circulaire ministérielle, de récente date, invite les membres des Sociétés savantes de Paris et des départements à s'occuper, cette année, pour la célébration du centenaire de 1789, de leurs archives locales de la Révolution.

Désirant répondre de notre mieux à l'appel de M. le ministre de l'Instruction publique et des Beaux-Arts, nous avons compulsé nos annales communales de la fin du XVIII° siècle, en particulier les registres des délibérations du Conseil municipal. Entraîné par la nouveauté et aussi, nous devons dire, par le vif intérêt du sujet, nous avons poursuivi nos recherches jusqu'à nos jours, de façon à donner non seulement les documents principaux de l'époque révolutionnaire, mais encore un résumé des faits qui se sont passés dans la suite.

Ce travail de longue haleine nous a été beaucoup facilité

par l'empressement que MM. les employés de la mairie ont
toujours mis à nous confier, sur place, les trésors historiques
dont ils ont la garde ; qu'ils nous permettent de leur offrir
ici tous nos remerciements. Cependant, après avoir patiemment
réuni de nombreux et très curieux matériaux, une grosse
difficulté nous arrêta longtemps au moment de les mettre en
œuvre. Difficulté qu'un éminent professeur d'histoire, M. Haumant, signalait en ces termes dans le discours qu'il prononçait
naguère à la distribution solennelle des prix du lycée de
Saint-Quentin le 31 juillet dernier : comment écrire ou enseigner l'histoire de nos révolutions, se demandait-il, « l'accord
n'est pas plus fait sur la Révolution de 1789 qu'il ne l'est
sur celle de 1830 ou de 1848. Lorsque, l'année prochaine,
nous célébrerons le centième anniversaire de la réunion de
l'Assemblée constituante, les uns illumineront, les autres
fermeront soigneusement leurs fenêtres. Cent ans vont bientôt
nous séparer de la Révolution : dans ce siècle presque révolu,
la face du monde a plus changé que pendant tout le Moyen-
Age, et cependant les passions nées de la Révolution sont
toujours vivaces. On ne se tire plus de coups de fusil derrière
les haies de la Vendée ; sur la place de la Révolution, devenue
la place de la Concorde, le pacifique obélisque de Louqsor a
remplacé la guillotine. Cependant la lutte continue, mais à
coup de gros volumes, d'articles de journaux, de revues, de
documents inédits. Chaque jour apporte à la Révolution son
tribut de publications nouvelles, et — qu'ai-je besoin de le dire ?
— la plupart de ces publications se contredisent absolument. »

« Au milieu de ce chaos d'opinions, de ce déluge de papier,
M. Haumant se pose cette question ; que peut être un cours
d'histoire ? Comment y donner des conclusions nettes, des
avis indiscutables ? Comment débattre des questions aussi
délicates devant un auditoire généralement peu disposé à
« *jurare in verba magistri* » (presque tous nos auditeurs et nos
lecteurs en sont là aujourd'hui) ? Il ne faut pas oublier en

effet, que nos auditeurs sont de grands garçons ; que certains d'entre eux s'appliquent déjà avec orgueil les vers du vieux poëte:

« Picards sont gens de bonne mine
Ayant barbe au menton. .

« Ces jouvenceaux ont une opinion politique — c'est en politique surtout qu'il n'y a plus d'enfants ! — ils y tiennent, ils la mettent partout ; ils seraient heureux de rompre, à l'occasion, une lance en son honneur, fût-ce surtout contre un professeur. Nous n'avons garde de nous plaindre de cette ardeur juvénile ; nous la préférons de beaucoup à la tranquillité endormie de quelques élèves. Il n'en est pas moins évident que, dans un cours déjà quelque peu périlleux, cet excès d'ardeur peut être un danger de plus. »

M. le professeur conclut que : « L'histoire de nos révolutions ne peut donc être faite qu'avec une extrême prudence. Il n'y faut, si tentant que soit le sujet, ni lyrisme, ni tentative d'éloquence, l'éloquence est la mère de toutes les erreurs. Il n'y faut, ni jugements absolus, ni arrêts tranchants, sauf dans des cas très rares. Certes, le professeur aurait tort s'il hésitait à flétrir tel émigré guidant les armées ennemies sur le sol français. S'il épargnait tel ou tel exécuteur des basses œuvres de la Convention ; mais quand la question sera plus générale, plus complexe, il fera bien de réserver son jugement... »

La méthode que préconise M. le professeur Haumant est excellente : nous nous proposons de la suivre fidèlement.

Nous donnerons d'une manière spéciale les faits et documents qui concernent la Révolution, par ordre chronologique et, le plus souvent, en forme d'éphémérides et, en abrégé, les principaux événements qui se sont accomplis de la Révolution à nos jours.

Déjà, dans diverses brochures, publiées en partie dans la *Défense Nationale,* nous avons relaté, d'après des pièces authentiques, l'état pitoyable de nos églises en 93 et les récits des fêtes civiques de la Terreur ; plus récemment nous avons inséré, dans le *Bulletin* de notre *Société Académique*, le *Passeport du conventionnel Bouchereau*, dont l'original a été déposé dans nos archives par M. Dapremont ; le *Brevet de capitaine du citoyen Carlot*, communiqué par M. Doléac ; le *Cahier des plaintes et doléances* de la paroisse d'Ognes, retrouvé dans des papiers de famille par M. Léopold Briquet.

A ces documents, déjà connus, nous en ajouterons d'autres et d'inédits, de manière à former un tout complet et à tracer le plus fidèlement possible le tableau de la vie communale de Chauny, de 1789 à 1889.

Puisse ce tableau être agréable à nos concitoyens [1] : nous le leur offrons comme un nouveau témoignage de reconnaissance pour le bon accueil qu'ils accordent toujours aux publications de notre Société Académique et à nos études d'histoire locale en particulier.

*Le Secrétaire :*

---

(1) Nous leur en avons donné la primeur dans les *Conférences publiques de cet hiver 1888-89*.

Voir les comptes-rendus de ces conférences, t. III., p. 53 du *Bulletin* et dans les journaux de la localité (décembre 1888).

## PREMIÈRE PARTIE
# ÉPOQUE RÉVOLUTIONNAIRE

### I.

**Physionomie de Chauny en 1789**
**Cahier général des Vœux et Doléances du bailliage de Chauny**

Avant de commencer notre revue de cent ans, nous aurions voulu présenter, dans ce premier chapitre, maison par maison, quartier par quartier, place par place, le Chauny de 1789, avec ses églises et ses couvents; mais, notre honorable vice-président qui nous avait fait espérer cette statistique et qui mieux que personne pouvait l'établir, n'a pu, par suite de diverses circonstances, la mener à bonne fin.

A défaut de cette statistique — que néanmoins nous espérons posséder quelque jour — voici un panorama (1) de l'ancien Chauny, édité en 1697 et une notice historique de ce temps « Chauny, petite ville
« de Picardie de trois mille âmes, deux paroisses, l'une sise près de
« l'hôtel commun de ville, l'autre à l'entrée du *faubourg* de la Chaus-
« sée; siège d'un bailliage secondaire, d'une maîtrise des eaux et
« forêts, d'une prévôté, renommée par son commerce de grains,
« toiles, cordages et aussi par la grande activité de son port situé sur
« l'Oise et à l'entrée du canal de Saint-Quentin. »

Le panorama de la fin du XVIIe siècle est assurément le même en 1789 car, autrefois, la physionomie des villes changeait peu dans l'espace de cent ans, *l'aurea mediocritas*, le *beatus ille qui procul negotiis* du poëte étaient en grand honneur et l'on regardait comme heureux, mille fois

> Heureux celui qui, loin du bruit. sans projets, sans affaires,
> Cultive de ses mains ses champs héréditaires.

Les maisons, sur le dessin, sont groupées dans une vallée qui figure notre vallée d'or : elles sont en général de modeste apparence et plus nombreuses dans l'intérieur des murs ; à Chauny, comme un peu partout, l'on ne connaissait en ce temps ni le luxe ni le confortable de nos habitations modernes : on naissait, on vivait et souvent l'on mourait sous le chaume paternel.

De fortes murailles percées de portes séculaires et baignées par des eaux abondantes, environnent de toutes parts la petite cité ; dans l'intérieur, l'on distingue trois monuments flanqués de hautes tours,

_______________

(1) V. p. 2, notre gravure de *l'ancien Chauny*.

celui du milieu est l'hôtel de ville, à droite et à gauche sont l'église Saint-Martin et la tour en grès du Beffroy, proche de l'Hôtel-Dieu ; *en dehors des murs*, l'église Notre-Dame et la rue de la Chaussée, allant, avec ses quelques maisons, jusqu'au canal seulement ; au loin des collines et quelques hameaux.

Ce que le panorama ne nous retrace pas, c'est la vie du pays ; le va-et-vient qui se produit en ville les jours de fête ou de marché et les jours d'audience des tribunaux du bailliage, comme aussi à l'arrivée des lourdes diligences de Paris; au passage à Chauny des princes du sang ou de hauts personnages du royaume ainsi qu'il arriva en dernier lieu. vers la fin du mois de janvier, à l'occasion de la réception officielle du duc d'Aumont nommé *grand bailli de Chauny*.

Ce que le panorama ne nous retrace pas non plus, c'est cette jeunesse épanouie, naïve, vigoureuse, qui s'agite sur ses places, au jeu de paume et de l'arquebuse ; ce sont encore ces bons vieillards bruns et colorés, au regard ouvert et ces jeunes filles *sentimentales* (c'était le mot de l'époque) des tableaux de Greuze ; ces bourgeois profondément honnêtes et respectueux, passionnés pour l'honneur et la gloire de leur pays, allant aux offices de leur paroisse un livre d'heures sous le bras, portant avec une certaine dignité leur habit de gros drap noir, à gros boutons d'acier, leur veste brodée, leur culotte courte, leurs cheveux longs et flottants, tels que nous les font voir dans leurs œuvres, les Chardin, les Jeaurot, les Vernet et les planches des Encyclopédistes.

L'artiste moderne cherche vainement, dans nos types actuels, amaigris par le travail fiévreux de nos jours, cette vigueur de forme, cette fraîcheur éclatante de carnation qu'il reproche aux artistes du XVIIIᵉ siècle comme une fiction et une flatterie, comme une transformation ridicule du menu peuple en grandes dames et en élégants marquis.

Quoi qu'il en soit, quand advint la Révolution, ces braves gens de 89, si paisibles d'ordinaire, si indifférents aux affaires générales du royame, ne voyant d'autre horizon que celui de leur riche et bien-aimée vallée, ne luttant jamais que pour leurs franchises municipales ou pour la défense des droits et privilèges de leur paroisse ou de leur corporation, ces braves gens se sentirent tout à coup pris d'un bel enthousiasme pour les idées nouvelles qui commençaient à se faire jour chez eux.

Ah ! c'est que, depuis longtemps, les impôts devenaient de plus en plus lourds et les collecteurs intraitables ; c'est que des conflits s'élevaient souvent entre la milice bourgeoise et les gens du roi ; c'est que

les deux paroisses rivales de la ville étaient toujours en procès, même
devant le Parlement; c'est que chacun attendait des évènements
nouveaux un triomphe définitif; c'est que le pain était cher; l'hiver
avait été dur (1); la misère générale s'étendait partout... C'est que, en
un mot, on était fatigué de l'ancien état de choses... Il fallait du
nouveau!.. Et la Révolution, avec ses États-Généraux en perspective,
avec ses grands projets de reconstruction politique et sociale, pro-
mettait de réaliser les rêves et les désirs de tous.

Aussi quand arriva la nouvelle officielle de la Convocation des
États-Généraux, des vivats éclatent de toutes parts : on allume
chaque jour des feux de joie à deux fins sans doute, car il gèle encore
à pierre fendre ; on se dispute les images où se trouvent réunies dans
un médaillon les figures des rois Louis XII, Henry IV, et Louis XVI,
avec ces légendes flatteuses « 12 et 4 font 16, comme le prouve ce
« théorème 16 égale 12 plus 4 — preuve par l'addition :

« Louis XII, père du peuple »

« Henry IV, père de ses sujets »

« Louis XVI, l'un et l'autre »

(1) L'hiver de 1788-89 avait été des plus rudes ; il avait fait de terribles ravages
dans la contrée, jusqu'à geler les poissons des étangs, comme le constate le
procès-verbal suivant extrait des minutes de l'étude de M<sup>e</sup> Descambres, successeur de M<sup>e</sup> Ruzé.

« L'an 1789, le 30 janvier, 8 heures du matin, à la réquisition de M<sup>e</sup> Bourgeois, procureur au bailliage de Chauny, premier échevin en exercice de la
ville, au nom et comme tuteur oné. aire du sieur François Demory d'Havricourt
fils mineur de défunt M<sup>e</sup> Ch. Demory des Gravières, vivant conseiller du Roy,
lieutenant général au bailliage de Chauny et dame Barbe Constance Boileau, son
épouse ; nous François-Théodore Lelong, notaire royal au bailliage du dit
Chauny, nous nous sommes transportés avec ledit M<sup>e</sup> Bourgeois aux *étangs de
Pierremande*, situés à droite en entrant audit Pierremande, appartenant à
monseigneur le duc d'Orléans et tenus à bail par ledit M<sup>e</sup> Bourgeois pour le
compte dudit mineur, où, étant, nous avons trouvé Jean et Pierre Denis fils,
tous deux pêcheurs demeurant au Bac, paroisse de Bichancourt, occupés à faire
l'avalaison des étangs à l'effet de constater l'état du poisson mis en réserve dans
l'un des dits étangs, lors des pêches du mois d'octobre, ce qui ayant été fait nous
avons remarqué qu'il ne restait dans le dit étang que deux antenaux, un petit
brocheton, un quart de sciau de petites tanches, et aussi un quart de sciau de
petites roches et que, généralement tout le surplus du poisson des dits étangs
avoit péri par la rigueur et la longue continuité des gelées qui ont duré du 15
novembre dernier au 12 du présent mois ; lequel poisson mort, en notre présence et à la réquisition dudit M<sup>e</sup> Bourgeois, a été retiré des dits étangs par les dits
Jean et Pierre Denis et de suite, placé dans une fosse pratiquée exprès et cou-
verte de terre pour prévenir les accidents que les exhalaisons pourraient occa-
sionner dans le voisinage. Toutes ces opérations nous ayant conduits jusqu'à la
fin de la journée nous avons et requérant ledit M<sup>e</sup> Bourgeois, cessé la vaccation
et y celle remise à demain. »

Le 30 janvier, même visite et mêmes constatations de dégâts aux « *étangs de
Rouy*, situés sur le terroir et au bas du dit Rouy vers la forêt » le 5 février à la
même heure, même visite aux *étangs de Caillouël*, mêmes dégâts.

Sur les images d'Épinal, il y avait des couplets au peuple Français du genre de celui-ci :

> De ton bonheur accepte le présage,
> Le plus beau jour va du sein de l'orage,
>     Naître pour toi.
> Français reprends courage,
>     Sous le bon roi,
> Dont tu chéris la loi.

C'est au chant de ces refrains, au bruit des boëtes et au son des cloches que, dans les villes et les plus petits villages, on se portait aux assemblées primaires pour choisir les électeurs qui devaient élire les députés et rédiger le Cahier des vœux et doléances.

Pour la première fois, en France, on vit alors fonctionner le suffrage universel, et peut-être n'a-t-il jamais été consulté et ne s'est-il prononcé avec une plus entière liberté et avec une connaissance de cause plus étendue que cette fois-là. Une ordonnance royale du 24 janvier 1789 spécifia dans le plus grand détail les règles de l'élection dans les trois ordres. Tous les Français âgés de vingt-cinq ans eurent leur voix et purent faire connaître leur opinion, non seulement par le choix de leur député, mais par la rédaction des instructions qui lui étaient données pour l'accomplissement de son mandat. A chaque degré, des *Cahiers* furent rédigés, dont le résumé devait être l'expression la plus complète et la plus sincère des vœux et des sentiments de la Nation tout entière.

Le Clergé et la Noblesse nommaient leurs députés dans des réunions particulières. Le Tiers-État, dont la masse n'aurait été déplacée et confondue sans former des assemblées électorales trop nombreuses pour pouvoir délibérer avec fruit, procédait par degrés. Les bailliages trop considérables étaient subdivisés ; mais pas un citoyen, pas un seul, ne fut exclu des assemblées primaires, qui désignaient les députés-électeurs et rédigeaient un Cahier que ces députés devaient porter au bailliage secondaire. Là, dans une seconde réunion, les cahiers étaient réunis et le nombre des députés-électeurs réduit au quart « pour porter ledit Cahier à l'assemblée générale des Trois États du bailliage et de la sénéchaussée, et pour concourir avec les autres députés des autres bailliages secondaires, tant à la réduction en un seul de tous les Cahiers qu'à l'élection des députés aux États-Généraux (1) ».

(1) Voici la lettre de convocation du lieutenant général du roi au bailliage de Chauny, elle nous donnera de curieux détails sur la manière dont se tenaient les assemblées primaires et sur les droits et les obligations des électeurs surtout ecclésiastiques.

Chauny, ce 19 février 1789, nous lieutenant-général au bailliage de Chauny,

La liberté électorale fut aussi grande que l'avait été celle de la presse pendant la période de la préparation. Les officiers royaux, qui étaient chargés de présider les assemblées du Tiers, et qui étaient, soit dit en passant, des magistrats, comme on en use encore aujourd'hui pour les élections sénatoriales, se montrèrent, ainsi qu'ils en avaient l'ordre, des plus impartiaux ; et s'il y eut des infractions aux règlements, elles provinrent, sur certains points, des électeurs eux-mêmes ; mais le gouvernement, à qui appartenait la vérification des pouvoirs, fut tolérant et respectueux des suffrages émis : il ne prononça aucune invalidation.

Six millions d'électeurs, sur une population de vingt-six millions d'âmes à peine, avaient concouru à la rédaction des Cahiers et à la nomination des députés.

Dans leur riche collection de documents, les archives de la pré-

ordonnons que tous ceux qui ont des droits de se trouver à l'assemblée générale des trois États, qui sera réunie à Laon le 16 mars, seront tenus de s'y rendre munis de leurs titres et pouvoirs.

1º Qu'à la requête du procureur, les abbés réguliers et séculiers, les chapitres, corps et communautés ecclésiastiques, réguliers et séculiers des deux sexes les prieurs, les curés, les commandeurs et généralement tous les officiers ; que tous les ducs, marquis, comtes et barons, châtelains et généralement tous les nobles possédant fiefs dans l'étendue du bailliage, seront incessamment assignés par huissier royal au principal manoir de leurs bénéfices et fiefs.

« 2º Que tous les curés de notre ressort seront tenus de se faire représenter par procureurs fondés de leur ordre, à moins qu'ils n'aient un vicaire ou desservant résidant dans leur cure, auquel vicaire ou desservant nous défendons de s'absenter pendant tout le temps nécessaire aux dits curés pour se rendre à la dite assemblée, y assister et retourner dans leur paroisse.

« 3º Que tous autres ecclésiastiques engagés dans les ordres et tous nobles non possédant fief, ayant noblesse acquise et transmissible, âgés de vingt-cinq ans, nés Français ou naturalisés et domiciliés dans notre ressort, seront tenus de se rendre en personne et non par procureur à ladite assemblée, sauf et excepté les ecclésiastiques résidant ès-villes, qui se réuniront chez le curé de la paroisse pour y élire un ou plusieurs d'entre eux.

« 4º Qu'au jour le plus prochain, tous les habitants du Tiers-État des villes, bourgs, paroisses et communautés des campagnes, nés français ou naturalisés et portés au rôle des impositions, s'assembleront à l'effet de procéder d'abord à la rédaction du cahier des plaintes, doléances et remontrances que lesdites villes, bourgs et communautés entendent faire à la majorité, et présenter les moyens de pourvoir et subvenir aux besoins de l'État, ainsi qu'à tout ce qui peut intéresser la prospérité du royaume ; ensuite de procéder, à haute voix, à la nomination des députés, lesquels seront choisis entre les plus notables habitants et chargés de porter ledit cahier à l'assemblée des députés du Tiers-État de ce bailliage que nous tiendrons le 16 mars.

« 5º Que lesdits députés, munis dudit cahier, seront tenus de se rendre à l'assemblée du Tiers-État de ce bailliage, dans laquelle nous procéderons à la vérification des pouvoirs desdits députés, ensuite à la nomination qui sera faite à haute voix du quart d'entre eux pour assister à l'assemblée générale des trois états, qui se tiendra à Laon, et d'y porter le cahier de notre bailliage. »

fecture de Laon gardent beaucoup de procès-verbaux des assemblées de 1789 ; nous en avons lu plusieurs avec intérêt (1).

Voici, tel qu'il est conservé dans lesdites archives, le Cahier général du Bailliage de Chauny (2) : nous le donnons *in-extenso* malgré sa longueur, parce qu'il n'a pas encore été publié et qu'il exprime, en termes simples, la pensée et les espérances de nos pères, à l'aurore de la révolution.

*
* *

### Cahier général des Doléances, Plaintes et Remontrances du Bailliage royal, Prévôté et Gouvernement de Chauny.

I.—*Protestations du bailliage de Chauny, demande en supplément de députés et nominations d'adjoints aux députés aux Etats-Généraux.*

ARTICLE PREMIER. — Les députés aux États-Généraux protesteront contre la députation indirecte à laquelle le bailliage de Chauny a été assujetti, au préjudice du droit qui lui appartient de députer directement, à cause de son ancienneté qui est telle qu'on ne peut en fixer la date, de son étendue qui comprend plus de cent soixante endroits et qui est plus considérable que celle d'une infinité de bailliages qui ont obtenu une députation directe; de sa population qui se monte à plus de trente mille âmes; de sa coutume particulière, de son indépendance absolue du bailliage de Vermandois et de tous les autres et de sa possession constante et non interrompue de plus de 300 ans d'avoir un grand bailly, d'épée du droit et du privilège inhérent essentiellement à la charge de ses officiers d'être convoqués et de députer directement aux États-Généraux,

---

(1) Voir aux archives départementales les cahiers du bailliage de Chauny, des communautés d'*Abbécourt*, Annois, Desmé, *Beaumont-en-Beine*, *Béthancourt-en-Vaux*, *Bichancourt*, *Caillouël-Crépigny*, *Camelin*, *Caumont*, *Commenchon*, *Condren*, *Bourguignon-sous-Coucy*, Sancourt, *Flavy*, *Frières-Faillouël*, *Guivry*, *Guyencourt* et *Plessis-Godin*, Jussy, Liez, *Manicamp*, *Marest*, Mennessis, *Neuflieux*, *La Neuville*, *Ognes*, *Quessy*, *Quierzy*, Remigny, *Villequier-Aumont·*
Nomination des députés du bailliage pour se trouver à Laon, indication de leur conduite à tenir pour sauvegarder la dignité du bailliage prétendant avoir droit à une représentation distincte, etc.
(Inventaire sommaire des archives départementales par M. Matton archiviste, tome 1ᵉʳ, Paris 1866).

(2) Voir t. 1ᵉʳ, page 230, du *Bulletin de la Société académique de Chauny*, le *Cahier des Vœux et Doléances de la paroisse d'Ognes* et dans l'*Almanach annuaire du département de l'Aisne* année 1889, le *Cahier général du Vermandois* et comparer la rédaction avec celle du *Cahier général du bailliage de Chauny*.

droit sacré, inviolable et imprescriptible, que la nation assemblée
pourroit seule supprimer et qui a d'ailleurs été avoué et reconnu de
tous temps par le gouvernement lui-même ; par l'envoy direct aux
dits sieurs baillis d'épée des lettres de convocation dans des précédents États-Généraux, notamment en 1614, 1651 et 1652, que du ban
et de l'arrière ban dans toutes les assemblées qui se sont faites
pendant le siècle dernier et ils demanderont précisément qu'il soit
admis désormais à une députation directe.

ART. 2. — Au surplus, sans que cela puisse nuire ni préjudicier
au bailliage de Chauny, sous les réserves et protestations par lui
faites que son envoy et son assistance à l'assemblée du bailliage de
Laon, sont uniquement l'effet de sa soumission et de son obéissance
aux ordres du Roy, ne pourront porter aucune atteinte à ses droits et
sous la foy des dispositions de l'art. 50 du règlement de Sa Majesté
du 24 janvier dernier, les dits députés observeront aux États-Généraux que le nombre de huit députés pour les bailliages du Vermandois et pour celui de Chauny, n'est point proportionné à leur
population qui se monte à plus de trois cent mille âmes, ni à la
députation d'une infinité d'autres sièges, et que par conséquent les
dits bailliages de Vermandois et de Chauny ne sont point suffisamment représentés et ils demanderont qu'ils soient admis à fournir
un supplément.

ART. 3. — Comme il y a tout lieu de croire que cette demande
sera accueillie par les États-Généraux et en prévoyant le cas auquel
les députés à nommer seroient obligés de s'absenter de l'Assemblée
générale, soit pour une cause de maladie ou d'affaires personnelles
et même le cas auquel un ou plusieurs députés viendroient à décéder
pendant la tenue des dits États, indépendamment du nombre de
députés prescrit par le règlement du dit jour 24 janvier dernier, il
doit être élu autant d'adjoints qu'il y aura de députés aux États-
Généraux pour lesdits bailliages de Vermandois et de Chauny,
lesquels adjoints seront revêtus des mêmes pouvoirs que ces derniers pour entrer aux États-Généraux et les y remplacer, et entretien-
dront une correspondance suivie avec les dits députés, à l'effet d'être
au courant de toutes les affaires et pour pouvoir les substituer
dignement au besoin.

ART. 4. — Le premier des adjoints élu sera le premier qui
remplacera celuy que la nature ou les évènements forceront de se
retirer des États-Généraux et ainsy des autres suivant l'ordre de
leur élection.

II. — *Qualités des représentants du Tiers-État aux États-Généraux.*

ARTICLE PREMIER. – Aucune personne noble ou jouissant des privilèges de la noblesse ne pourra être choisie ni élue pour être le représentant du Tiers aux États-Généraux.

ART. 2. — Pareillement ne pourront être élus pour représentants du Tiers ceux qui sont sous la dépendance, ou directe, ou immédiate des seigneurs ou nobles, tels que leurs baillis, procureurs fiscaux et autres officiers de justice, leurs fermiers, agents régisseurs, collecteurs de rentes, dixmes, droits seigneuriaux, leurs cautions et autres personnes du même genre.

ART. 3. — Ne pourront aussy être élus pour représentants du Tiers ceux qui exercent quelques emplois ou commission médiate ou immédiate de subdélégation, des commissaires des partis, ainsy que leurs commis ou secrétaires, ceux qui exercent quelques charges emplois ou commissions médiates ou immédiates dans toutes les parties des finances de Sa Majesté, ceux qui sont chargés directement ou indirectement d'aucunes adjudications ou entreprises d'ouvrages publics de même que leurs cautions.

III. — *Correspondance à entretenir et protestations à faire par les Représentants du Tiers-État et manière de délibérer aux États-Généraux.*

ARTICLE PREMIER. — Les représentants du Tiers aux États-Généraux seront tenus d'entretenir une correspondance avec les officiers du bailliage principal où ils auront été élus et ceux-cy seront également tenus d'en entretenir une pareille avec les officiers des bailliages secondaires ; lesquels correspondront aussy avec les paroisses et communes de leur ressort, afin que, par ce moyen, chaque bailliage et chaque paroisse puisse être instruit des principaux objets qui pourront les concerner et tracer en quelque manière à leurs représentants la voye qu'ils auront à suivre dans les cas difficiles.

ART. 2. — Les députés aux États-Généraux protesteront contre les termes des lettres de convocation du dit règlement, qui peuvent être contraires à la puissance des États-Généraux, à celle dont ils ont joui et qui a toujours été reconnue par nos anciens roys lors des précédentes assemblées générales.

ART. 3. — Les représentants du Tiers aux États-Généraux protesteront contre l'article 17 du règlement, en ce qu'il accorde au clergé et à la noblesse le droit d'être électeur en autant de bailliages que ces deux ordres possèdent de bénéfices et de fiefs et en ce que la même faculté n'est point accordée aux propriétaires de terres roturiers et demandent qu'à l'avenir aucun ecclésiastique et aucun noble ne puissent être électeurs ni éligibles en deux districts à la fois.

Art. 4. — Les dits représentants du Tiers protesteront pareillement contre l'article 20 du même règlement en ce que les femmes, filles, veuves et mineures nobles, possédant fiefs, peuvent se faire représenter par procureurs pris dans l'ordre de la noblesse et à ce que les mêmes individus roturiers, propriétaires de terres, n'ont point le droit de se faire représenter et demanderont que les femmes possédant divers biens, les filles, les veuves et les mineurs roturiers propriétaires de terres, puissent aussi se faire représenter par un fondé de procuration au moyen de laquelle celui-cy sera électeur et éligible.

Art. 5. — Les représentants du Tiers aux États Généraux s'occuperont, avant toutes choses, de la formation des états et de leur composition, ils protesteront contre la nomination de tous les membres du Tiers qui auront été choisis dans l'ordre du clergé ou dans celui de la noblesse, ou parmi ceux qui jouissent des priviléges de la noblesse, ils demanderont la rectification des états convoqués en ce que ces états pourroient avoir de vicieux et de défectueux soit par le nombre, soit par la représentation. Enfin, ils s'occuperont d'une nouvelle constitution qui soit solide, conforme aux loix de la justice et de la raison et sagement balancée pour l'ensemble de la monarchie et pour chacune de ses parties.

Art. 6. — Pour éviter la confusion, autant qu'il sera possible, dans les délibérations, les représentants du Tiers pourront consentir à opiner d'abord par ordre, mais, dans le cas où les trois ordres ne seroient pas du même avis, les représentants du Tiers insisteront sur la réunion des trois ordres et le vote par tête, et demanderont que les suffrages soient recueillis de façon qu'un membre du clergé un de la noblesse et deux du Tiers État puissent. . . . . . . . . . . . . . . . . . . . . . successivement et, ainsi de suite être un moyen infaillible pour que l'enthousiasme patriotique triomphe de tous les obstacles  pour terminer toutes disputes personnelles, toutes dissensions entre les ordres et afin qu'une matière proposée ne reste pas sans décision.

2

#### IV. — *Établissement de la Constitution.*

**ARTICLE PREMIER.** — Les dits députés établiront comme droit de la nation, comme une des principales bases de la Constitution et ils feront décider par les Etats Généraux que le pouvoir législatif, tant en matière d'emprunt et d'impôts qu'en toute autre matière, appartient à la nation ; qu'en conséquence, à l'avenir, aucun impôt ne sera mis ni prorogé, aucun impôt ne sera fait et aucune affaire extraordinaire pour avoir de l'argent ne sera entreprise sans le consentement des États Généraux du royaume et que toutes les impositions mises ou prorogées par le gouvernement sans cette condition, ou accordées hors des États Généraux pour une ou plusieurs provinces, une ou plusieurs villes, une ou plusieurs communautés, seront nulles et illégales et qu'il sera défendu, sous peine de concussion, de les répartir, asseoir et lever.

**ART. 2.** — Que la nation seule a également le droit de répartir et de percevoir les subsides par ceux qu'elle jugera à propos de commettre à cet effet.

**ART. 3.** — Qu'à l'avenir aucun acte public ne sera réputé loi s'il n'a été consenti ou demandé par les États Généraux avant que d'être revêtu du sceau de l'autorité royale, après quoy il sera publié et enregistré purement et simplement dans les cours et juridictions, afin qu'il devienne notoire et que les dites cours et juridictions puissent veiller à son exécution.

**ART. 4.** — Et que les parlements et autres cours seront renfermés dans les bornes du pouvoir judiciaire.

**ART. 5.** — Ils feront statuer par les États que les ministres qui seront établis par Sa Majesté pour l'exercice du pouvoir qui lui appartient et que ceux qui seront chargés par la nation de quelque partie de l'administration, seront responsables de leur conduite et pourront, en cas de malversations, être traduits devant les tribunaux pour y être jugés ainsy qu'il appartiendra.

#### V. — *Liberté individuelle des citoyens. Liberté légitime de la presse. Règlement sur la noblesse et rétablissement du Tiers État dans les droits qui lui appartiennent.*

**ARTICLE PREMIER.** — Les dits députés feront régler que les magistrats ne pourront, à l'avenir, être troublés dans l'exercice de leurs fonctions et qu'aucun citoyen ne pourra être soustrait à ses juges naturels, sous quelque prétexte que ce soit à titre de commission, attribution particulière, évocation, privilége ou autrement.

ART. 2. — Ils feront décider que personne ne pourra être emprisonné pour aucun motif, qu'en vertu des loix du royaume et que, dans aucun cas, aucun citoyen ne pourra être détenu par un ordre ministériel au-delà du temps indispensablement nécessaire pour qu'il soit remis dans une prison légale, entre les mains des juges que la loi lui donne.

ART. 3. — Que les parlements et autres tribunaux souverains, ainsi que les juges subordonnés à ces cours, continueront à maintenir le bon ordre et à faire exécuter les loix, soit en renouvelant leurs dispositions lorsque les circonstances l'exigeront, sans qu'ils puissent toutefois y rien retrancher, ajouter ou modifier, soit en justifiant les punitions qu'elles prononceront contre ceux qui les transgressent et qu'ils seront responsables du fait de leur charge à la nation.

ART. 4. — Les dits députés proposeront aux États Généraux de s'occuper de la rédaction d'une loi qui établisse la liberté légitime de la presse.

ART. 5. — Les dits députés feront décider que la noblesse, qui était autrefois personnelle, ne sera plus le prix de l'argent ni dépendante de l'acquisition de certains offices, mais qu'elle sera dorénavant la récompense des actions héroïques, des services rendus à l'État et des talents les plus distingués et qu'elle ne pourra être accordée par le roy que du consentement ou sur la demande des États Généraux, principalement à la sollicitation des États provinciaux.

ART. 6. — Que pour vérifier les généalogies et décider sur les titres de noblesse, il sera établi à Paris une commission composée de gentilshommes en tel nombre que les États Généraux jugeront convenable, que chaque noble sera tenu de faire enregistrer ses lettres au greffe du bailliage de son domicile et que son nom sera ensuite inscrit dans un tableau qui sera, à cet effet, placé dans l'auditoire.

ART. 7. — Les représentants du Tiers ne consentiront point aux distinctions humiliantes qui ont avili l'ordre du Tiers dans les États Généraux précédents et ils se souviendront qu'ils sont hommes libres et citoyens comme les membres des deux autres ordres.

ART. 8. — Les représentants du Tiers feront décider que le Tiers sera désormais admis dans les tribunaux sans exception et à tous les emplois et offices civils et militaires, tant sur terre que sur mer et à toutes les dignités et à tous les bénéfices ecclésiastiques et, en conséquence, ils feront lever absolument toutes les exclusions humiliantes qui dégradent l'homme, éteignent l'émulation, étouffent le génie et détruisent le germe du patriotisme et des grandes vertus.

VI. — *Périodicité des États Généraux et établissement d'une Commission intermédiaire des dits États, d'États provinciaux et de Municipalités dans les Provinces.*

ARTICLE PREMIER. — Les dits députés feront statuer que les États Généraux s'assembleront régulièrement dans tel temps et dans tel lieu qu'ils jugeront à propos de fixer, sans qu'il soit besoin d'autre convocation, ni sans qu'il puisse y être apporté aucun obstacle ; que les cours supérieures étant juges, seront tenues d'informer contre ceux qui y apporteront empêchement et de les poursuivre comme traîtres à la patrie et coupables de lèze nation et que les membres des dits États seront renouvelés tous les cinq ans.

ART. 2. — Que dans l'intervalle de la tenue des États Généraux, il sera établi une commission intermédiaire composée de quatre membres par province, savoir : un de l'ordre du Clergé, un de l'ordre de la Noblesse, et deux du Tiers État, d'un président pris dans l'ordre du Clergé ou de la Noblesse, trois procureurs-syndics choisis dans chaque ordre, qui n'auront point voix délibérative et d'un secrétaire-greffier, lesquels président, membres, procureurs-syndics et greffier seront choisis par les États Généraux eux-mêmes et renouvelés toutes les fois que les États s'assembleront ; que la dite commission intermédiaire sera tenue de veiller à l'exécution de ce qui aura été arrêté par l'assemblée des États, qui lui donnera au surplus, en se séparant, les pouvoirs nécessaires et qui lui en demandera compte lors de leur première assemblée.

ART. 3. — Qu'il sera pareillement établi dans les provinces qui ne jouissent pas encore de cet avantage, des États Généraux organisés dans une forme à peu près semblable à celle du Dauphiné ou dans telle autre que la nation jugera convenable ; dont le président sera choisi par lesdits États provinciaux, dans l'ordre du Clergé ou de la Noblesse et les membres librement élus et choisis en nombre égal dans tous les bailliages, lesquels États seront partagés en autant de municipalités qu'ils renferment de villes, de paroisses de campagne et de communautés, et que lesdites municipalités seront également formées d'un nombre de membres proportionné à leur population et choisis entre les trois Ordres.

ART. 4. — Et qu'il sera établi un ordre de commissions entre les assemblées des États Généraux et provinciaux, commissions intermédiaires et les municipalités.

VII. — *Examen et réforme dans la partie des finances : reconnaissance de la dette nationale ; moyens de l'acquitter et distinction des revenus de l'État.*

ARTICLE PREMIER. — Les dits députés auront soin de prendre une connaissance détaillée de la situation des finances, des besoins des charges et des dettes de l'État, de la quotité et de l'origine du déficit, en se faisant représenter l'état de chaque département pour parvenir à y établir la règle, les économies et les réformes nécessaires mais encore toutes les pièces et tous les renseignements qu'ils jugeront utiles à leurs opérations.

ART. 2. — Ils demanderont et examineront les comptes des derniers ministres des finances afin de vérifier s'ils ont fait tort à la nation et de prendre les moyens de les obliger à la réparation des torts.

ART. 3. — Ils examineront les pensions et leurs titres et demanderont qu'il soit procédé à la suppression des unes et à la réduction des autres suivant la nature de ces pensions et les besoins des pensionnaires.

ART. 4. — Afin que la nation soit à l'avenir moins exposée aux déprédations qui n'ont été que trop souvent commises à son très grand préjudice, lesdits députés feront ordonner qu'il sera fait distinction des revenus des domaines de la Couronne d'avec ceux de l'État, que le domaine de la Couronne sera gouverné par Sa Majesté ainsi que bon lui semblera et aura sa caisse ; et que les revenus de l'État seront administrés par la nation et ses préposés et seront versés dans une caisse particulière et régis par la nation ; que le trésorier ou caissier établi par la nation sera tenu de fournir une caution, de présenter tous les six mois un aperçu de sa situation et de rendre tous les ans ses comptes soit aux États Généraux si ils sont alors assemblés, soit à la commission intermédiaire desdits États et que les dits comptes seront ensuite imprimés et publiés.

ART. 5. — L'état des finances, des dettes et des charges de l'État étant connu, les suppressions et autres économies étant faites avec autant de sévérité qu'il sera possible, les dits députés feront sanctionner par les États la dette nationale en consolidant les capitaux et modérant les intérêts usuraires.

Art. 6. — Ils feront fixer les fonds et les dépenses de chaque département et pourvoir aux besoins extraordinaires, supposé qu'il en survienne.

VIII. — *Fixation, répartition et versement de l'impôt; suppression des aydes et gabelles, du contrôle et autres droits domaniaux.*

Article premier. — Les députés aux États Généraux feront déterminer le montant des impôts en proportion aux besoins de l'État et régler le temps de leur durée au-delà duquel tout juge demeurera chargé de poursuivre comme concussionnaires tous répartiteurs ou percepteurs d'impositions non accordées par les États Généraux.

Art. 2. — Ils feront statuer que les droits de francs-fiefs étant des impôts qui distinguent les ordres et tendent à les séparer seront supprimés et remplacés par une seule taxe réelle et personnelle, imposée sur un même rôle et également répartie entre tous les citoyens et tous les ordres sans distinction ni privilége, à raison seulement des facultés de chaque individu et de la valeur des produits de ses propriétés, de telles espèces qu'elles soient, et ils feront au surplus régler de la manière la plus simple et la moins dispendieuse comment chaque contribuable sera contraint au payement de sa contribution.

Art. 3. — Et comme la plupart des baux actuels assujettissent les fermiers à acquitter les vingtièmes et autres impositions royales de quelque nature qu'elles puissent être à la décharge des propriétaires, lesdits députés feront statuer que si les impositions réelles, qui seront à l'avenir assises, excèdent celles qui sont maintenant établies, l'excédant sera supporté par le propriétaire pour le restant des baux.

Art. 4. — Lesdits députés feront répartir, par les États Généraux, les impôts par province et ordonner que les États provinciaux eux-mêmes et non la commission intermédiaire, distribueront l'imposition de leur province sur chaque ville, paroisse ou communauté de campagne; que celles-ci, conjointement avec le nombre d'adjoints qui sera jugé convenable, en feront l'imposition sur les habitants et propriétaires dont elles seront composées, y compris les propriétaires forains ou hors tenants; qu'à l'égard des biens tels que les bois et les étangs qui seront situés sur les confins de plusieurs paroisses sans être censés d'aucune, ils seront annexés à la paroisse la plus voisine et que pour prévenir toutes difficultés sur les limites des terroirs, ils seront limités à l'amiable et avec le plus d'économie possible par des bornes ostensibles.

ART. 5. — Ils demanderont la suppression des octrois de ville, casernes, pavés et autres, sous telle dénomination qu'ils soient établis.

ART. 6. — Et pour faciliter la répartition des impositions réelles les dits députés feront ordonner que chaque municipalité fera faire une déclaration exacte de tous les biens situés dans la paroisse, qu'elle classera suivant leur valeur en bons, médiocres et mauvais et imposera suivant cette proportion.

ART. 7. — Les dits députés feront aussy ordonner que toutes paroisses ou tous particuliers qui auront fait une déclaration fausse payeront pendant dix ans le double de leurs impositions.

ART. 8. — Ils feront également déclarer, par les États, qu'il sera établi dans chaque province, par les États provinciaux, un caissier qui sera tenu de donner caution et entre les mains duquel, ceux qui seront préposés par les municipalités à la collecte des subsides dans les dites villes, paroisses et communautés, verseront le montant d'yceux dans des temps fixés et que le caissier versera également les deniers qu'il aura touchés dans la caisse nationale, dans des délais qui seront aussy fixés et que le dit caissier sera obligé de présenter, tous les six mois, un aperçu de sa situation et de rendre son compte définitif tous les ans aux dits États provinciaux et même plus tôt si les circonstances l'exigent, lequel compte sera aussy rendu public par la voie de l'impression.

ART. 9. — Ils feront régler par les États Généraux les gages du caissier national et de ceux des provinces.

ART. 10. — Les dits députés pourvoieront, enfin, à ce que le maniement des deniers publics soit assuré de la manière la plus solide, exécuté avec le plus d'économie qu'il sera possible et de façon qu'aucune somme ne puisse être détournée de l'employ qui luy aura été assigné par la nation.

ART. 11. — Et au moyen de ce que dessus, les dits députés feront ordonner d'une part la suppression des aydes et gabelles et en conséquence la liberté du commerce du sel et du tabac et d'autre part la suppression et liquidation des offices de receveurs généraux et particuliers des finances, d'élection, traités, greniers à sel et autres de cette nature et pourvoir au remboursement des sommes qui leur seront dues.

ART. 12. — Ils feront aussy ordonner la suppression du timbre, des droits de contrôle, centième denier et autres qui se perçoivent sur les actes de notaires, du centième denier sur les offices, des droits de scel, des sentences et d'émoluments sur toutes les expéditions et vacations des greffiers; et pour donner aux actes et exploits une date certaine, qu'il sera tenu par les greffiers des bailliages un registre sur lequel ils seront enregistrés par extraits, pour quoy il leur seroit seulement payé dix sols pour chacun acte et deux sols six deniers pour les exploits d'huissier et où il y auroit difficulté de supprimer les dits droits, ils demanderont qu'au moins ils soient modifiés et réduits tellement qu'ils ne puissent être à l'avenir un obstacle aux arrangements de famille, à la sûreté et conservation des intérêts des particuliers et fixés d'une manière claire et précise par un réglement dont copie sera envoyée à toutes les municipalités, à ce qu'il ne puisse être ignoré de personne; que chaque contrôleur sera tenu, sous peine d'amende, de spécifier dans sa quittance les droits qu'il percevra et l'article du réglement qui autorisera sa perception et que celuy qui aura excédé les droits portés audit réglement pourra être condamné par les juges ordinaires des lieux, à les restituer au double et à payer personnellement les droits légitimes et en surplus... Les dits députés demanderont qu'il soit paré aux inconvénients de l'arbitraire des dits droits de manière que leur perception ne puisse être à l'avenir un sujet de doléance.

Art. 13. — Et pour que l'établissement de la constitution ne puisse être éludé ni différé les dits députés ne statueront sur aucune source pécuniaire à titre d'emprunt, impôt ou autrement avant que les droits cydessus, droits qui appartiennent autant à chaque citoyen individuellement qu'à la nation entière, n'aient été invariablement établis et solennellement proclamés à moins que les circonstances n'exigent impérieusement des secours extraordinaires et momentanés, mais dans tous les cas ces secours seront bien définis et ne pourront être accordés que pour un an et uniquement pour ne point trop précipiter les opérations de l'Assemblée ni laisser l'État en péril.

IX. — *Agriculture.*

Article premier. — Depuis longtemps on désire qu'il n'y ait dans le royaume que même coutume, aunage et poids et qu'il n'y ait aussy qu'une même mesure pour les liquides, les grains, les terres et autres objets, les dits députés le feront ordonner par les États Généraux.

Art. 2. — Ils feront aussy ordonner que les dixmes ecclésiastiques et inféodées et les droits de champarts, terrages, agrier et autres droits seigneuriaux de cette nature sous quelque dénomination qu'ils soient établis seront supprimés, sauf l'indemnité des propriétaires des dites dixmes inféodées et dits droits de champarts et autres, ainsi que celle des fermiers qui ont pu faire des établissements ou des dépenses à l'occasion du bail des dites dixmes, terrages et autres droits, sur lesquelles indemnités il sera statué par les États provinciaux ainsy qu'il appartiendra sur les mémoires qui leur seront fournis, de laquelle indemnité tout propriétaire pourra cependant s'acquitter quant aux droits de champarts, en cédant en toute propriété au seigneur sçavoir : le tiers du fonds pour l'affranchissement du champart qui se perçoit à la quatrième gerbe, le quart du fonds pour l'affranchissement du même droit qui se perçoit à la cinquième gerbe et ainsi de suite, indépendamment de la censive qui subsistera toujours sur le fonds affranchi conformément à la coutume et qu'il sera défendu aux seigneurs de charger à l'avenir les terres de pareils droits de telle manière que ce soit.

Art. 3. — Les dits députés examineront cependant que l'affranchissement de la dixme opérera en faveur des cultivateurs un profit réel et important et qu'il ne seroit point équitable qu'ils jouissent de cet avantage, tandis que, par l'article trois du chapitre huit cy-dessus, ils sont déchargés de l'excédent de l'imposition réelle, les dits députés pourvoieront à ce qu'il soit à cet égard établi une juste compensation entre les propriétaires et les fermiers.

Art. 4. — Les dits députés feront statuer qu'il sera permis aux bénéficiers et autres usufruitiers de faire des baux de dix-huit ans et qu'à l'égard des bénéficiers ils seront tenus d'entretenir les baux faits par ceux auxquels ils succéderont à quelque titre que ce soit.

Art. 5. — Qu'il sera aussy permis aux dits bénéficiers et autres gens de main-morte d'échanger de petites pièces de terre, en présence et du consentement du procureur du Roy ou du procureur fiscal des lieux, estimation préalablement faite des objets à échanger par deux laboureurs choisis par les dits officiers, le tout sans frais.

Art. 6. — Qu'il sera également permis à tous débiteurs de surcens seigneuriaux et autres et de rentes foncières non remboursables à quelques personnes qu'ils soient dus, d'en faire le rachapt sur le taux qui sera réglé par les États Généraux et sauf aux dits États à statuer sur le remploy par rapport aux gens de main-morte.

Art. 7. — Que pour parer aux dommages que cause le gibier, le seigneur chassera comme il l'a toujours fait jusqu'à présent pendant les mois de septembre, octobre, novembre et décembre et que, pendant les mois de janvier, février et mars, la chasse sera aussy permise à tous ceux auxquels le droit de port d'armes appartient et aux propriétaires de cinquante arpens de terre sur le terroir et que cependant le seigneur pourra seul faire des battues (1).

ART. 8. — Que les lapins ne pourront être conservés que dans des garennes exactement fermées de murs, qu'il sera permis à tout cultivateur de détruire et culbuter les terriers et raboullières partout où il s'en trouvera et même de fureter partout hors les dites garennes et qu'au surplus les réglements de police sur le fait des chasses seront suivis et exécutés selon leur forme et teneur si ce n'est qu'aux peines que les dits députés feront modérer.

ART. 9. — Les dits députés demanderont que l'amende à prononcer contre un braconnier ne soit que de douze livres pour la première fois, de dix-huit livres pour la seconde, de vingt-quatre pour la troisième et ainsy de suite ; que ceux qui seront saisis, avec gibier pris au collet, bricole ou autres engins payeront le double et qu'en aucun cas les frais de rapports et de poursuites ne pourront excéder le montant de l'amende.

ART. 10. — Les dits députés feront ordonner la suppression des brevets de conservation de chasse et qu'à l'avenir il n'en sera accordé aucun.

ART. 11. — Qu'il sera défendu, sous peine de punition corporelle, à tous inspecteurs et gardes-chasse de saisir, frapper, lier et conduire de force aucun François domicilié ni d'attenter en aucune sorte à sa liberté sauf aux dits inspecteurs et gardes à faire leur rapport ainsy qu'il appartiendra.

ART. 12. — Qu'il sera défendu aux mêmes inspecteurs et gardes, sous peine d'amende, de tenir aucun chien d'arrêt, de berger, de

(1) La note suivante que nous trouvons dans le *Registre des délibérations du Conseil municipal*, nous montre bien les dégâs considérables que devait faire partout le gibier à cette époque où seuls, ou presque seuls les seigneurs avaient le droit de chasse et de garenne qui leur permettait d'entretenir des réserves de gibier souvent au détriment des voisins.

Le 3 mai 1789, sur les réclamations réitérées des cultivateurs de Chauny, en particulier de Senicourt et du Bailly, relativement aux « dégâts journaliers que faisaient dans les champs les lapins, lièvres et perdrix du château de Genlis, » M. le régisseur Roland notifiait à la municipalité « que, sur l'ordre de M. le duc « de Villequier, son illustre maître, dont on connoit les sentiments d'équité, de « bienfaisance et de justice pour ses vassaux, il avoit détruit sur ses terres 221 « lièvres et une quantité indéterminée de perdrix. »

Le Conseil lui répond aussitôt « que ce n'est pas la sixième partie de ce qu'il y a de gibier sur le terroir de Chauny et que les dégâts dans les champs seront aussi grands que par le passé si l'on s'en tient à cette chasse ; il ajoute qu'au rapport des cultivateurs cette chasse est tout à fait insuffisante et qu'il seroit facile, à coups de bâton et en une seule journée, d'en détruire une égale quantité. »

C'est à faire rêver nos petits chasseurs d'aujourd'hui !

cour ou de voyageur et qu'ils pourront seulement faire leur rapport contre le maître de tous chiens battants la plaine à deux cents pas des habitations.

ART. 13. — Que les arrêts du conseil des six février et dix-sept avril mil sept cens soixante-seize concernant la plantation des routes seront revêtus de lettres-patentes et exécution selon leur forme et teneur et qu'il sera fait deffenses à qui que ce soit de planter les chemins particuliers énoncés en l'article premier de l'arrêt du dit jour 6 février 1776, ainsy que tous autres chemins vicinaux sous telles peines qu'il appartiendra, attendu que la plantation de ces chemins particuliers et autres petits chemins les obstrue considérablement et les entretient en mauvais état.

ART. 14. — Qu'il sera pareillement défendu à qui que ce soit de former aucun chemin nouveau, même pour la commodité des gens de pied et de changer la direction de ceux qui subsistent, sans l'agrément de la paroisse et des propriétaires ou sans y être autorisé par les États provinciaux.

ART. 15. — Que les corvées, soit en argent, soit en nature seront supprimées ; que les routes seront faites pendant l'été et en temps de paix par les troupes de Sa Majesté, sauf l'augmentation de leur paye si elle est jugée nécessaire et qu'il sera dorénavant enjoint aux rouliers de ne mettre à leurs voitures que le nombre de chevaux prescrit par les réglements.

ART. 16. — Que les dites routes, les chemins particuliers et même les rues des villages seront entretenus par les communautés voisines des dites routes et chemins sous l'inspection des États provinciaux et que le prix de cet entretien sera réparti sur les propriétaires et habitants des dites communautés au prorata de leurs impositions.

ART. 17. — Que les points d'eau quelconques qui donnent lieu à des inondations préjudiciables à la vente et même à la qualité des grains et qui enlèvent à l'agriculture des quantités considérables de terrains, seront baissés à raison de la situation des lieux.

ART. 18. — Que dans chaque ville, paroisse et communauté de campagne il sera ajouté au montant des impositions tant réelles que personnelles et au marc à livre de chaque contribution, une somme suffisante pour fournir aux constructions et réparations des églises presbytères, auditoires royaux et autres lieux publics.

ART. 19. — Qu'il sera de même ajouté au montant des dites impositions une somme suffisante pour subvenir aux besoins des

pauvres des dites villes, paroisses ou communautés, dont il sera
fait un état, qu'en conséquence il sera établi dans chacune un bureau
de charité qui arrêtera les secours qu'il conviendra d'accorder à
chaque pauvre par mois, par semaine ou par jour, qu'au moyen de
cela la mendicité sera entièrement proscrite sous peine de réclusion
dans les maisons de force et que ceux qui seront ainsy renfermés
ne pourront être élargis que après que quelque paroisse ou particuliers se seront chargés de pourvoir à leur nourriture.

Art. 20. — Que sur le montant des mêmes impositions il sera
prélevé une somme déterminée par les États provinciaux pour
former dans la ville de leur établissement et sous leur direction une
caisse au profit des incendiés.

Art. 21. — Et pour empêcher autant qu'il est possible la communication du feu occasionnée souvent par le chaume dont la plupart
des toits sont couverts dans les campagnes, les dits députés s'occuperont des moyens de multiplier dans le royaume les tuileries et
briqueteries et de faire couvrir les bâtimens en tuiles.

Art. 22. — Ils feront décider qu'il sera permis à tous cultivateurs
de faucher ou de scier leurs récoltes, que cependant ils seront tenus
d'abandonner aux pauvres la moitié du chaume des terres où ils
auront fait scier.

Art. 23. — Qu'afin de prévenir toutes difficultés et contestations
entre voisins, chaque propriétaire, ecclésiastique ou laïque même
les usufruitiers seront tenus de faire borner les terres qui leur
appartiennent et dont ils ont la jouissance.

Art. 24. — Les dits députés feront ordonner qu'aucun seigneur
ne pourra exiger une censive plus forte que celle fixée par la coutume si il n'est fondé en titre légitime ou dans une possession centenaire et non interrompue.

Art. 25. — Que les banalités, corvées et main-mortes seigneuriales
de telles espèces qu'elles soient, les droits de guet et de garde,
d'afforage (boissons), de plantation et rétablissement de bornes,
péage, travers, stellage et généralement tous les droits de cette
nature sous quelques dénominations qu'ils subsistent, seront supprimés comme contraires à la liberté des citoyens, à l'avantage de
l'agriculture et au bien du commerce, sauf l'indemnité de ceux qui
justifieront les avoir acquis légitimement.

Art. 26. — Les dits députés feront ordonner que les haras du
royaume seront supprimés.

Art. 27. — Ils feront autoriser les municipalités à procéder aux
baux des biens communaux avec les formalités usitées pour les biens

des fabriques et à en recevoir les deniers, le tout sans aucun frais, lesquels deniers seront employés à la réparation des rues et chemins de la paroisse ou autres ouvrages d'utilité publique.

Art. 28. — Ils feront pourvoir à ce qu'il soit à l'avenir apporté plus de soin à la réception des chirurgiens, apothicaires et sages-femmes, surtout dans les campagnes.

Art. 29. — Et pour épargner aux communautés les frais énormes qu'elles sont obligées de payer pour obtenir la permission de couper leurs bois, les dits députés feront ordonner qu'elle leur sera dorénavant accordée par les officiers de maîtrise, d'après la visite qui en aura été faite.

Art. 30. — Qu'afin d'exciter l'émulation parmi les cultivateurs il sera établi par les États Généraux des inspecteurs d'agriculture comme il en existe pour le commerce.

Art. 31. — Les dits députés feront aussy ordonner qu'en succession directe ou collatérale, les fiefs seront également partagés entre les roturiers.

X. — Commerce.

Article premier. — Les dits députés feront ordonner que les colporteurs ne pourront vendre que dans les lieux de leur domicile et dans les foires et marchés-francs sous peine d'amende au profit des pauvres de l'hôpital des lieux.

Art. 2. — Que les douanes seront supprimées dans tout le royaume et les barrières reculées aux frontières.

Art. 3 — Que dorénavant il ne pourra plus être accordé aucun privilége exclusif relatif au commerce sans le consentement des États provinciaux soit du lieu où le privilége s'exerce, soit de celuy où le siège des affaires sera établi.

Art. 4. — Qu'il sera fait aux dépens des provinces, dans les terrains qui en sont susceptibles, des fouilles et des fosses à charbons pour suppléer à la disette et à la cherté du bois de chauffage, sauf les indemnités de droit et qu'au surplus on excitera l'émulation pour la découverte de toutes espèces de mines.

Art. 5. — Pour obvier à la trop grande cherté des grains dans les temps de disette, les dits députés demanderont qu'il soit fait dans toutes les villes de province des magasins de blé sous la direction et l'inspection des États provinciaux, qu'il soit pourvu aux moyens d'empêcher les accaparements de bled et qu'aucune exportation de bled ne soit permise qu'après que les États provinciaux auront été consultés.

Art. 6. — Les dits députés s'opposeront également aux accaparements de toutes autres espèces et notamment de ceux sur les bois et ils feront ordonner l'entière exécution des règlements qui prescrivent la grosseur et la nature des bois que les manufactures doivent employer.

Art. 7. — Ils feront aussi décider que l'administration des canaux navigables soit confiée aux Etats provinciaux, afin de lever les entraves et les concussions que la régie actuelle fait éprouver au commerce de la province de Picardie en général et notamment à celui de la ville de Chauny.

Art. 8. — Qu'il sera permis de stipuler l'intérêt au taux de l'ordonnance dans les obligations passées devant notaires, dans celles sous-seing-privé et, en général, dans toutes les affaires de commerce.

Art. 9. — Les dits députés feront surveiller l'exécution des règlements contre les faillites et banqueroutes et pourvoir, au surplus, aux moyens d'en arrêter le cours que les dits règlements n'ont pu suspendre jusqu'à présent.

Art. 10. — Ils feront ordonner que tout débiteur ne pourra rester dans les lieux privilégiés que trois mois, après lequel temps il pourra être réclamé par ses créanciers et sera même expulsé des dits lieux.

Art. 11. — Qu'il ne sera accordé aucune lettre de répit ni aucun arrêt de surséance qu'après que le débiteur aura établi un séquestre pour recevoir ses revenus et faire le recouvrement de ses dettes actives et qu'il fera déterminer le montant de la somme qu'il pourra toucher des mains du séquestre, eu égard à son état.

Art. 12. — Que dorénavant le *Conseil de commerce* sera composé, au moins pour moitié, des négociants des principales villes de commerce ayant au moins vingt ans d'établissement, que les intendants du commerce seront choisis parmi ces derniers et que les consuls, envoyés dans les pays étrangers et les inspecteurs des manufactures seront choisis dans la même classe de négociants ayant au moins dix ans d'établissement.

Art. 13. — Que toutes les loteries seront supprimées et qu'il sera avisé aux moyens de détruire l'agiotage.

Art. 14. — Et, afin de rendre au commerce un grand nombre d'objets qui en sont exclus et de mettre les négociants et autres créanciers à l'abri des surprises auxquelles ils sont souvent exposés, les dits députés feront décider que, dorénavant, il ne pourra plus être fait aucune substitution? et que celles qui subsistent seront anéanties.

## XI. – *État ecclésiastique.*

ARTICLE PREMIER. — Les dits députés feront fixer le revenu de chaque archevêché et évêché proportionnellement à son importance et à son étendue.

ART. 2. — Ils feront statuer que les archevêques et évêques ne pourront point posséder d'autres bénéfices si leur archevêché ou évêché produit le revenu qui sera fixé et que, dans le cas contraire, ce revenu sera complété et fourni par l'union d'un autre bénéfice correspondant.

ART. 3. — Les dits archevêques et évêques seront choisis par Sa Majesté entre trois sujets qui lui seront présentés par le clergé séculier et régulier du diocèse, ainsi que cela se pratiquait autrefois.

ART. 4. — Que les dits archevêques et évêques et autres bénéficiers seront tenus de résider dans leurs bénéfices, qu'ils ne pourront s'absenter que pour cause légitime qu'ils seront tenus de faire connaître au ministre sous peine de la perte des fruits de leurs bénéfices au prorata du temps qu'ils se seront absentés.

ART. 5. — Que le quart des canonicats des cathédrales et collégiales sera, dans chaque diocèse, affecté à la retraite des curés inférieurs ou qui auront exercé les fonctions du ministère pendant trente ans à la satisfacton de leurs supérieurs et de leurs paroissiens.

ART. 6. — Que la portion congrue des curés sera augmentée et portée à quinze cents livres dans les villes et à douze cents dans les campagnes pour les paroisses de cent feux et au-dessous ; à dix-huit cents livres dans les villes et quinze cents livres dans les campagnes pour les paroisses de deux cents feux et au-dessous et ainsi de suite et, qu'en conséquence, il ne sera plus rien perçu pour l'administration des sacrements et autres fonctions ecclésiastiques, si ce n'est pour les messes, recommandatious et prières particulières.

ART. 7. — Pour fournir au payement des dites portions congrues et remplacer le produit des perceptions et droits dont la suppression est ci-dessus demandée, les dits députés feront ordonner l'extinction de tous les bénéfices en commande (1) et cependant, qu'après l'acquit tement de la dite dette nationale, portion du revenu des dits bénéfices sera employée à l'établissement d'hôtels-Dieu, hôpitaux, collèges, écoles publiques ou autres de cette nature dans le canton où les dits bénéfices sont assis et en faveur des habitants du dit canton.

---

(1) Le cahier de Chauny ajoute : « Au fur et à mesure qu'ils vacqueront ».

Art. 8. — Les dits députés demanderont l'exécution des art. 7 et 10 de l'édit du mois de mars 1768 concernant les ordres religieux et en conséquence la suppression des maisons religieuses qui ne sont point composées du nombre prescrit par le dit art. 7, pour être leur revenu employé comme en l'article précédent.

Art. 9. — Les dits députés demanderont aussi la suppression des ordres mendiants et autres qu'ils jugeront inutiles à l'Etat et à la société et qu'à l'égard des derniers leurs revenus soient appliqués comme dessus.

Art. 10. — Ils demanderont également que, dans chaque maison religieuse qui sera conservée, il soit attribué pour chaque individu une somme proportionnée à ses besoins et que le surplus du revenu de la dite maison, au pardessus des charges, soit pareillement appliqué comme dessus et qu'à cet effet l'administration de la totalité du revenu des dites maisons sera subordonnée aux officiers royaux dans le ressort desquels elles seront situées.

Art. 11. — Ils feront ordonner que les membres des dites maisons religieuses de l'un et l'autre sexe qui seront conservées, seront tenus de se livrer à l'instruction et à l'éducation de la jeunesse et notamment les maisons d'hommes d'enseigner la langue latine dans les villes où il n'y a point de collége suffisamment composé et ce sous la surveillance et l'inspection des officiers municipaux des lieux.

Art. 12. — Les dits députés pourvoieront que le temps d'étude dans les collèges et universités soit employé plus utilement.

Art. 13. — Ils feront ordonner qu'aucun bénéfice ne pourra être accordé aux étrangers et que personne ne pourra même en posséder plusieurs, quelques compatibles qu'ils soient ensemble, lorsque celui dont on sera pourvu sera de la valeur de quinze cents livres.

Art. 14. — Les dits députés feront aussi ordonner la *suppression du droit d'annatte*, de ceux qui se payent pour obtenir des dispenses et généralemet de tous ceux d'où il résulte un transport d'argent à Rome, ainsi que cela est désiré depuis longtemps, et que le montant des dits droits sera dorénavant versé dans la caisse nationale.

### XII. — *Etat militaire.*

Article premier. — Les dits députés feront ordonner la diminution des états-majors des châteaux royaux et des forteresses du royaume.

Art. 2. — Qu'aucun militaire et généralement qui que ce soit, ne pourra posséder qu'un emploi auprès de Sa Majesté, soit dans ses troupes ou autrement.

ART. 3. — Que les gouverneurs lieutenants-généraux commandants de provinces seront tenus de rentrer dans le lieu de leur service.

ART. 4. — Ils pourvoieront à ce que l'uniforme des troupes ne soit plus changé aussy fréquemment et aussy légèrement que par le passé.

ART. 5. — Et demanderont le *rétablissement de la gendarmerie*, corps pratique et qui s'est toujours distingué ; ils en retrancheront cependant toutes les dépenses superflues et notamment celles qui étoient attachées à l'état-major.

ART. 6. — Ils demanderont aussy la *suppression du tirage de la milice* et qu'il y soit suppléé, soit en engageant pour un temps les enfants-trouvés élevés dans les hôpitaux ou dans les campagnes aux dépens du gouvernement et en état de servir le Roy, soit par une taxe en argent sur chaque garçon sujet à tirer, au marc la livre de son imposition personnelle, ou de son père, laquelle taxe sera fixée à une somme quelconque par rapport aux domestiques qui seroient également sujets à tirer et, dans tous les cas, ne pourra excéder la somme de quatre livres.

XIII — *Administration de la justice.*

La Nation attend de ses représentants aux États-Généraux qu'ils s'occuperont du grand objet de la législation et qu'en débrouillant le cahos de la justice civile et criminelle, ils parviendront à en réformer les abus.

L'humanité réclame moins de rigueur dans les supplices, plus de proportion entre le délit et la peine ; la sûreté publique exige la certitude et l'exemple du châtiment; d'un autre côté, l'intérêt public doit trouver, dans l'administration de la justice, la protection plutôt que la ruine des citoyens ; la longueur des procès, l'artifice des incidents, la tortuosité des formes, les détours de la chicane, la prolixité des écritures, l'avidité des praticiens, tant de maux qui font le désespoir et la ruine de ceux qui ont à défendre leurs droits, fixeront sans doute l'attention des États-Généraux.

---

Nous continuons la publication de l'histoire de *Chauny en cent ans*, par laquelle M. l'abbé Caron a commencé, en l'année 1890, le quatrième volume du Bulletin de notre Société.

Cette publication a été interrompue d'abord, par la mort de M. l'abbé Caron, puis par la nécessité de terminer le troisième volume de notre Bulletin.

Nous reproduirons les notes laissées par notre regretté fondateur, sans y rien changer : à chacun le mérite de ses œuvres.

**Article premier.** — Lesdits députés demanderont que le ressort, trop étendu, des Parlements soit restreint.

**Art. 2** — Qu'il soit donné un nouvel arrondissement à chaque bailliage et sénéchaussée et que cet arrondissement soit formé des paroisses et hameaux qui se trouvent le plus à leur proximité.

**Art. 3.** — Que, dans chaque bailliage ou sénéchaussée, il y aura au moins trois juges gradués.

**Art. 4.** — Que le nombre des centres de ces sièges soit proportionné à leur étendue et qu'il ne soit établi des notaires dans les campagnes qu'à deux lieues de distance des villes, à l'avenir.

**Art. 5.** — Que les huissiers de la Connétablie, de l'Amirauté, du Châtelet, établis dans les provinces et qui se regardent comme indépendants des juges, seront supprimés, sauf à augmenter, si cela est jugé nécessaire, le nombre des huissiers des bailliages et sénéchaussées.

**Art. 6.** — Que, conformément au vœu général de tous les citoyens, les huissiers-priseurs seront également supprimés comme très onéreux au public.

**Art. 7.** — Que toute juridiction contentieuse, en matière d'impôts, sera attribuée aux juges des bailliages et sénéchaussées royales.

**Art. 8.** — Ils demanderont la suppression des intendants, des grands-maîtres des Eaux et Forêts et des receveurs généraux et particuliers des domaines et bois, du grand conseil de la Cour des Aydes, de la chambre des Comptes, du bureau des finances et des commissions extraordinaires du Conseil.

**Art. 9.** — Ils feront ordonner que les hôtels des Intendants serviront pour la tenue des États provinciaux et de leur commission intermédiaire et pour y garder leurs archives.

**Art. 10.** — Ils feront aussy ordonner que les privilèges des *committimus*, lettres de garde et du scel du Châtelet de Paris, les évocations au Conseil et généralement contre les attributions dont l'objet est de soustraire les justiciables à leur juridiction et à leurs juges naturels, seront supprimés.

**Art. 11.** — Qu'il sera attribué auxdits juges des bailliages et sénéchaussées la connaissance, en dernier ressort, de toutes les matières consulaires sommaires et purement personnelles, jusqu'à concurrence de 50 livres et, pour les affaires réelles et mixtes, jusqu'à 300 livres seulement.

## Chapitre Deuxième

*Nomination des députés du Vermandois aux États-Généraux;
Commencement de disette ; Nouvelle municipalité ; Création du
District ; Fête du 14 Juillet 1790 et 1791 ; Création de billets de
confiance; Adresse aux communes du district, relative à l'établissement des contributions foncières et mobilières de 1792.*

Le Cahier des vœux et doléances, que nous venons de reproduire,
fut porté à Laon le 16 mars, à l'assemblée générale du grand bailliage
du Vermandois avec ceux du Clergé et de la Noblesse (1). Les dépu-
tés qui furent désignés, par les électeurs du bailliage de Chauny,
pour le porter et, en même temps, pour nommer les députés aux
États-Généraux, étaient les sieurs Flamand, Roger, Lemaire,
Guiche, Dubacq, Tourneur, Cholet, Leclère, Vinchon, Roland,
Gruet, Sarcanger, Fagnet, Debout, Lemoine, Boutroy, Boitel,
Thévenart, Cordelle, Rousselle, Walmé, Verlon, Suin, Grein,
Fouquet, Bacquet, Tabary, Lefèvre, Grégoire, Le Borgne et
Flahaux. (2)

L'Assemblée générale du grand bailliage du Vermandois se composait de quatre-vingt deux députés de la noblesse, de soixante-
quinze membres du clergé et de trois-cent vingt six électeurs du
Tiers-État : elle fut présidée par M. Caignart du Rotoy, lieutenant
général du Roy au bailliage de Laon. Après de pompeux discours
sur l'Harmonie, l'Union fraternelle, etc., (3) les délégués examinèrent
en détail les cahiers des bailliages de Laon, La Fère, Chauny,
Noyon, Guise et Marle, qui formaient le grand bailliage du Vermandois ; puis, sur ces données officielles, ils rédigèrent le Cahier général
du Bailliage et nommèrent, à la majorité des voix, les députés qui
devaient le présenter aux États-Généraux et, au besoin, le défendre.
Les *élus du Tiers* prirent MM. le Carlier (4) maire de Laon, de

(1) Il serait trop long de reproduire les vœux de ces deux villes, disons seulement qu'ils étaient en parfaite communauté d'idées avec le Tiers.

(2) Les députés du *bailliage de La Fère* étaient MM. Dupuis, Ancelot, Mignot,
Botté, Pioche, Boulanger et Soisel ; ceux du *bailliage de Coucy*: Carlier, de
Théis, Tronson, Rossignol, Bailly, Tribalet, Oyon, Lefèvre, Binet, Carette père et
fils, Gellé, Flobert, Lebrasseur, Lemoine, Guichard, Collet, Ferté, Roussel,
Lefèvre père et fils, Maquaire, Dufour et Herbin.

(3) Voir le *compte rendu officiel des séances* de l'assemblée des trois ordres
du bailliage du Vermandois. Laon 1789.

(4) Le Carlier avait alors 37 ans ; il avait été successsivement procureur du
roi au présidial et maire de Laon.

Viefville des Essarts (¹) subdélégué à Guise, de Visme (²) avocat à
Laon, Bailly, laboureur à Crécy-au-Mont, l'Eleu de la Ville-aux-Bois
et Leclère laboureur et propriétaire à Sonnoy? au bailliage de
Chauny ; — ceux de la *Noblesse* furent : MM. Le vicomte des
Fossés (³) (Ch.-J.-L.) ; il eut pour suppléant le chevalier du Royer
de Bournonville (Ch.-L), seigneur de Flavy-le-Martel ; Charles-
François-Louis de Macquerel, seigneur de Quesmy, chevalier de
Saint-Louis ; Ch. Jean François, comte de Miremont, chevalier, capi-
taine au régiment des Chasseurs du Languedoc. Ils eurent pour
suppléants : le chevalier de Novion, capitaine au régiment de
Vermandois, chevalier de Saint-Louis et de Saint-Lazare, et
J.-B. Lamirault de Noircourt, chevalier de Saint-Louis, seigneur
d'Etréaupont ; — ceux du clergé : l'abbé Oger, curé de Saint-Pierre-
mont ; il fut accompagné de Mgr de Sabran, évêque de Laon, et de
l'abbé Gilbert, curé de Saint-Martin, de Noyon ; suppléant, l'abbé
Seguant, curé de Leschelles, près Guise.

Nos compatriotes se rendirent à Versailles, le 5 mai suivant, jour
fixé pour l'ouverture solennelle des États-Généraux ; et se déclarèrent ensuite presque tous partisans du vote par tête et suivirent,
après quelques hésitations, les députés de l'opposition dans la salle
du Jeu de Paume.

On connaît les événements qui suivirent le coup d'état de l'assemblée nationale : la prise de la Bastille, l'organisation de la garde
nationale, la déclaration des droits de l'homme, la suppression des
privilèges, droits féodaux, dîmes, de l'ancienne division territoriale,
etc., etc.

Tant de réformes à la fois ne pouvaient s'effectuer sans compro-
mettre bien des intérêts et sans soulever de vives oppositions.
Cependant, dans leur ensemble, ces mesures n'avaient que le tort
d'être trop précipitées. En faisant ainsi table rase de toutes les
anciennes institutions, on favorisait le désordre et l'anarchie qui
éclatèrent à Paris et dans les provinces. La circulation des grains
ayant été arrêtée par des brigands, qui incendiaient les châteaux
et ravageaient les campagnes, Paris fut menacé de la famine ; les
provinces furent dans la consternation. Les grains devaient être

(1) Né le 28 février 1744, mort le 11 décembre 1820 ; il fut préféré à Camille
Desmoulins qui s'était porté candidat aux États-Généraux en concurrence avec
des Essarts.

(2) Né en 1749 ; auteur de nombreux ouvrages d'histoire locale très estimés.

(3) D'une vieille et illustre famille de la Picardie, originaire d'Haramont. Un
de ses ancêtres, Jean des Fossés, mourut en odeur de sainteté.

centralisés dans les chefs-lieux de province. Par ordre du gouvernement, Soissons devint le grenier d'abondance de la région. Mais quand le blé – bien payé – en sortait, ce n'était pas chose facile de le faire arriver à destination : il fallait, comme nous le verrons plus loin, donner, aux voitures ou aux bateaux qui le transportaient, une forte garde et le jour et la nuit. La gendarmerie s'épuisait à ce service. Le soin de la police intérieure des villes et des villages était le plus souvent abandonné aux seules municipalités : c'était pour elles, en ces temps de continuelles agitations populaires, une bien lourde charge.

La municipalité de Chauny, nous aimons à le proclamer hautement, se montra toujours, en ces circonstances difficiles, à la hauteur de sa mission. C'est que les hommes qui la composaient, administraient la commune honnêtement et, pour ainsi dire, de père en fils ; c'est que pas un d'entre eux ne déserta les affaires publiques pendant la révolution et ne ménagea ni ses forces ni son temps, au moment du danger.

Voyons-les à l'œuvre, en face de la disette et des premiers décrets de l'Assemblée Constituante.

Le 24 avril 1789, le Conseil constate que « les revenus des pauvres, qui sont assez considérables puisqu'ils montent à près de six cents setiers de blé et près de six cents livres d'argent, ont toujours suffi à leurs besoins, tant que l'administration n'a pas été arrêtée par des calamités propres à contrarier son régime ; mais que la grêle du mois de juillet dernier, en sacrifiant les récoltes de presque tous les cultivateurs, a mis les débiteurs hors d'état de s'acquitter de leurs fermages ; que les rigueurs de l'hiver survenu ensuite, forcèrent la majeure partie des habitants à laisser leurs travaux et en a fait, pour ainsi dire, autant de pauvres qui sont venus s'ajouter aux indigents, aux infirmes, aux vieillards et aux enfants assistés, dont le nombre est plus considérable encore. » Le Conseil, sur ces considérants, décide qu'il fera un emprunt de 1,500 livres sur le patrimoine des pauvres et, qu'avec cet argent, il achètera du blé qu'il mettra en réserve.

Il était grand temps de faire ses provisions, car la disette devenait de jour en jour plus inquiétante et les marchés plus difficiles. « Le vendredi 1ᵉʳ mai, nous rapporte le rédacteur des délibérations du Conseil municipal, le marché faillit devenir le théâtre d'une véritable révolte. Avertis à temps, le maire, les échevins et le procureur du Roy convoquèrent les sergens à verge, les brigades de gendarmerie de Chauny et de Noyon et un détachement de dragons et ouvrirent, en personne, le marché qu'ils ne quittèrent que quand il fut fini. A part quelques cris séditeux, arrêtés avec prudence, rien de mal n'arriva.

Désirant connaître les motifs de la révolte, le maire et les échevins firent appeler devant eux les chefs du mouvement d'opposition, les sieurs Courboin, Antoine et François Blanchart, Louis Lepage, Charles Bionne et Jean-Baptiste Duchemin. Les inculpés répondirent que, tandis que la disette la plus affligeante règne sur le marché, les sieurs Tétart, Lelong, Boileau, Baudry fils, Lobbé, Lemaitre, etc., sont soupçonnés d'avoir, en magasin, des quantités considérables de blé.

La municipalité, voulant vérifier le fait par elle-même, se rendit immédiatement, avec un piquet de gendarmerie, dans les maisons incriminées. Là, en présence des sieurs Courboin et consorts, elle fit l'inventaire des provisions de blé et constata « qu'en raison du nombre d'individus de chaque famille inculpée, la quantité de grains en leur possession pouvait à peine suffire à leurs besoins ; qu'elle allait faire un nouvel appel au gouvernement pour qu'il s'occupât, enfin, des secours qu'on leur avoit fait espérer en vain depuis si longtemps et des moyens d'assurer la tranquillité de la ville, au milieu des dangers qui la menacent. » (Archives de la mairie).

Le 24 juin « le maire assemble extraordinairement les habitants de la commune et dit qu'au commencement de la disette, le corps de ville a cru devoir prendre la précaution d'acheter 60 muids de blé à Soissons ; que cet approvisionnement est épuisé ; qu'il a essayé, mais sans succès, de faire de nouveaux achats ; que M. l'Intendant, MM. les Membres de la Commission provinciale et M. le Ministre ont également rejeté sa demande ; que la ville est menacée de manquer de blé, les marchés n'en fournissant plus ; qu'il a convoqué la Commune pour aviser ;

« L'Assemblée décide que, puisque l'on a forcé les cultivateurs à conduire leurs blés à Soissons, c'est dans cette ville qu'une députation ira pour traiter avec qui il appartiendra, de telle quantité de blés, seigles et orges qu'elle croira nécessaire pour subvenir aux besoins des habitants. »

La députation partit immédiatement et, le lendemain, l'un des sept députés, M. Bourgeois, annonça au Conseil qu'il avait obtenu de l'Assemblée provinciale, un secours de 5 muids de blé au prix de 330 livres, soit au total 1.650 livres, qu'il falllait payer comptant.

La caisse était vide : on fit un emprunt de 1.800 livres et le blé arriva sans encombre.

A moins d'un nouveau miracle de la multiplication des pains, ces cinq muids de blé étaient un bien faible secours dans la circonstance présente. Aussi à mesure que les distributions devenaient plus rares et plus maigres, les cris de détresse s'élevaient plus fréquents et plus menaçants.

Pour éviter de plus grands maux, la municipalité demanda un fort détachement de troupes : il arriva à Chauny le 28 juillet, sous la conduite du commandant du Castel. (1)

Le 16 août, le Conseil reçoit notification du décret de l'Assemblée Nationale qui ordonne la création de gardes-nationales et l'adoption de la cocarde tricolore ; la lettre est signée Le Carlier, député du Vermandois.

La milice bourgeoise fut aussitôt convoquée, puis dissoute et réorganisée sous le nom de Garde-Nationale de Chauny ; elle se composait de cinq compagnies, dont les quatre premières de 93 hommes et la cinquième de 124 ; ses chefs supérieurs, nommés à la majorité des voix furent : MM. Hébert fils, commandant en chef, Demory des Gravières, major-général, René David, major-particulier, Le Sellier de Blécourt, commissaire-général, Penant, chirurgien-major et le Père Leroy, aumônier. (2)

En même temps que le détachement du régiment de la Reine, en garnison à Chauny, la Garde-Nationale prêta, le 2 septembre, (3) sur la Place de l'Hôtel-de-Ville, le serment prescrit par les

(1) La ville s'engageait à payer « à chaque homme, par jour : 15 sols aux soldats canonniers, 50 sols aux sergents et 4 sols aux dragons » il y avait 360 militaires. La ville avait également demandé « 350 fusils garnis de leurs baïonnettes pour armer les habitants et les mettre en état de résister aux insultes dont nous sommes menacés. »
Au bout de quelques mois, quelques membres du Conseil demandèrent le départ des troupes, parce que leur présence en ville était une trop lourde charge pour la ville. Le 23 juin 1790, on réitère la demande, on est fatigué de loger des soldats « depuis que l'escadron d'Orléans — cavalerie — est en quartier en ville, on est obligé de pourvoir au logement des troupes et des chevaux, le quartier (caserne) ne pouvant contenir que 90 à 100 chevaux, on a été obligé, depuis huit mois, de placer chez les particuliers, 50 chevaux et 32 cavaliers et presque tous les officiers... »
Le 4 juillet 1790, nouvelles plaintes, néanmoins on décide de garder l'escadron.

(2) Le 25 mars 1790, le drapeau de la Garde-Nationale fut béni en grande solennité « et remis au maire, en présence du corps municipal, de l'escadron du régiment d'Orléans et de la Garde-Nationale. »

(3) Elle renouvela cette fête de la prestation du serment au roi, le 2 mai 1790.

lois nouvelles. Ce fut une grande fête ; il y eut « des discours patriotiques sur le dévouement à la patrie, sur la grandeur des travaux de l'Assemblée Nationale, etc. » L'entrain fut plus grand encore quand, le 7 novembre suivant, on annonça officiellement « la suppression des droits de péage du duc d'Orléans, du duc d'Aumont et du patrimoine de la ville. »

Ces premières réformes économiques de l'Assemblée furent acclamées avec enthousiasme ; elles avaient ce grand avantage de délivrer, d'un seul coup, le peuple de ses mille servitudes dont il souffrait depuis des siècles, et de le distraire un peu au milieu des angoisses de la disette et de l'exciter à la patience.

A la fin de l'année 1789, quand il fut question de supprimer l'ancienne division territoriale de la France, provinces, bailliages etc., (1) grande fut encore l'agitation dans le pays. Le 7 décembre, le conseil se réunit à ce sujet et décide d'envoyer « une adresse dans laquelle seroit exposée la soumission des habitants de la ville à tous les décrets, émis jusqu'à présent, de la sagesse et des lumières de l'Assemblée, sur les raisons puissantes que la ville de Chauny a d'espérer l'établissement d'un district dans son sein et la conservation de sa juridiction royale qui, de tout temps, a administré la justice à la satisfaction de son ressort. »

Deux délégués, MM. Flament, lieutenant-général du roy à Chauny et Hébert fils, maître particulier des Eaux et Forêts, furent nommés, aux voix, pour porter à l'Assemblée nationale les dons patriotiques de la ville et l'adresse en question. Ils partirent en toute hâte et, le 15 décembre, ils écrivirent au Maire « qu'à l'exemple d'une immensité de villes du royaume et pour le succès de leur demande, ils croyoient qu'il seroit nécessaire de join lre aux dons patriotiques qu'ils sont chargés d'offrir à l'assemblée nationale, une part du prix des offices municipaux que la ville a rachetés moyennant 20,000 livres. »

Le Conseil de ville, en réponse à la lettre de ses délégués, « considérant que le motif qui a déterminé la majeure partie des habitants à faire le sacrifice de boucles, bijoux, et autres objets d'argenterie en faveur de la nation, encourage la cité dans cette voie, offre à l'Assemblée nationale les 20,000 livres dues à la commune de Chauny pour le rachat de ses offices municipaux, comme aussi le montant

(1) Le plan consistait à remplacer les 32 provinces par environ 80 départements à peu près d'égale étendue. Chaque département se diviserait en districts, chaque district en cantons et chaque canton en municipalités

de l'impositon des ci-devant privilégiés pour les six mois de la présente année. »

Ce beau zèle aura sa récompense ; la ville de Chauny, comme nous le verrons dans la suite, obtiendra une justice de paix et un district (1) et pourra ne pas trop regretter ses anciennes institutions perdues. En attendant qu'elle nomme, aux voix, les juges de ses futurs tribunaux, elle doit d'abord réorganiser sa municipalité suivant les lois nouvelles.

Désormais, les charges publiques s'accorderont à l'élection. Les assemblées primaires devaient nommer un électeur pour cent « citoyens actifs ». Le citoyen actif était celui qui avait vingt-cinq ans, un an de domicile dans le pays, payait une contribution directe de la valeur de trois journées de travail et n'était pas serviteur à gages. La contribution fut élevée à 3 livres qui représentaient 7 à 8 francs d'aujourd'hui (2).

C'est sur ce mode que se firent les premières élections municipales de la révolution, c'est-à-dire par le suffrage restreint — suffrage qui ne deviendra universel qu'en 1848. — Voici un extrait du procès-verbal de cette première élection. Il est intéressant à plus d'un titre :

« Le mardi 27 janvier 1790, 10 heures du matin, en l'assemblée des habitants électeurs et éligibles de la ville de Chauny, convoqués aux prônes de la messe paroissiale de Notre-Dame et de Saint-Martin les 17 et 24 du présent mois et encore par les affiches et annonces au son de caisse, aux lieux et endroits accoutumés, la dite assemblée tenue, en la dite église Saint-Martin, par M. Jean-Claude Belin de Bonival, maire, M. Edme-François-Marie Boileau de Maulaville, écuyer, seigneur de Buridan, M' Math. Franquet, notaire royal et procureur, M' Thim. Desforges, écuyer, lieutenant des maréchaux de France, tous échevins, en présence de M' René L. Bourgeois,

(1) Dans le plan de réorganisation de la justice, à la base étaient les juges de paix, élus par les assemblées primaires, un par canton. Le juge de paix devait juger sans appel les procès jusqu'à la valeur de 50 francs, les rixes sans gravité et tous les petits différends entre les habitants des campagnes.

Au dessus des justices de paix venaient les tribunaux des districts (d'arrondissements) composés de plusieurs juges, pareillement élus à temps par le peuple et rééligibles. On pouvait appeler à eux des sentences des juges de paix quand il s'agissait d'une valeur de plus de 50 livres et ils jugaient san appel jusqu'à la valeur de mille livres. (Henri Martin ; *Hist. de France*).

(2) L'Assemblée avait statué, de plus, que, pour être électeur de second degré, il faudrait payer la valeur de 10 journées de travail, et que, pour être député à la future Assemblée — qui se romposerait de 745 membres — il faudrait payer un marc d'argent, c'est-à-dire 54 livres qui vaudraient à peu près pour nous 130 à 140 fancs.

procureur du bailliage de Chauny et procureur du roi, assisté de M* Dupuis, greffier de ladite ville, ledit M* Bourgeois, nommé, par acte de délibération du 24 du présent mois, pour expliquer l'objet de la convocation, est monté en chaire et a dit que, pour l'exécution du décret de l'Assemblée Nationale des 14, 24, 29 et 30 décembre dernier, il s'agit de procéder à la constitution d'une nouvelle municipa. lité au lieu de celle qui existoit jusqu'à ce moment et qui d'après sa population de plus de 3.300 habitants doit être composée : 1° d'un maire ; 2° de huit officiers municipaux ; 3° d'un procureur de la commune et enfin 4° de dix-huit notables. »

L'ancien maire Belin de Bonival fut élevé à la présidence de l'assemblée, par 72 voix contre 66 données à M. Hébert et d'autres voix égarées sur d'autres électeurs.

Avant le vote général, les électeurs prêtèrent le serment « de maintenir les lois et constitution du royaume, d'être fidèles à la Nation, à la Loi et au Roy, de choisir en leur âme et conscience les plus dignes de la confiance publique et de remplir avec zèle et courage les fonctions civiles et politiques qui pourraient leur être confiées. »

Après sept séances, plus ou moins orageuses et à la suite de la démission de l'ancien maire Belin de Bonival, président de l'assemblée, la liste suivante des premiers élus du suffrage universel restreint fut fixée et ainsi arrêtée par ordre de voix : « Messire Michel J.-B. Hébert, maire ; MM. Edme-François-Marie Boileau de Maulaville, premier officier municipal ; Marc Dessains, deuxième ; Th.-Guillaume Desforges, troisième ; T.-L.-Nicolas Delanchy, quatrième ; Nicolas Demarly, cinquième ; Jean Desbruyères, sixième ; Pierre-Jacques Lemaire, septième ; François Carlier, huitième ; M* Louis-Joseph Modeste, procureur de la commune. — MM. Claude Tétart, premier notable ; Henri-François Darcourt, deuxième ; Jean-Joseph Fouquet, troisième ; Charles-Pierre Morgnier, quatrième ; Jean-François Caura, cinquième ; Charles-Louis Mennessier, sixième ; Jean-Louis Lami, septième ; Pierre Rabeuf, huitième ; Jacques Pelletier, neuvième ; Jean Cochon, dixième ; Robert Pointhier, onzième ; André Cagniart, douzième ; Jean-Baptiste-François-Nicolas Deboue, treizième ; Pierre Huille, quatorzième ; Guillaume de Priel, quinzième ; Paul Alleaume, seizième ; Jean-Baptiste Quéquet, dix-septième et Bernard, Prieur de Notre-Dame, dix-huitième et dernier. »

Le 31 janvier, les nouveaux élus se rendent « en corps sur la place de l'Hôtel-de-Ville et prêtent solennellement et individuellement, le serment prescrit par l'article 48 du décret du 14 décembre 1789, d'être fidèle à la Nation, etc. (1)

Nous avons publié, avec une pieuse reconnaissance, les noms des maires, officiers municipaux et notables de Chauny en 1790, parce que dans les années qui vont suivre — années de terribles épreuves — nous verrons ces braves gens diriger avec sagesse leur petite cité et s'efforcer d'éloigner d'elle, à tout prix, les maux qui affligent déjà tant de villes voisines.

Ils seront puissamment aidés, dans cette œuvre de pacification, par la nouvelle administration qui va bientôt siéger à Chauny, sous le nom de district.

L'Assemblée Nationale, nous l'avons dit, avait aboli les anciennes divisions féodales du royaume et créé, à leur place, quatre-vingt-trois départements, c'est-à-dire 83 circonscriptions purement administratives.

Le département de l'Aisne, dans lequel se trouvait enclavé le territoire de Chauny, s'étendait « des sources de l'Escaut et de la Sambre, jusque par de là les rives de la Marne. Au lieu de cinq élections qui, auparavant partageaient irrégulièrement cette grande surface, il fut créé six districts ou arrondissements, ayant chacun leur chef-lieu et subdivisés à leur tour en plusieurs cantons.

Le directoire du District de Chauny fut installé dans les bâtiments du couvent des Minimes (aujourd'hui caserne de gendarmerie) ; sa juridiction s'étendait sur sept cantons qui avaient pour chefs-lieux : Chauny, Coucy, La Fère, Saint-Gobain, Anizy, Genlis et Blérancourt. (2)

Les communes du canton de Chauny étaient : Guivry, Caillouël,

---

(1) Extrait des Archives de la Mairie. Nous voyons également que les officiers municipaux offriront à la Nation, non comme don de joyeux avénement, mais comme don patriotique, décrété le 6 octobre 1789, une somme assez considérable. Sur la liste des souscripteurs nous voyons entr'autres personnes :

| | |
|---|---|
| MM. Hébert, maire, souscription de | 600 livres |
| Edme Boileau de Maulaville | 1000 |
| Marc Desaix | 72 |
| Thimothée-Guillaume Desforges | 300 |
| Jean-Louis-Nicolas Delanchy | 36 |
| Nicolas Demarly | 72 |
| Jean Debruyères | 24 |
| Pierre-Jacques Lemaire et Claude-Guillaume de Priel, chacun | 300 |

(2) Le district de Chauny avait pour limites intérieures, au couchant : Audignicourt, Blérancourdelle, Blérancourt, Camelin, Doussancourt, Quierzy, Abbécourt, Ma est, Caillouël, Béthancourt, Guivry et la Neuville-en-Beine ; il sera séparé au nord : du district de Saint-Quentin par ledit Neuville-en-Beine, Beaumont, Mennessis, Travecy, Choigny, Nouvion-le-Comte, Nouvion-l'Abesse, Richecourt et Catillon ; au levant : du district de Laon par ledit Richecourt, Pontabussy, Mon-

Béthancourt, Marest, Abbécourt, Neuflieux, Caumont, Commenchon, Ognes, Viry, Vouël, Condren, Amigny, Rouy, Sinceny, Autreville, Bichancourt, Quierzy et Manicamp.

L'Assemblée Nationale ayant rencontré de graves difficultés pour désigner le chef-lieu du département de l'Aisne, remit aux électeurs le soin de trancher la question ; elle les convoqua à Chauny le 17 mai 1790 (1). Deux villes rivales, Laon et Soissons, aspiraient à l'honneur de devenir le chef-lieu du département.

Laon obtint la grande majorité des suffrages : 437 voix sur 450 votants(2), « les cloches des paroisses, dit le compte-rendu de la séance, annoncèrent au peuple le résultat de l'élection, et l'assemblée, avant de se séparer, exprima le vœu « qu'une fontaine fût élevée sur l'une des places de la cité hospitalière de Chauny, pour conserver le souvenir des bienfaits que les populations doivent retirer d'une administration régénérée. » (3)

cenu-les-Leups, Fourdrain et Saint-Lambert, Brie, St-Nicolas, Suzy, Faucoucourt, Lizy, Anizy et Pinon ; au midi : de celui de Soissons, par ledit Pinon, Vauxaillon, Leuilly, Crécy, Pont-Saint-Mard, Vassens, Selens et Audignicourt. (Organisation n tionale des départements. Séance du 18 février 1790).

Nous ne ferons pas l'historique de cette institution qui ne dura que quelques années, car sa mission n'était pas spéciale à Chauny. Le décret du 18 août 1790 qui attribuait à Chauny, le *directoire du district* et à Coucy le *tribunal de justice* fut mal reçu à Chauny ; il y eut diverses protestations. Pourtant le député Le Carlier en envoyant ce décret à M. Hebert maire, écrivait : « cette décision MM. ne fera qu'augmenter l'union qui régnoit déjà entre les habitants de nos deux villes en même temps qu'elle nous assurera à l'une et à l'autre une existence heureuse ».

(1) Le 30 mai suivant, le conseil fait à cette occasion un emprunt de 10.000 livres. « La disette de 1789, le défaut de perception de l'octroi depuis 18 mois et les frais occasionnés par l'Assemblée générale, qui vient de se tenir dans notre ville » légitiment cet emprunt. La délibération nous donne les détails les plus minutieux sur les frais d'installation de logement des électeurs du département. En cette circonstance : « le bureau a été obligé d'employer un nombre considérable d'ouvriers, d'envoyer des exprès dans toutes les villes voisines pour se procurer les fournitures nécessaires pour placer convenablement les électeurs ; les fournitures ont coûté fort cher pour la location, pour le transport et pour le renvoi ; des caisses ont été faites pour y placer les lits manquants... les sergents avaient été employés à des ouvrages extraordinaires... »

(2) Le jeune Saint-Just était au nombre des votants ; il avait été délégué par la commune de Blérancourt, son pays, étant partisan de Soissons.

(3) Le 8 août 1790 le Directoire du département de l'Aisne charge M. de Beaupré, inspecteur des ponts et chaussées du département, de s'entendre avec les officiers municipaux pour le mode et l'emplacement du monument que l'assemblée électorale a voté dans cette ville, pour y attester sa réunion en assemblée libre et représentative, ainsi que sa reconnaissance pour l'hospitalité généreuse qu'elle y a reçue.

Les officiers municipaux répondent que « l'objet le plus utile pour la ville de Chauny seroit une fontaine publique sur le milieu de la place, mais que la ville n'est pas en état d'en faire la dépense. » (Archives de la mairie).

L'élection des administrateurs du  département se fit également
à  Chauny; et, le 14 juin, les élus du peuple s'intallèrent à Laon,
dans l'abbaye Saint-Jean transformée  en  préfecture ;  nous
retrouverons souvent leurs noms dans le  cours  de cette  première
partie, ainsi que ceux des administrateurs du  district  de  Chauny.
Les premiers étaient les Rivoire, Loysel, Beffroy, Debry, Quinette,
Blin, Leleu, etc ;  les seconds : les  Maquaire, Dochez, Quevastre,
Hanry, Guenot, Carillon,  Chollet, Bourdon, Valissant, Chalon,
etc. (1)

Un des premiers arrêts du district est daté du mardy 22 juin 1790 ;
il est relatif à la fête du 14 juillet et conçu en  ces  termes :  « Sur
ce qu'il a été adressé à l'assemblée, par MM. les officiers municipaux
de la ville de Chauny, un paquet contenant cent exemplaires de
l'adresse des Citoyens de Paris à tous  les  Français, ainsi  qu'une
lettre imprimée et signée Bailly, maire  de la ville de Paris, par
laquelle lesdits sieurs officiers municipaux ont  été, entr'autres
choses, engagés, dans  le  cas  où le Directoire du District seroit en
activité, de lui faire, de la part de MM. de  la  Commune  de  Paris,
l'invitation de concourir vis-à-vis  des  Gardes-Nationales, à  la
Confédération qui aura lieu  aux  termes  des décrets, le  14 juillet
prochain Et, sur ce qu'il a été observé par M. le procureur  syndic
que  déjà  la municipalité de Chauny avoit, avant la formation du
district, adressé à MM. les  commandants des  Gardes-Nationales
une invitation pour les opérations relatives  à  la  dite fédération,
« l'assemblée a  arrêté  qu'attendu  que  tout  ce  qui concerne
l'exécution des décrets touchant la Fédération nationale est  infini-
ment urgent, et qu'il est convenable que le district ait connaissance
de ce qui a déjà été fait, à cet égard, par MM. les officiers municipaux de Chauny, M. le  procureur  de  la  commune de la dite
ville sera invité par M. le procureur syndic, de se  trouver demain
onze heures du matin, à la séance, pour rendre compte à l'assemblée
des diligences que la municipalité de Chauny a faites jusqu'à ce

(1) Voici les noms des  messieurs composant les corps administratifs du
département de l'Aisne et de leurs logements à Laon.
  District de *Chauny.* M. Flament, de Chauny, chez M. de Chantrud, rue
du Val-des-Ecoliers n° 391.
  M. Ancelot, de La Fère, chez M. Mignot, curé, rue du Val-des-Ecoliers
n° 384.
  M. Loizel, de Saint-Gobain, chez M. le doyen de la cathédrale, rue du
Cloitre n° 487.
  M. Béchard, de Villequier-Aumont, chez M. le doyen de Saint-Jean.
  MM. D. driencourt, d'Anizy, et Binart, de Blérancourt

jour, au sujet de la fédération et en l'absence du district ; pour
quoy sera délivrée expédition du présent arrêté à M. le procureur
syndic pour le faire passer dans le jour, à mon dit sieur receveur
de la commune ; le secrétaire Ricroc. »

Le lendemain, la municipalité réunie en séance plénière, décide,
« à l'unanimité, qu'il sera élevé sur la place de l'Hôtel-de-Ville un autel
sur lequel seroit célébrée une messe le jour du 14 juillet et, qu'à l'heure
de midy, tous les citoyens de l'un et l'autre sexe s'uniroient au serment,
que prononceroit le maire, d'être fidèle à la Nation, à la Loy et au
Roy, etc. A l'effet de quoy l'annonce de cette cérémonie seroit
publiée aux messes paroissiales de Notre-Dame et de Saint-Martin
de ladite ville et pareillement dans toutes les rues, carrefours, places
et faubourgs, par les sergens de ville et au son du tambour, le mardi
treize du présent mois ; que MM. les commandants de la garnison
et des troupes nationales seroient invités d'y asssister avec toutes
leurs troupes en armes ; qu'il seroit également adressé une lettre
à MM. les administrateurs du district ainsi qu'à MM. les officiers
de justice royale de cette ville ; que défense seroit faite d'ouvrir
les boutiques ledit jour pendant la cérémonie et que, pour l'annoncer
au peuple, le treize au soir, huit boëtes seroient tirées à neuf
heures du soir ; par pareille quantité le dit jour du quatorze, au
matin, et par douze boëtes tirées à l'instant que le serment civique
auroit été prêté.

Lequel arrêté, lesdits sieurs maire, officiers municipaux, et
notables ont signé lesdits jour et an que dessus. »

*Procès-verbal officiel de la Fête du premier 14 Juillet.*

« Ce jourd'hui quatorze juillet mil sept-cent quatre-vingt dix,
onze heures du matin, le Conseil général de la commune, réuni
en la salle commune de cette ville, après la convocation d'usage,
les officiers municipaux et notables se sont rendus sur une estrade
élevée sur la place et sur laquelle était construit un *autel dédié
à la Patrie.* Sur les deux côtés de la place étaient rangées en
bataille et sous les armes, les troupes de ligne et la maréchaussée,
leurs officiers en tête. Le milieu de l'enceinte, en face de l'autel,
était rempli de tous les citoyens *de l'un et l'autre sexe* de la ville
et des faubourgs.

« Il a été célébré, par le R.-P. Pierre Leroy, Minime, aumônier
de la garde-nationale, une messe solennelle après laquelle

M. Demarly, officier municipal, faisant fonctions de procureur de
la commune en l'absence du sieur Macqueret, député à Paris, à
la Fédération Générale, a requis que, conformément à l'adresse de
la Commune de Paris, à celle de MM. les administrateurs du
département, il fût, à l'instant, procédé à la prestation du serment
civique prescrit par le décret de l'Assemblée nationale.

« Sur quoy, faisant droit, le sieur Hébert, maire, a dit :

Messieurs et chers Concitoyens,

Qu'il est doux de se rassembler pour jurer son propre bonheur ! Pour faire
serment d'être heureux et pour resserrer de nouveau les nœuds de la Concorde
et de la Bienveillance ! Ce jour mémorable à jamais, ce jour où nos frères,
réunis de toutes les parties et dans toutes les parties de la France, vont
s'engager au même instant à respecter les loix qu'eux mêmes ils se sont faites,
ce jour tant désiré, Messieurs, brille enfin à nos regards satisfaits. Déjà,
le plus saint des Mystères vient d'appeler la divinité au milieu de nous : c'est
devant elle, c'est en sa présence que nous allons jurer, ici, d'être fidèles à la
Constitution, qui n'est autre chose elle-même que l'expression de notre
propre volonté, d'être soumis aux lois qui ne sont pareillement que le vœu
commun de tous, tant que nous sommes, et de respecter le monarque
auquel nous avons nous mêmes confié l'exécution de ces mêmes lois.

Mais ce n'est pas tout, Messieurs et chers Concitoyens, nous avons encore
d'autres serments à faire et plus chers peut-être à nos cœurs.

Rendus, enfin, à la nature, ne reconnaissant plus parmi nous d'autres
distinctions que celles du mérite et de la vertu ; jurons de nous regarder
tous comme les membres d'une seule famille, toujours prêts à nous entr'-
aider, à nous secourir l'un l'autre, et, que nos divisions, s'il en existe, soient
dès cet instant oubliées ; que l'envie, la jalousie, l'orgueil, les rivalités
soient à jamais bannis d'entre nous, que leurs noms même soient voués à
l'exécration. Des frères doivent-ils s'outrager ? Des frères doivent-ils se haïr ?
Que cet auguste nom ne soit pas chez nous, Messieurs, un vain titre et que
le Dieu qui nous entend, le Dieu qui vint au monde apporter la concorde,
ne voyant parmi nous que des cœurs fraternels, daigne se complaire dans
son ouvrage.

Je ne vous parlerai pas, Messieurs et chers concitoyens, du respect
qu'exigent tous les genres de propriétés, vous en connaissez l'importance ;
vous connaissez aussi le danger qu'il y aurait d'arrêter, dans leur route, les
revenus publics, qui, comme vous ne l'ignorez pas, ne sortent de nos mains
que pour y rentrer sous d'autres formes, soit en protégeant notre sûreté,
soit en vivifiant les canaux du commerce, cette source féconde de la
propriété commune, semblable aux sources bienfaisantes qui ne reçoivent
que pour répandre ; ce que l'Etat reçoit de ses enfants, c'est à ses enfants
qu'il le rend.

Unissons-nous donc tous, Messieurs et chers concitoyens, pour protéger
ensemble la Patrie et nos frères ; n'oublions jamais, surtout, qu'il n'est point
de bonheur particulier quand le bonheur public se trouve compromis, et
qu'un enfant ne sauroit être heureux lorsque sa famille est à plaindre.

Heureux, Messieurs et chers concitoyens, de vous donner l'exemple de
la docilité et du respect aux lois, ainsi qu'à l'autorité légitime, je fais
serment de ne m'en écarter jamais.

Unissons-nous tous, chers concitoyens, aux braves députés que nous
avons envoyés à nos frères de la capitale ; unissons-nous à tous nos frères
répandus par toute la France ; élevons tous nos mains vers l'autel de la

Patrie et répétons le serment auguste que toute la France prononce à cet instant :

Nous jurons et promettons d'être fidèles à la Nation, à la Loi, au Roy ; de maintenir de tout notre pouvoir la constitution du royaume, décrétée par l'Assemblée nationale, sanctionnée par le Roy ; de nous prêter mutuellement tous les secours nécessaires et d'obéir à nos chefs et à ceux qui nous seront choisis pour maintenir et faire exécuter les lois.

Vive la Nation, la Loi et le Roy.

« Ce serment prononcé à haute voix par ledit sieur Hébert, maire, et répété par tous les corps présents, par toute la garde-nationale, par la troupe de ligne et par tous les citoyens de l'un et de l'autre sexe, tous la main droite étendue sur l'Autel de la Patrie, il a été chanté un *Te Deum* solennel pendant lequel toutes les boëtes ont été tirées ; les tambours de la garde-nationale et les trompettes de la cavalerie ont annoncé la fin de la cérémonie et, sur la demande de la garde-nationale, l'impression du présent procès-verbal a été ordonnée. »

« Tous les officiers municipaux et les notables sont ensuite rentrés à l'Hôtel de Ville avec les officiers de la garde-nationale, des troupes régulières et de la maréchaussée et, tous réunis dans la chambre du Conseil, le présent procès-verbal y a été sur le champ rédigé et signé de tous les comparants et il a été arrêté que deux expéditions en seroient adressées à M. le Procureur-Syndic du District, l'une pour être déposée aux archives du district et l'autre pour être par lui envoyée à M. le Procureur-Général du département de l'Aisne. Signé : Hébert, maire ; Boileau de Maulaville, 1er officier municipal ; Demarly ; Marc Desains ; Dupuis ; Bernard, curé de Notre-Dame ; David, lieutenant-colonel ; les chevaliers de Courtebonne ; de Bridieu ; Desforges ; Fouquet ; Hébert fils ; le vicomte Ch. Desfossés ; Guillaume ; Bivroc ; etc., etc. (1) »

Les vivats et les derniers échos des boëtes de la fête du 14 juillet retentissaient encore au loin et déjà l'on entendait de sourds mugissements, ordinaire présage des tempêtes populaires. Ici l'on refusait de payer les impôts (2) ; là de hardis pillards arrêtaient des bateaux

(1) La dépense totale des fêtes du *Premier Quatorze Juillet* fut de « deux cent soixante-neuf livres quinze sols pour frais d'estrade et d'autel dressés sur la place ; plus pour l'illumination de la façade de l'Hôtel de Ville et du Jeu de Paume. » Il a été compris dans ce chiffre les factures des « réjouissances offertes aux habitants à l'occasion de la *Réception de la Bannière du Département de l'Aisne qui a passé à Chauny, le vendredi 23 juillet, à son retour de la fête de la Fédération de Paris.* (Extrait du compte du 1er Août 1790.)

(2) Le 25 septembre 1790, le directeur de la régie générale de Noyon se plaint « des refus de payement que ses agents essuient chaque jour et enjoint à la municipalité de mettre une bonne garde aux portes de la Chaussée, du Brouage et de la rue Hamoise, pour prêter main-forte au besoin à ses agents ».

de blé (1) ; dans l'administration du district à peine constituée, dans les rangs de la garde nationale, dans le sein même du Conseil municipal, il y avait de graves dissentiments, des divisions profondes.

Le 7 décembre 1790, le Conseil se voit obligé de prendre l'arrêté suivant : « Considérant qu'il n'est que trop d'exemples d'attroupements, d'insurrections, d'émeutes populaires causées le plus souvent pour des causes futiles, mais très fâcheuses par leurs suites, comme la différence d'opinions, l'esprit de vertige, des bruits souvent faux, des rapports peu approfondis, etc., les armes de la garde nationale seront déposées chez les capitaines de chaque compagnie. » Quelques mois plus tard : « On ouvre sur la route de Genlis des ateliers de charité pour les ouvriers sans ouvrage de Chauny, Sinceny, Ognes et Abbécourt » (6 mai 1791).

Les esprits étaient tellement préoccupés des événements extraordinaires de la France, que l'on arriva à la veille du 14 juilllet sans savoir s'il serait célébré de nouveau. Le 12 juillet « un membre du Conseil dit à l'assemblée qu'il paraît que différentes villes se préparent à fêter, le 14 de ce mois, la Fédération, comme cela a eu lieu l'année dernière et qu'il croit que la ville de Chauny ne doit pas être en retard quand il s'agit de montrer son patriotisme et son attachement à la Constitution. » Le maire répond qu'il faut prendre l'avis du district à ce sujet et, la veille à 6 heures du soir, le Conseil se rassemble et décide que, puisqu'il y a fête de la Fédération dans beaucoup d'endroits, la cérémonie patriotique se fera également à Chauny et que la municipalité, le clergé, la gendarmerie et la troupe y assisteront ; qu'une messe sera chantée par le P. Leroy, aumônier de la garde nationale, etc. Voici, du reste, le procès-verbal de la deuxième fête du 14 juillet (année 1791) :

« Ce jourd'hui quatorze juillet mil sept cent quatre-vingt-onze, onze heures du matin, le Conseil général de la commune réuni à l'Hôtel de ville, après la convocation d'usage, les officiers municipaux et notables se sont rendus sur la place, réunis avec Messieurs les administrateurs du district, sur laquelle a été construit un autel dédié à la Patrie. En avant, étaient rangées les troupes de ligne et, à droite, la Garde nationale ; derrière ledit Autel, la gendarmerie

(1) Au commencement de 1790 les pillages de blé étaient très fréquents, le 3 mai, à Condren, à Beautor, à Jussy, les dégâts sont des plus graves ; 25 hommes du régiment d'Orléans et une pièce de canon sont requis pour faire cesser les vols.

Le 21 janvier 1791 « le sieur Dertu demande un piquet de cavalerie pour garder un de ses bateaux chargés de blé, qui se trouve depuis le 16 janvier dans les eaux du canal, jusqu'à ce que la rivière lui permette de continuer sa route. »

nationale ; toutes ces troupes précédées de leurs officiers ; le milieu
de l'enceinte, en face l'autel, rempli de tous les citoyens, de la ville
et fauxbourgs, de l'un et de l'autre sexe.

« M. Levêque, vice-président de l'administration, a célébré la messe
après laquelle a été chanté l'*Exaudiat*, le *Domine Saloum fac Regem*
et le *Te Deum*, après quoi MM. de Maupertuis, l'un des administrateurs, Lamy, officier municipal et Hébert, commandant, ont fait
des discours analogues à la circonstance. Et après que M. Maupertuis, qui présidoit, eut fait le *serment d'être fidèle à la Nation, à la
Loi et au Roi, de maintenir de tout son pouvoir la Constitution
décrétée par l'Assemblée Nationale et acceptée par le Roi et de
vivre libre ou mourir*. Ce serment a été répété par les citoyens,
troupes de ligne, gardes nationales, gendarmerie nationale. Ce
fait, les officiers municipaux, notables, et administrateurs ont
retourné à l'Hôtel de Ville.

La fête du second 14 juillet n'avait eu ni entrain, ni grandeur ; on
accusa la municipalité « de manquer de patriotisme ». C'était une
insigne calomnie. La nouvelle émission d'assignats pour une somme
de 400 millions (19 sept.) ; la fuite du roi et de sa famille (20 juin
1791), son arrestation à Varesne (1), les bruits de guerre, des passages continuels de troupes, de gardes nationaux, qu'il fallait le
plus souvent loger et nourrir pendant des mois entiers, étaient les
causes vraies du manque d'enthousiasme général. Car malgré bien
des tristesses et même de véritables dégoûts, les officiers municipaux
gardèrent toujours leur charge : ils étaient de ceux qui, dès les premiers jours, n'avaient pas perdu courage, laissant ainsi la partie
belle à la faction qui de la réforme voulait faire la destruction, mais
en 1791 leurs forces commençaient à s'épuiser, leur patience était à
bout : Voyant leurs meilleures intentions mal interprêtées et leurs
efforts de pacification devenus inutiles, plusieurs d'entre eux, le

(1) Le 3 juin, la panique est générale à Chauny ; on ne parle déjà que « de
l'enlèvement du roi », le Conseil se rassemble et l'on décide à l'unanimité : 1° de
commencer le dénombrement des armes déposées chez les particuliers, de les
examiner et de les distribuer immédiatement à qui de droit ; 2° de rassembler
les gardes nationaux pour leur dire de se tenir prêts à partir au moindre signal ;
3° de rechercher la quantité de munitions qui se trouvent chez les marchands ;
4° de doubler la garde des portes de la ville.

« Le 23 juin on trouve chez le sieur Quentin, l'aîné, marchand, 95 livres de
poudre à feu et 50 livres de plomb ; chez les sieurs Leroux, Morgny, plusieurs
centaines de livres de poudre… comme on faisait ces perquisitions des ordres
arrivent de Laon et de Soissons à Chauny de leur envoyer chacune un detache-
ment de la garde nationale ; mais, le 26, il y a contre-ordre, car on apprend
que le roi est arrêté et revient à Paris.

maire en tête, donnèrent leur démission et, le 8 novembre 1791, M. Momble-Demarquette, fils, fut élu maire.

La démission de commandant de la garde nationale de M. Hébert fils, fit également beaucoup de bruit : on avait accusé la garde nationale de n'être qu'un ramassis d'inutiles et même de lâches... Leur chef motiva sa démission « pour cause d'insultes à la garde nationale », il y eut de nouvelles élections et M. Hébert fils fut réélu.

Une autre cause de désordre venait « de la rareté de plus en plus grande du numéraire et de la difficulté de trouver à changer les assignats pour des denrées de première nécessité ». Les marchés étaient chaque fois troublés à ce sujet. Le conseil, voulant remédier au mal et appaiser les différends « et les émeutes », fit une première émission de billets de confiance pour une somme de 10,000 livres. Sous la responsabilité de la commune ; ces billets furent mis en circulation le 14 janvier 1792 : ceux de 5 sols étaient rouges, ceux de 10 sols jaunes, ceux d'une livre bleus et ceux de deux livres blancs ; ils avaient tous la dimension des assignats de cinq livres et étaient signés du caissier et de quatre commissaires.

Terminons ce second chapitre, par le document suivant extrait du registre des arrêtés du Conseil permanent du District de Chauny, (séance du 17 novembre 1792, l'an 1<sup>er</sup> de la République Française.)

PREMIÈRE PARTIE

# ÉPOQUE RÉVOLUTIONNAIRE

## CHAPITRE III.

*Société populaire, sa fondation et ses motions excentriques ;
Arrestation des suspects, des nobles, et des prêtres ;
Comité de Surveillance ; Prisons politiques ;
Affreuse Disette ; Fêtes de la Convention
et du Directoire.*

Nous entrons dans des années bien tristes.

La guerre est déclarée (1) ; les Tuileries sont envahies, pillées, ensanglantées ; le roi se voit enfermé, comme un criminel, dans la prison du Temple...

A l'*Assemblée législative* vient de succéder, le 21 septembre 1792,

(1) Le 28 avril 1792, les premières hostilités ont lieu à Quiévrain, en Flandre ; le 11 juillet, l'Assemblée décrète que la patrie est en danger ; le 1<sup>er</sup> septembre, Verdun se rend aux Prussiens ; le 12 du même mois, l'armée française est

la *Convention nationale*, qui va proclamer la république, condamner à mort Louis XVI, établir le règne de la Terreur, faire de nouvelles émissions d'assignats, rendre une loi contre les suspects, mettre en réquisition permanente, pour la défense de la patrie, tous les jeunes gens de 18 à 25 ans, créer une armée révolutionnaire ambulante qui doit parcourir les départements avec une artillerie et une guillotine, etc., etc. (1) Avec la disette générale, qui est à son comble, les bandes de sans-culottes étaient le plus terrible fléau des villes et des villages : les municipalités avaient fort affaire avec elles, car, dans chaque ville, il y avait des Sociétés démocratiques pour les recevoir, les héberger et les écouter en esclave : c'était la *Société populaire* et le *Comité de Surveillance.* Par le plus grand des hasards, dit M. Melleville (2), le registre des séances de la *Société populaire* nous a été conservé (3) ; on peut donc, en le lisant, se faire une idée de ce qu'était, en province, une société de ce genre, pâle copie du club des Jacobins de Paris.

« A l'extrémité d'une salle(4), mal éclairée par de rares chandelles fumeuses, s'élevait une estrade surmontée d'une table boiteuse en forme de bureau et sur celle-ci on distinguait des papiers épars, un encrier et une sonnette. Auprès de cette table, on voyait assis dans un fauteuil vermoulu, un homme coiffé d'une sorte de bonnet phrygien de couleur rouge dit *Bonnet de la Liberté*, c'était le président ; à sa droite siégeait le secrétaire ; les membres se tenaient

obligée de se replier sur Châlons-sur-Marne, mais elle reprend l'avantage quelques jours après, à la bataille de Valmy.

Le 7 avril 1793, la municipalité de Chauny reçoit l'ordre du général Santerre de donner l'état des forces disponibles de la ville : elle répond qu' « il y a depuis le 1er Avril, au quartier, un dépôt du 13e régiment de cavalerie venant de Lille, et composé de 7 officiers, 5 maréchaux de logis, 68 cavaliers, dont plusieurs blessés et malades, à l'hôpital, et 84 chevaux. »

La municipalité dit également qu'il y a en ville cent prisonniers autrichiens arrivés depuis le 1er avril.

(1) Les députés de l'Aisne avaient voté presque tous ces décrets révolutionnaires : c'étaient les citoyens Bouchereau, de Chauny ; Condorcet, de Ribemont, Camille Desmoulins, de Guise ; Saint-Just, de Blérancourt, etc.

(2) Hist. de Chauny, p. 100. Laon 1851.

(3) Voir plus loin, ch. VIII, les extraits, que nous donnons, des séances du *Comité de surveillance.*

(4) Cette salle était toute lambrissée de boiseries de prix, provenant des églises et des couvents du district de Chauny. Le menuisier chargé de poser les boiseries les avait horriblement mutilées pour les ajuster et en faire un parquet. Le directoire du district accorda, en ces termes, à la société populaire, l'autorisation de se former en assemblée d'amis de la Constitution : « convaincu qu'une société composée d'excellents citoyens, se fera toujours un devoir de respecter les vrais principes ; que le zèle des amis de la Constitution qui s'établissent dans cette ville et le bon esprit qui les anime sont propres à inspirer à tous les citoyens

dans la salle les uns debout, les autres assis, et le chapeau ou la casquette sur la tête. Quatre censeurs maintenaient l'ordre parmi eux. Des tribunes en bois régnaient autour de la salle : elles étaient remplies par des citoyens qui ne faisaient pas partie de la société et par des citoyennes occupées à coudre, à tricoter ou se livrant aux douceurs des commérages. On parvenait à ces tribunes par un escalier étroit, sombre, mal éclairé des lueurs vacillantes d'une chandelle que les jeunes gens se plaisaient à éteindre ou à enlever. La séance s'ouvrait par la lecture de la correspondance et des papiers publics. Si un candidat se présentait pour être admis dans la société, le président l'interrogeait ainsi : « Quel est ton âge ? Où « étais-tu avant 1789 ? Quel cercle as-tu parcouru depuis la répu- « blique ? Quel était ton état alors ? Quel est-il à présent ? Quelles « places as-tu remplies et quels services as-tu faits depuis 1789 ? « As-tu assisté, autant que tu l'as pu, à toutes les cérémonies et « fêtes civiques ? N'as-tu jamais rien signé ou fait signer de con- « traire à la révolution ou tendant au fédéralisme ? As-tu exacte- « ment payé toutes les impositions et tous les dons patriotiques « jusqu'à ce jour ? As-tu fait pour le soulagement de tes frères « d'armes, tous les sacrifices que ta fortune a pu te permettre de « faire ? Es-tu membre d'une société populaire ? Depuis quel temps « l'es-tu ? » Si le candidat répondait à toutes ces questions d'une manière satisfaisante et si aucune voix accusatrice ne s'élevait con- tre lui dans la salle, on passait au scrutin secret sur son admission. Le vote avait lieu avec de gros haricots décorés du nom moins trivial de fèves. Il en était remis deux à chaque membre, un blanc et un rouge ; la majorité de ces derniers entraînait l'exclusion du candidat ; celle des haricots blancs lui valait son admission dans la société (1). Il était ensuite permis à chacun de demander la parole pour faire des révélations ou des propositions. On voyait alors surgir les motions les plus bizarres. L'un demandait qu'on démolît

l'amour de l'ordre et des lois ; que de grands exemples de soumission à la loy doivent en imposer à ceux qui oseraient professer des maximes anti-constitu- tionnelles et violer un serment qui n'est sacré que pour des âmes honnêtes ; — considérant qu'une administration, pénétrée des principes qu'elle a juré de maintenir, doit favoriser de tout son pouvoir l'établissement d'une société qui se donne l'honorable fonction de faire gouter à ses concitoyens les lois établies pour la félicité publique ; — arrête que la dite société peut tenir ses séances dans la grande salle du ci-devant bailliage, laquelle lui sera ouverte à sa volonté, à la charge néanmoins par le président, de prendre toutes les précautions pour que personne ne puisse s'introduire dans les salles adjacentes. » Remis au pré- sident du club le 13 août 1791.

(1) Voir le règlement de la Société populaire. *Archiv. de la mairie*

sans retard un mausolée resté debout dans le cimetière Saint-Martin.
parce que sa masse et les signes de fanatisme gravés dessus offus-
quaient les yeux des patriotes ; l'autre voulait qu'on descendît au
plus vite toutes les croix placées sur les clochers et sur les routes ;
que toutes les girouettes ornées de fleurs de lys, emblème de servitude et d'intolérance, fussent à jamais abattues ; que les tableaux représentant des ci-devant évêques, cardinaux et tous les autres signes
de la féodalité, comme les armoiries (1) etc., fussent enlevés des
églises de la ville et brûlés ; un troisième exigeait qu'on dénonçât les
gens assez audacieux pour se servir de cartes à jouer sur lesquelles
on voyait les insignes de la royauté et de la tyrannie, s'ils ne s'em-
pressaient de les apporter à la société pour être publiquement brû-
lées par elle dans la rue ; un autre demandait qu'on plantât des arbres de liberté dans toutes les rues, devant chaque maison ;
qu'on mît en réquisition pour le service des hôpitaux, tous les vins
qui se trouvaient chez les personnes suspectes et en état d'arrestation, « car le vin de l'hôpital de la ville est aigre, de très-mauvaise
qualité et en petite quantité. »

« Dans le commencement il y avait foule aux séances de la société ; on s'y rendait par curiosité ou par désœuvrement; les jeunes
filles y venaient pour folâtrer, les femmes pour s'entretenir des nouvelles de la ville. Aussi les censeurs avaient-ils beaucoup de peine
à maintenir le silence dans cette foule bruyante et railleuse. Un jour,
les citoyennes Tintin et Morue, sans respect pour l'assemblée, se
prirent de querelle, s'arrachèrent les cheveux au grand scandale de
la Société qui les expulsa de son enceinte pour trois décades. Une
autre fois, au beau milieu d'une grave délibération, les membres se
virent assaillis de projectiles que des mains invisibles leur lan-
çaient : c'étaient des pois que des espiègles enfants, cachés dans la
foule, leur envoyaient à travers de petits tubes de sureau. Un soir,
le silence fut troublé par un bruit aigu qui éveilla l'attention de
toute l'assistance : une jeune fille cassait des noix et en jetait sans
plus de façon les débris dans la salle « M. le Président invite la ci-
« toyenne à cesser de casser des noix, en lui faisant observer que, la
« veille encore, il lui avait été fait pareille observation. Elle répond
« que s'il veut les casser lui-même, elle n'en aura pas la peine. Un
« membre demande que, vu l'insolence de cette réponse, cette ci-

(1) La belle voûte de l'église Saint-Martin porte encore aujourd'hui les
traces du vandalisme des terroristes : toutes les clefs de voûte étaient ornées
des armes des bienfaiteurs de l'église ; les envoyés de la société populaire les
grattèrent sans pitié.

« toyenne soit nommée et mise hors de la salle ; elle est à l'instant
« désignée pour être la citoyenne Quievra l'aînée. Sur un nouveau
« propos déplacé, tenu par cette citoyenne, un membre demande
« qu'elle soit privée de l'entrée de la salle pendant trois décades.
« Le président enjoint à cette fille de sortir ; elle répond avec au-
« dace en descendant l'escalier de la petite tribune que, s'il faut
« qu'elle n'y revienne pas pendant six décades, elle s'y prêtera
« volontiers. Le président lui observe que la loi prononce des peines
« sévères contre ceux ou celles qui troublent les Sociétés populai-
« res. Cette fille, en éclatant de rire, ne laisse pas le président con-
« tinuer ce qu'il avait à dire et sort de la salle en gambadant. »

Ajoutons à ces faits burlesques le récit de l'action indécente du
jeune Denis que nous trouvons relaté dans le registre des délibérations du conseil municipal, à la date du 26 vendémiaire, an III (Registre de 1794-95) « Les citoyens Lefèvre et Cambray, membres de
la société populaire, ont amené à la municipalité, sur l'invitation de
la société populaire, le citoyen Denis, fils, ayant troublé la dite société *en faisant couler du haut des tribunes, de l'eau sur les citoyennes*, et comme ce n'est pas la première fois que ça lui arrive et que
les observations qui lui ont été faites plusieurs fois n'ont fait aucune
impression sur lui, l'agent national entendu, le conseil arrête que
ledit citoyen Denis sera mis en prison pour 24 heures et lui fait défense d'entrer à la société populaire avant six mois. »

La Société populaire ne se contenta pas d'émettre des vœux plus
ou moins ridicules ; elle se fit la dénonciatrice des honnêtes gens. Au
mois de janvier 1792, un des sans-culottes de la société — sans doute
un ancien pensionnaire de l'Hôtel-Dieu, peu en peine de se montrer
reconnaissant — dénonça les sœurs « du ci-devant Vincent de
Paul » : il a vu les dites sœurs « cacher, nourrir et écouter des prêtres insermentés, en particulier les curés de Mondécourt, d'Ognes, le
vicaire de Notre-Dame, les ci-devant minimes, le prieur de Genlis,
les grands vicaires, et le supérieur du Séminaire de Noyon ; » il a
vu, grand Dieu ! « il a vu les sœurs tramer en secret la ruine de la
République ! »

Sur la foi de cet accusateur, on déclara les pauvres sœurs traîtres
à la patrie, et l'on informa « l'administration départementale de
leur conduite anti-patriotique ». Une commission, venue exprès de
Laon pour examiner l'affaire, ne trouva rien de vrai de toutes ces
accusations : seulement, comme les sœurs n'avaient pas encore
prêté le serment civique, la commission le leur demanda, et ne pouvant l'obtenir, elle les congédia.

Trois religieuses de la Croix, dont la communauté venait d'être dissoute, se présentèrent pour remplacer les sœurs de charité ; l'administration les trouvant « capables et de bonnes vie et mœurs » les reçut « au prix de 200 livres par an et pour chacune d'elles. »

Les nouvelles servantes des malades ne furent pas plus à l'abri de la persécution que leurs aînées. Des patriotes les chargèrent des mêmes accusations. Une des femmes de service de l'Hôtel-Dieu les traîna elle-même à la barre de la société populaire, sous prétexte qu'elles avaient « reçu du curé Démangeot, leur ex-chapelain, un « catéchisme d'aristôts, et appris aux gens de la maison cette parodie « du *Pater* : Notre Roi, qui êtes aux Tuileries, que votre nom soit « respecté, que votre règne revienne, que votre volonté soit faite à « Paris comme en province. Faites élever à la potence tous les co- « quins qui cherchent à nous ôter le pain de chaque jour ; mais dé- « livrez-nous de l'Assemblée nationale. Ainsi soit-il. »

Les sœurs eurent beau protester de leur innocence ; elles furent condamnées et placées sous la haute surveillance de l'administration.

Une des grandes préoccupations de la Société fut d'inventer une nouvelle dénomination des rues de la ville », pour remplacer par des noms patriotes les noms qui rappellent un régime proscrit. »

Voici son chef d'œuvre :

*(La liste suivante est la reproduction d'une liste manuscrite en date du 8 novembre 1730).*

## NOMS DES RUES DE CHAUNY

| ANCIENS | MODERNES |
| --- | --- |
| Rue Hamoise | Rue de la Montagne. |
| — Ganton | — Scévola. |
| — des Cailloux | — Guillaume Tell. |
| — d'Orléans | — Beaurepaire. |
| — de Clèves | — Châlier. |
| Culdesac Sainte-Croix | Cul-de-sac de la Vigilance. |
| Rue des Moinets | Rue de Rousseau. |
| — des Fossés du Château | — Pelletier. |
| — Victimée | — Brutus. |
| — des Pierres | — Barra. |
| — de l'Esplanade | » |
| — du Rempart | » |

| | |
|---|---|
| Rue du Faubourg du Brouage. | Rue de Noyon. |
| — de la porte d'Hangest. . . | — Voltaire. |
| — des Bons Enfants . . . . . | » |
| — des Juifs . . . . . . . . . | Rue de la Vérité. |
| — du Petit Greffier. . . . . . | — de l'Unité. |
| — du Four-à-la-Claye. . . . . | — des Droits de l'Homme. |
| — du Sac . . . . . . . . . . . | — de la Paix. |
| — des Triperies . . . . . . . | — de Lille. |
| La Place. . . . . . . . . . . . | Place de la Liberté. |
| Passage Saint-Martin. . . . . . | Passage de la Raison. |
| Rue de la Basse-cour-du-Château | Rue Marat. |
| Faubourg du Pissot . . . . . . | — de La Fère. |
| Rue des Brasseurs. . . . . . . | — de la Commune. |
| — du Beffroy. . . . . . . . . | — de l'Humanité. |
| — des Marchands . . . . . . | |
| — du Blocq . . . . . . . . . | — de la Réunion. |
| — du Pont national. . . . . . | |
| Pont National . . . . . . . . . | Pont de la Réunion. |
| Rue du Cornet (1). . . . . . . . | » |
| Cul-de-sac de Prémontré . . . . | Cul-de-sac de la Fraternité. |
| Rue des Pourcelets. . . . . . . | Rue des Piques. |
| — Jean Cachet. . . . . . . . | — Helvétius. |
| Chaussée, jusqu'à Notre-Dame. | — de la Liberté. |
| Rue de Royaumont. . . . . . . | — Thionville. |
| Ruelle des Casernes . . . . . . | — du Travail ! |
| Rue Notre-Dame. . . . . . . . | — des Jardiniers. |
| Chaussée, jusqu'au Canal. . . . | — de l'Egalité. |
| Rue de la Cidatelle. . . . . . . | — de Coucy-la-Montagne. |

C'est encore la Société populaire qui fait planter partout en ville des arbres de liberté, aux cris de vive la République et qui ordonne le désarmement des suspects. Les délégués du club conduisirent eux-mêmes les commissaires chargés de faire les perquisitions. Voici le bilan de leurs trouvailles : chez le citoyen Le Couvreur, cy-devant noble, deux arquebuses ; chez le citoyen Pierre Leroy, prêtre non fonctionnaire, une canne à épée ; chez le citoyen Pierre Jooretz, prêtre, rien ; chez le citoyen Beaumont, père, cy-devant noble, une petite épée noire sans fourreau ; chez le citoyen Démangeot, prêtre, un fusil et un pistolet ; chez le citoyen Bourfaut, rien ; chez le ci-

(1) Pour l'emplacement de cette rue et de quelques autres, on peut consulter l'ouvrage de M. Ch Bréard, ayant pour titre les *Anciennes rues de Chauny*, un volume in-16, Paris, Aubry, 1874.

toyen Rabeuf, prêtre, rien ; chez le citoyen Ingnier, prêtre, rien ; chez la citoyenne veuve Cœur-de-Roi, rien ; chez le citoyen Deleau, prêtre, rien ; chez le citoyen Desmoulins, prêtre, rien ; chez la citoyenne André Oudin Richebourg, un couteau de chasse ; chez la citoyenne Valleonne, rien ; chez la citoyenne veuve Le Sellier-Blécourt, un fusil, un sabre, une épée de duel, un couteau de chasse manche d'ivoire garni d'argent, une épée à manche d'acier doré. » (Arch. de la mairie.) — Alors si l'on ne pactisait avec les patriotes de la Société populaire, on était exposé chaque jour à ces visites domiciliaires. Il ne suffisait plus pour les ecclésiastiques de vivre dans la retraite, loin des affaires « publiques et sociales », de prêter tous les serments exigés par les lois républicaines ; il fallait se munir d'un certificat de civisme ; il fallait ne plus être chrétien. Les réfractaires étaient poursuivis comme de grands criminels ; on les condamnait à l'exil, à la déportation, à la mort.

Le premier prêtre de Chauny qui fut l'objet de ces injustes et criminelles poursuites fut M. Duriez, ex-vicaire de Notre-Dame. Depuis sa rétractation officielle adressée au maire de la ville le 30 janvier 1792, les bons patriotes le persécutaient en toutes rencontres. Il en était venu, le courageux prêtre, à ne plus pouvoir exercer le saint ministère qu'en secret. Un soir du mois d'avril 1792, la bande des dénonciateurs envoyée par la Société populaire vint frapper à la porte du vicariat de Notre-Dame. M⁵ Bauchard, vicaire constitutionnel, se présenta :

« Nous demandons le traître Duriez. » — « Il va venir, répond M⁵ Bauchard, attendez un moment et buvons ensemble à la santé des patriotes. » Pendant que les « Rouges » boivent, chantent, hurlent, le proscrit passe la petite rivière et grelottant se réfugie chez un de ses voisins. Les bonnes gens (1) ont pitié de leur prêtre : ils le réchauffent et le mettent en sûreté. — Ils s'exposaient à de terribles châtiments (2). — « Mais ce protestacier ne reviendra donc pas ? » — « Un peu de patience, citoyens, vous savez que depuis un mois il ne voyage plus guère que la nuit. » — Onze heures sonnaient à l'horloge de la paroisse. « Au diable soit le curé ! Partons, dit le chef de la bande pris... de vin ; nous le rattraperons... M⁵ Duriez était sauvé.

(1) La famille Quennevat du Bailly de qui nous tenons cet épisode.

(2) On connaît le triste sort des sœurs Barberoux, de Chauny, et des deux prêtres qu'elles avaient voulu sauver. Elles furent victimes de leur charité et exécutées le 7 ventôse an II, avec les deux proscrits qu'elles « cachaient chez elle. »

Dans la crainte de se voir poursuivis de la sorte, les nobles et les prêtres, domiciliés à Chauny, ou se sauvèrent ou se constituèrent prisonniers.

Le 19 août 1793, 8 heures du matin, comparaissaient, devant les officiers municipaux assemblés, Pierre-Momble, Demarquette (1) maire de la ville ; Timothée, Desforges fils et Constant-J-B. Hébert ; tous trois cy-devant nobles ; lesquels ont dit (ce sont les termes mêmes de la délibération) qu'ayant eu connaissance des deux arrêtés, l'un des représentants du peuple, l'autre du département de l'Aisne, tous deux en date de ce mois et tendant à l'arrestation, dans chaque commune, de tous les cy-devant nobles ; qu'ayant également eu connaissance d'un arrêté du District de Chauny qui confie l'exécution des dits ordres aux municipalités de leur enclave sous leur responsabilité ; qu'ayant eu connaissance que la maison du citoyen de Frézals, située rue des Cailloux, avait été choisie pour la réclusion des cy-devant-nobles ; ont déclaré que, toujours prêts à se soumettre aux autorités constituées, ils allaient se rendre à l'instant en la maison sus désignée pour y demeurer en arrestation conformément aux dits arrêtés. Sur quoi et d'après le réquisitoire du procureur de la commune, l'assemblée a décidé qu'avant de se rendre dans la maison en question les dits réclamants se transporteraient avec elle chez eux et à l'instant, à seule fin de visiter leurs papiers ou d'y mettre les scellés suivant les circonstances ; ce qui ayant été fait et leurs papiers, loin de les rendre suspects, attestant au contraire leur civisme, ils se sont cependant de suite rendus à la maison d'arrêt. — Le procureur de la commune (2) a requis que l'exécution des arrêtés soit sur le champ continuée.

En conséquence, nous, membres du conseil général de la commune soussignés, nous nous sommes transportés chez Pʳᵉ Demarquette, âgé de soixante et un ans ayant avec lui Justine Demarquette, sa nièce, aussi ci-devant noble ; nous avons examiné leurs papiers

(1) Il fut arrêté comme suspect le 20 août 1793. La Commune réclama contre cette arrestation ; le 22 août, 9 heures du soir, le conseil municipal proteste à son tour « contre le refus du Département de signer l'élargissement du citoyen Demarquette » Le lendemain, nouvelle protestation, « dans le cas de refus nouveau, le conseil demande de donner le motif de ses soupçons, ce nommer les dénonciateurs, déclarant que, soumise à la loi, la Commune, quelle que soit sa peine, consent à ce que le citoyen Maire reste en arrestation dans cette ville seulement et qu'elle en répond tout entier. (*Arch. de la Mairie.*

(2) Séance du 22 sept. 1793 : se sont présentés des citoyens de cette commune lesquels ont demandé en réjouissance de la démission du citoyen Chollet, d'aujourd'hui, en qualité de procureur-syndic du District de Chauny, à faire ce soir un feu de joie (ib.)

et n'en avons trouvé aucun qui pût les rendre suspects : étant notoire que le dit Demarquette est incommodé depuis plusieurs années d'un mal de poitrine incurable, qu'il a besoin de tranquillité et de secours, nous l'avons mis en arrestation chez lui ainsi que sa nièce qui demeurera auprès de lui pour continuer à le soigner.  -  Nous nous sommes transportés, de là, chez le citoyen Timothée Desforges, père, âgé de quatre-vingt-quatre ans, demeurant avec Marie-Marguerite Desforges, sa fille, âgée de 49 ans, tous deux ci-devant nobles ; n'avons rien trouvé dans leurs papiers qui pût les faire suspecter : les avons mis en état d'arrestation chez eux : le père à cause de son grand âge et la fille pour avoir soin de son père. — Nous nous sommes ensuite transportés chez le citoyen Oudin de Richebourg, âgé de soixante-dix-sept ans, demeurant avec Sophie, sa fille, âgé de trente-huit ans, ci-devant nobles ; n'avons non plus rien trouvé dans leurs papiers qui pût les faire suspecter ; les avons mis tous deux en état d'arrestation chez eux : le père à cause de son grand âge et sa fille pour avoir soin de son père. — Nous nous sommes encore transportés chez la citoyenne Marie-Jeanne Petit, veuve Charles Demory, âgée de soixante-dix-huit ans, ci-devant noble ; l'avons laissée chez elle en état d'arrestation à cause de son grand âge et de ses infirmités. — Nous avons fait de même pour la citoyenne Vitasse Saintine, cy-devant noble.

« Le procureur de la commune a requis les membres du conseil de lui désigner les personnes *parents d'émigrés*, domiciliées dans cette ville ; tous ont déclaré n'en connaître aucune à l'exception des père et mère du nommé Gouillard Dumontoy, fils. Mais tous ayant reconnu et étant d'ailleurs absolument notoire que ledit Gouillard fils était sorti du royaume avant la révolution ; que longtemps avant son départ, il n'avait aucune relation avec sa famille ; que sa sortie avait eu pour cause des dettes considérables qu'il avait contractées à Paris ; considérant de plus que, pour mettre en état d'arrestation les parents dudit Gouillard, il faudrait renfermer une grande partie des habitants de Chauny, — ce qui serait très difficile à faire — : a été arrêté que, sur cet article, il en serait référé aux administrations supérieures pour avoir leur avis et que provisoirement le citoyen Gouillard père et son épouse demeureraient en arrestation chez eux.

« Enfin, chaque membre de l'assemblée a déclaré ne connaître dans la commune personne de suspect, sans aveu ni étranger et à l'instant un ordre a été donné au commandant de la garde nationale d'avoir à établir à la porte de la maison d'arrêt cy-dessus désignée uu homme de garde avec consigne de ne laisser sortir aucune des personnes qui y sont détenues. Du tout procès-verbal a été fait et signé les dits jour et an par nous : Lelong, Cagniart, Beaupré, Marc Desains, David, Desoyez, Ducrocq, Demussy, Rosier et Rivier. »

L'*arrestation des prêtres* offrit plus de difficultés, comme le cons· tate la délibération suivante : Ce jourd'hui, vingt-trois octobre 1793, l'an II de la République une et indivisible, neuf heures du soir, en la maison commune, l'Administration du district et le Comité de surveillance de Chauny, réunis, sont entrés en séance et le citoyen Quiche, président du Comité, a dit, qu'en exécution de l'arrêté du citoyen Lejeune, représentant du peuple, en date de ce jour, il venait d'être pris les moyens nécessaires pour s'assurer des personnes des citoyens Rabeuf, Leroy, Jooretz, Deleau, Demangeot (1), prêtres, et de la citoyenne Tribalet, à l'effet de les conduire au département de l'Aisne à Laon. Lecture ayant été faite du dit arrêté, il a été demandé à la municipalité s'il n'y avait pas à craindre que la tranquillité publique fût troublée par ces arrestations ; sur quoi un membre ayant répondu qu'il n'y avait rien à craindre, les sus-nommés furent arrêtés et amenés à la maison commune et de là remis ès-mains de Constant Carlier pour être conduits à Laon, sous sa responsabilité, dans un charriot attelé de quatre chevaux ; pour quoy, il a signé le procès-verbal ainsi que le maire, les présidents du district et du Comité de surveillance : Carlier, Marc Desains, faisant fonctions de maire ; Quiche, président du Comité de surveillance ; L. Maquaire, président du District ; Dupuis, secrétaire. »

Le tribunal révolutionnaire de Laon condamna nos compatriotes comme fanatiques et les envoya dans les prisons d'Argenlieu. Leur dossier porte les notes que voici :

1ᵉ Rabeuf, Emmanuel, de Chauny, 32 ans, célibataire ; avant la Révolution, chanoine à Cambrai, depuis, chez ses parents ; sans aucun revenu ; caractère orgueilleux ; opinions fanatiques fondées sur son refus de vouloir communiquer avec les prêtres constitutionnels :

2ᵉ Le Roy, Pierre, de Chauny, 56 ans, célibataire ; avant la Révolution, religieux minime, depuis desservant l'Hospice de l'Humanité

_______

(1) Déjà le 10 août 1792, les curés de Neuflieux, Abbécourt, Ognes, Caumont et Farguiers furent dénoncés par les habitants de ces communes pour n'avoir pas voulu lire, en chaire, le mandement de l'évêque constitutionnel sur l'abolition de la royauté.

de la dite ville et aumônier de la garde nationale ; aujourd'hui sans profession et sans revenu ; caractère sensible, obligeant ; opinions fanatiques fondées sur ce qu'il refusait de communiquer avec les prêtres constitutionnels pendant les cérémonies du culte ; n'ayant cependant jamais manqué l'occasion de montrer son civisme ;

3° Jooretz, Pierre de Chauny, 65 ans, célibataire ; avant la Révolution, religieux minime ; depuis, sans profession ni revenu : caractère couvert ; opinions fanatiques, etc. ;

4° Deleau, Pierre de Chauny, 55 ans, célibataire ; avant la Révolution, bénédictin ; depuis, vivant de sa pension, sans revenu ; caractère froid, tranquille ; opinions fanatiques, etc. ;

5° Demangeot, J.-B., de Chauny, 53 ans, célibataire ; avant la Révolution, prieur de l'abbaye des Prémontrés réformés de Genlis ; aujourd'hui, sans profession ni revenu ; caractère couvert ; opinions fanatiques. Le Comité observe au Comité de sûreté générale que, lors de l'apposition des scellés sur les effets de Demangeot, il s'est trouvé une quantité considérable d'ornements et de linges d'église, pour 3000 livres environ et un calice avec sa patène que sa sœur et sa nièce ont dit aux membres du Comité chargés de l'apposition des scellés, être vendus depuis quelque temps. — Le citoyen Demangeot est encore dénoncé au Comité par la Société populaire pour avoir assisté à des conciliabules tenus à l'Hôpital chez les Sœurs, avec des prêtres inconstitutionnels ; le Comité informe sur cette dénonciation et en rendra compte au Comité de sûreté générale.

Les cinq prêtres de Chauny restèrent internés à Argenlieu jusqu'au 13 ventôse an III (3 mars 1795) et M^lle Suzanne Tribalet fut ramenée à Chauny et placée dans une des maisons d'arrestation de la ville.

La municipalité demanda son élargissement « déclarant avec la franchise qui caractérise de vrais républicains, qu'elle a connaissance que, dans tous les temps, la citoyenne Tribalet s'est montrée bonne citoyenne, charitable envers les pauvres qu'elle s'est toujours empressée de secourir ; enfin, que sa conduite lui a mérité l'estime des habitants de la commune ; qu'elle a donné des preuves non équivoques de son attachement à la Révolution, de son obéissance aux décrets de la Convention : 1° Par la manière fraternelle avec laquelle elle a reçu les volontaires qu'elle a dû loger et qu'elle nourrissait et hébergeait pour leur ménager leur étape ; 2° En donnant à un officier nommé Devaux, du bataillon de la Corrèze, une somme de deux cents livres pour se procurer des vêtements, ayant été dépouillé des siens par les ennemis de la République dans une affaire où il s'est trouvé ; 3ᵉ En élevant une garde nationale de petits enfants de son quartier auxquels elle a fourni fusils, tambours, caisse, guérite, drapeaux et un instructeur pour les former aux évolutions militaires et en faire de bons soldats républicains ; 4ᵉ En ne faisant pas de distinction d'une messe d'un prêtre assermenté d'avec celle d'un qui ne l'était pas.

« Il est vrai que la citoyenne Tribalet avait un peu trop de religion, d'attachement pour l'église de sa paroisse, dont elle a soutenu les cy-devant prérogatives sur celle de Saint-Martin ; mais le conseil ne croit pas qu'il soit jamais résulté d'abus préjudiciables à la société ; au surplus, en défendant sa paroisse, elle n'a fait que suivre l'exemple de ses concitoyens ; on sait que chacun était jaloux de conserver sa paroisse. — Il est vrai encore qu'elle a fait difficulté de remettre de l'argenterie qui servait à l'église Notre-Dame, mais il paraît certain que cette argenterie n'appartenait point à cette église, mais à elle, pour l'avoir achetée de ses deniers et qu'elle ne faisait que la prêter.   D'après cela le conseil pense que la citoyenne Tribalet doit obtenir sa liberté et comme il ne peut l'ordonner, il invite l'administration du District et le Comité de surveillance à le faire, si des motifs particuliers ne les en empêchent. — Fait en séance permanente le 26 Brumaire an II, (16 novembre 1793).

A ces « témoignages d'estime et de civisme », le district considérant : 1° « qu'outre les bienfaits rapportés ci-contre, la dite Tribalet avait annoncé à l'administration avant son arrestation, un cadeau d'environ 800 livres de plomb au profit de la nation, que cette promesse vient d'être effectuée... 2° Qu'elle n'est soupçonnée ni d'avoir entretenu des correspondances avec les ennemis de la République ni d'avoir tenu des propos inciviques ; est d'avis que la citoyenne Tribalet sera relaxée de la maison d'arrêt où elle est détenue et renvoyée dans sa demeure à Chauny pour y rester sous la surveillance de la municipalité. »

Le comité de surveillance ne fut pas du même avis. « Il s'étonne qu'ils (la municipalité et le District) n'aient rien dit de la conduite politique de la citoyenne Tribalet à Chauny, lorsqu'il fut question de réduire la commune de Chauny à une église. Cependant ils n'ignorent pas que, dans ce temps-là, elle distribuait des aumônes pour éveiller le fanatisme dans le cœur des pauvres ; qu'elle paya de ses deniers les commissaires que la paroisse Notre-Dame envoya au département pour demander la conservation des deux paroisses de Chauny, ce qui était une contravention à la loi qui ordonnait la réduction ; et comme il existait des murmures et que la tranquillité publique pouvait être troublée, si on supprimait la paroisse Notre-Dame, les corps constitués de Chauny furent obligés de faire des représentations au Département à cet effet ; d'après tout ceci, le Comité, considérant que la citoyenne Tribalet était l'âme secrète de la rumeur excitée par le fanatisme, ne peut la regarder que comme dangereuse à Chauny, surtout dans un temps où le patriotisme, la philosophie viennent de triompher de la superstition ; est d'avis qu'il n'y a pas lieu à délibérer. »

Mlle Tribalet demeura en prison jusqu'au mois de février 1794; le Comité révolutionnaire ne lui donna la liberté que « parce que les causes de fanatisme pour lesquelles la sus-nommée avait été mise en état d'arrestation n'existent plus, puisqu'on ne connait aujourd'hui, dans la commune, d'autre culte que celui de la Raison. (1)

La loi des suspects, portée par la Convention, changea la France en une vaste prison, pleine de cachots où furent entassés plus de deux cent mille Français (2). Le peuple avait démoli la Bastille et alors tout etait Bastille pour lui !

(1) En mars 1794 « Chauny n'avait pas encore de Temple de la Raison et le besoin s'en faisait généralement sentir, dit M. Fleury, dans son intéressant ouvrage *le Clergé du département de l'Aisne pendant la Révolution*, p. 99, t. 2. Un jour de réunion du club, un citoyen demande la parole et dit : Nous n'avons pas encore de Temple de la Raison pour y lire les lois. toutes les décades, tandis que la plupart des communes de la campagne qui nous environnent en sont toutes pourvues. Il est incompréhensible qu'on n'ait point encore songé à cet important objet. — Où le mettra-t-on ? demande-t-on des tribunes. — Ce n'est pas à moi à vous indiquer un emplacement, réplique le motionnaire ; je n'ai qu'à vous signaler cet oubli coupable et anti-civique. Qu'on le répare ! Mais il y a les églises de la ville, dit un des membres. — Les églises de la ville sont employées, objecte le président, l'une à la fabrication du salpêtre, l'autre à resserrer les fourrages de la cavalerie qui tient ici garnison. — Si on nommait une commission ? dit une voix. La proposition est trouvée bonne et l'assemblée nomme d'acclamation six commissaires qui vont immédiatement s'occuper de la recherche d'un local pour le Temple de la Raison. »

(2) L'abbé Grégoire, évêque constitutionnel, témoin oculaire de cette persécution de 1793-94, disait au concile dit national de 1797 : « la Convention, après avoir donné dans son sein même le signal de la persécution, vomit dans tous les départements des proconsuls féroces qui, retraçant dans toutes les églises les sacrilèges d'Antiochus à Jérusalem, couvrirent la France de cachots, de débris et de massacres. L'histoire, en burinant leurs crimes, restera bien au-dessous de la vérité, par la disette de termes nouveaux, pour exprimer des forfaits inouis. Le sang des prêtres ruisselait des échafauds et ceux qu'on ne traînait pas à la mort étaient condamnés à éprouver dans les cachots toutes les angoisses du trépas. »

A Chauny, les prisons de l'ancien bailliage furent, en un seul jour, remplies de malheureux « suspects » ; il fallut en ouvrir d'autres ! Le 4 ventôse (22 février 1794), les administrateurs du district, réunis en séance publique et permanente, désignèrent comme maisons de détention : « 1° celle de la citoyenne Bourfaut, située rue des Cailloux ; 2° celle des Sœurs de la Croix, sur la place ; 3° celle du citoyen Beaumont, sise rue Hamoise. On ajouta plus tard les maisons vicariales.

La surveillance de ces maisons, dit l'article 2 du *Réglement pour la police et le régime intérieur des prisons politiques,* ne pouvant être confiée au Comité révolutionnaire de Chauny, qui en était chargé par les représentants du peuple, puisqu'il n'est pas en permanence active, sera exercée par la municipalité, de concert avec l'agent national : ils pourront, comme ils le jugeront à propos, rassembler les détenus et faire l'appel nominal ; — Article 3. Il sera nommé, par le district, dans chaque maison d'arrêt, un concierge patriote, sur la présentation de la municipalité ; — Article 4. Les concierges veilleront à ce qu'il ne se commette dans les maisons d'arrêt aucune dégradation : chargés de la garde des prisonniers, ils seront responsables de leur évasion, s'il est prouvé qu'elle est due à leur négligence  Ils auront un registre sur lequel seront inscrits les noms et prénoms de toutes les personnes placées sous leur surveillance, le jour de l'entrée dans la maison ; ce registre sera paraphé par le président du district : ils rendront compte, tous les jours, à la municipalité, de ce qui se passe dans ces maisons ; — Article 5. Le salaire des concierges est fixé à trois livres par jour, qui, ainsi que les autres dépenses, seront à la charge des détenus ; — Article 6. Il sera placé, à chaque porte des dites maisons, un factionnaire de la garde nationale sédentaire à Chauny ; — Article 7. Les détenus devant demeurer au secret, personne, sous quelque prétexte que ce soit, ne pourra s'introduire dans les maisons d'arrêt, ni communiquer avec eux. Dans le cas cependant où quelque détenu serait malade et aurait besoin des secours de la médecine, la municipalité s'informera de la vérité du fait et permettra l'entrée de la maison aux officiers de santé, mais ces derniers devront toujours être accompagnés d'un conseiller municipal au moins ; — Article 8. Les domestiques et autres personnes qui seront jugées indispensables aux détenus et qui resteront avec eux dans la maison d'arrêt, demeureront au secret et ne pourront sortir ni communiquer avec les personnes qui resteront au dehors, sous aucun prétexte ; — Article 9. Les concierges qui seront convaincus d'avoir contrevenu aux arrêtés ci-dessus, seront destitués, déclarés suspects et traités comme tels ; — Article 10. Il sera permis aux détenus de correspondre, par écrit, pour leurs affaires domestiques, mais les lettres qu'ils écriront et celles qu'ils recevront devront être visées par un officier municipal ou par l'agent national ou son substitut, en cas d'absence ; — Article 11. En conséquence du décret du 26 brumaire dernier, les personnes détenues auront toutes la même nourriture, qui sera frugale ; les riches payeront pour les pauvres ; la municipalité demeure chargée, sous sa responsabilité, de régler les détails et de veiller à l'exécution de ce décret, afin que le luxe et la prodigalité qui ont eu lieu jusqu'à présent dans ces maisons, n'insultent pas plus longtemps à la misère des pauvres ; — Fait à Chauny, etc. Pour copie conforme, signé : Froment, officier municipal et Lallemand, secrétaire-adjoint.

*Première liste officielle des prisonniers politiques détenus à Chauny et dressée par le Comité de surveillance révolutionnaire, le 23 mars 1794.* [1]

1° Jeanne Tellier Bussy, de Chauny, 83 ans, fille ; en prison depuis le 3 ventôse (21 février 1794), par arrêté de Saint-Just et Lebas, comme noble ; avant, en arrestation chez elle à cause de son grand âge, par arrêté de Lequinio et Lejeune, en date du 25 août dernier (vieux style) ; obligée de travailler pour vivre ; 300 livres de revenu ; aucune relation, opinion ni liaison ; aucun caractère politique.'

2° Marie-Thérèse Witasse Saint-Yves, de Chauny, 66 ans, fille ; arrestation, id.

3° Marie-Marguerite Desforges, 51 ans, fille ; arrestation, id, revenu 1540 livres, 4 sols, 6 deniers.

4° Timothée Desforges, 49 ans, veuf sans enfants ; avant la révolution, lieutenant des Maréchaux de France ; depuis, s'occupant de la culture de son jardin, id., revenu 1977 livres, 9 sols, 11 deniers.

5° Marie-Jeanne Guillaume, veuve Couvreur, 66 ans, arrestation, id., revenu 4413 livres, 15 sols, 8 deniers : caractère bien-

(1) *Arch. de la Mairie.* On remarquera que presque toutes les notes, fournies par la municipalité, au Comité de surveillance pour dresser sa liste officielle de détenus, sont de nature à favoriser la mise en liberté des prisonniers politiques.

faisant, ayant montré beaucoup de zèle à venir au secours de nos frères d'armes.

6° Demarquette, père, 62 ans, veuf, un enfant ; arrestation, id. ; ancien marchand, revenu 1491 livres, 13 sols ; relations mercantiles, caractère insouciant, n'ayant manifesté aucune opinion dans les crises de la révolution.

7° Demarquette, fils, 30 ans, célibataire; arrestation, id., ayant été depuis la révolution officier municipal, puis maire, de quoy il est suspendu comme noble ; relations et liaisons avec les personnes que sa charge l'obligeait de voir, caractère généreux et bienfaisant, ayant rempli ses devoirs dans la municipalité avec exactitude et à la satisfaction de la commune, n'ayant d'ailleurs jamais fait connaître d'opinion, revenu 3007 livres, 16 sols.

8° Antoine Mignot, 55 ans, 8 enfants, dont trois aux frontières, cinq autres en bas-âge, à Chauny ; détenu chez lui depuis le 29 août dernier (v. s.), par ordre de l'administration des vivres, pour l'apurement de ses comptes, marchand de fer, 300 livres de revenu, en relation avec ses clients, léger, sans opinion marquée.

9° Florent Gouillart, 71 ans, et Françoise-Charlotte Guillaume, sa femme, 50 ans, trois enfants, dont une mariée à Noyon et âgée de 24 ans ; l'aîné, âgé de 30 ans, lieutenant dans la ci-devant légion du Nord ; le 3ᵉ âgé de 26 ans, émigré, détenus chez eux à cause de leur grand âge et des infirmités du mari, depuis le 25 août dernier, comme père et mère d'émigré ; ancien subdélégué et procureur du roi en la maîtrise des eaux et forêts ; depuis la révolution, rien ; 3,300 livres, 3 sols, 4 deniers de revenu ; relations aucunes; esprit aliéné.

10° Antoine Dessaux, officier au 5ᵉ régiment de chasseurs à cheval, marié, sans enfants, 45 ans, détenu depuis le 3 ventôse, se trouvant à Chauny pour y prendre sa femme et se retirer à 20 lieues des frontières, étant suspendu de sa place de capitaine audit 5ᵉ régiment, comme noble ; 150 livres de revenu ; opinions inconnues, muni de certificats les plus avantageux de son corps où il paraît avoir servi depuis la révolution avec distinction.

11ᵉ Jacques Fayart, aîné, 66 ans, Anne Marie Oudin, sa femme, 45 ans, deux enfants : Michel Fayart, 17 ans, et Gaspard Jacques Fayart, 16 ans, tous de Sinceny, détenus comme nobles, vivant de leur revenu et faisant valoir une manufacture de fayence, avant la révolution, 8,000 livres de revenu et depuis, 2,900 livres, opinions inconnues, caractère bienfaisant.

12ᵉ Louis Brancas Lauraguais, de Manicamp, 61 ans, veuf, six enfants, dont l'aîné légitime, marié en Allemagne, les cinq autres enfants naturels, dont une fille chez lui, âgée de 17 ans ; un garçon de 8 ans en pension à Passy, près Mayenne ; les trois autres majeurs, sont en France, mais il ne sait où ; détenu comme noble ; vivant de ses revenus et, depuis la révolution, s'adonnant à l'agriculture et, particulièrement à la culture des pommes de terre ; avant la révolution ayant 22,000 livres de rente, depuis 18,000 livres ; les redevables refusent de le payer ; il ne vit que de ce qu'il a vendu et de l'exploitation de sa ferme ; possesseur de la terre de Cassey, près Mayenne, du produit de 16,000 livres dont il n'a rien touché depuis la révolution ; il a eu chez lui, en 1790 et 91, un nommé Rivarol ; on ne lui connaît aucune relation ni liaison ; philosophe, et s'étant toujours montré l'ami de la liberté.

13° Savy, officier, 30 ans, non marié, arrêté par son chef.

14° Jean Laval, 28 ans, sous-lieutenant, arrestation, id.

15° Marie-Alexandre Théis, marié, deux enfants, opinions inconnues, caractère bienfaisant.

16° Charles Tourneur, de Béthancourt, garçon, 20 ans, arrêté et détenu à Chauny depuis 4 mois, pour s'être trouvé porteur d'un passeport signé des chefs de rebelles de la Vendée, travaillant aux travaux des champs chez ses parents et, depuis un an, volontaire ; ne lui connaissant aucune relation suspecte ni d'autre opinion que celle de retourner à son bataillon.

17° Nicolas Meusnier, célibataire, 53 ans, ministre du culte catholique à Amigny-Rouy ; arrêté et détenu à Chauny depuis le 22 frimaire (12 décembre 1793), par ordre du Comité de surveillance de cette ville, pour persister dans l'exercice des cérémonies religieuses, ce qui aurait pu donner lieu à des rassemblements de fanatiques des communes voisines ; sans revenu, relations avec ses confrères ; caractère bienfaisant, n'ayant jamais manifesté aucune opinion que celle d'être attaché à son état.

18° Félicité Oudin, femme Walbonne, de Chauny, séparée de son mari depuis 18 ans ; âgée de 40 ans, ayant une fille de 19 ans, à Apt ; détenue comme noble ; vivant de son revenu qui monte à 1,200 livres ; relations aucunes, à Chauny ; faisant des absences ; caractère violent ; opinions inconnues.

19° Jeanne Breilly, de Rouy, femme Flavigny, 24 ans, deux enfants en bas-âge qu'elle élève à sa maison ; détenue comme noble à Chauny ; vivant de son revenu qui s'élève de 4 à 5,000 livres ; opinions inconnues.

20° Louis Flavigny, mari de la sus-nommée, 30 ans, également domicilié à Rouy, détenu à Saint-Lazare comme soupçonné de s'être trouvé, le 10 août, aux Tuileries, contre le peuple ; auparavant détenu à Chauny depuis le 23 août comme noble ; vivant de ses revenus ; faisant valoir une manufacture de faïence ; relations, opinions et liaisons inconnues

21°, 22°, 23°, 24° et 25° — V. cy-dessus (ch. VII) les notes sur les citoyens Jooretz, Le Roy, Rabœuf, Deleau et J.-B. Demangeot, prêtres.

26° Rochebillard, soldat de l'armée du Nord, 40 ans, garçon, détenu à Chauny depuis près d'un an par ordre du district, pour s'être trouvé, sans passeport, avec trois chevaux qu'il a dit conduire à un dépôt de chasseurs à Reims et appartenant au commandant du régiment. Il est resté en la maison d'arrêt par ordre du département, n'ayant pu justifier de sa résidence non interrompue depuis 1792.

27° François-Jacques Dalmas, de Commenchon, 44 ans, marié, sans enfants, arrêté comme noble depuis le 2 septembre 1793 (v. s.) détenu à Chantilly ; avant la révolution, capitaine, a quitté le service lors de la démission de Rochambaut, dont il était aide-de-camp, sous prétexte de l'insubordination des troupes ; revenus inconnus, mais riche par sa famille ; opinions et liaisons inconnues à cause de ses fréquents voyages à Compiègne.

28° Louise-Gabrielle du Tesac, veuve de Comble, d'Ugny-le-Gay, 71 ans ; une fille unique nommée Charlotte, âgée de 41 ans, demeurant au dit Ugny ; détenues comme nobles, depuis un mois, à Chauny et auparavant en arrestation chez elles, sous la surveillance de la municipalité du lieu ; revenu 10,000 liv. ; relations aucunes ; caractère bienfaisant et ayant, en toutes circonstances, paru aimer la révolution par leur assiduité à assister aux fêtes civiques.

29° Marguerite Bussy, veuve Bryon, de Beaumont, 52 ans ; une fille unique nommée Agathe, aussi au dit Beaumont ; arrestation comme les précédentes d'Ugny ; revenu 5,640 liv. 11 sols et 7 deniers ; relations aucunes ; caractère bienfaisant ; ayant toujours bien accueilli les défenseurs de la patrie.

30° Françoise du Tesac, veuve Léonardi, d'Ugny, 70 ans, trois enfants, dont deux à Ardes, blessés tous deux et mariés : le troisième est parti, en 1791, en qualité de capitaine dans le 18° régiment ci-devant royal-Auvergne, embarqué pour le camp français ; arrestation comme les précédentes ; revenu, 1,200 livres ; relations et opinions aucunes.

Fait et arrêté au Comité de surveillance révolutionnaire de Chauny ce 3 germinal, deuxième année républicaine ; signé : Lacroix président ; Bucquoi, Lecomte, Lefebvre, Morgny aîné, Girardin, Beaupré, Quéquet, fils.

*Deuxième liste officielle des détenus dressée par le District et portant la signature de Ch. Robert, agent national et la date du 1ᵉʳ avril 1794*

1ᵉ Louis Lafons, 70 ans, et la citoyenne Pujol, sa femme, 55 ans, demeurant à Coucy, arrêtés comme nobles et parents d'émigré, et en arrestation chez eux à cause de leurs infirmités. Leurs enfants Charlotte Martine, 24 ans, célibataire ; Louise, 32 ans mariée, femme d'émigré, divorcée depuis un mois et soupçonnée d'avoir fait émigrer son mari, en prison à Chauny ; Joseph Lafons, 68 ans, veuf, interné chez lui, à Coucy, à cause de son grand âge, comme noble, père et oncle d'émigré. Elisabeth, sa fille, 45 ans, célibataire, en arrestation comme noble, chez son père, à cause de ses infirmités et pour soigner son père. Toute cette famille étant sans grande fortune et sans titre civil.

2ᵉ Philippe Leclercq, de Coucy, 78 ans, veuf, ci-devant gentilhomme du roi de Pologne, en arrestation chez lui, comme noble et infirme.

3ᵉ Charles-François Flavigny, 62 ans, sa femme, 50 ans, et ses trois filles, Adélaïde, 17 ans, Madeleine, 26 ans, Julienne, 27 ans, tous domiciliés à Charmes ; le père ci-devant maréchal de camp, aujourd'hui cultivateur ; en arrestation à Chauny, comme noble. Observation : très-suspect, d'après l'avis du Comité révolutionnaire de La Fère ; ayant protesté contre la suppression de la noblesse et fait faire une chapelle chez lui, en 1791.

4ᵉ Louis Flavigny, 30 ans, et sa femme, 24 ans, de Rouy : arrêtés comme nobles et internés, le mari, à Chauny, puis à Sainte-Pélagie ; la femme, à Chauny, puis à La Fère, par ordre du Comité de sûreté générale : fortune médiocre ; Louis de Flavigny était avant la révolution officier des gardes françaises.

5ᵉ Marie-Antoinette et Jeanne-Louise La Bretèche, âgées : la première, de 20 ans ; la deuxième, de 25 ans, célibataires, domiciliées à Wissignicourt, près Anizy ; en arrestation à Chauny comme nobles. Obs. se disant sans fortune mais accusées d'en avoir.

6ᵉ D'Hangest Augustin, veuf, 73 ans, de Wissignicourt, ancien général d'artillerie, en arrestation à Chauny comme noble et oncle d'émigré. Obs. sans fortune, a des talents connus pour l'artillerie ;

a sauvé l'armée lors du départ de Lafayette ; a refusé le vœu de l'armée qui le voulait pour général ; lors de l'inventaire des meubles de son neveu, émigré, mêlés aux siens, il a montré beaucoup de loyauté ; s'est presque dépouillé et a remis 50 marcs d'argenterie dont personne n'avait connaissance.

7° Lacour César, 25 ans, arrêté comme ancien garde du corps.

8° Nancey, anglaise, 40 ans, très suspecte en ce qu'elle se dit anglaise et a changé plusieurs fois de nom.

9° Dusteing Ch.-Marie, 27 ans, ancien capitaine d'artillerie et sa femme Charlotte Flavigny, 24 ans ; arrêtés comme nobles. Obs. le dit capitaine a été obligé de quitter son régiment, on suppose que c'est par incivisme.

10° Fossard-Rosseville Ch., 42 ans et sa femme Louise Colignon, 30 ans, de Verneuil-sous-Coucy, arrêtés comme nobles et pour leur incivisme.

11° Labove Emmanuel, de Richecourt, 35 ans, marié et possédant 2,400 livres de revenu ; détenu comme noble ; opinions et relations inconnues.

12° Tutin Pierre, ci-devant curé de Trosly, 50 ans, célibataire, détenu comme suspect et fanatique. Obs. On a trouvé chez lui des papiers déposés au Comité de Surveillance qui donnent lieu de croire qu'il avait des opinions royalistes et anti-révolutionnaires sur l'article de la religion.

13° Laval Jean, officier, 28 ans, dénoncé par son corps,

14° Savie J.-B.,    —      30 ans,         —

15° Passerat Joachin, 63 ans, ci-devant curé de Frières, célibataire, arrêté comme suspect et fanatique.

16° David Jean-François, 55 ans, marié, régisseur de l'émigré Devieux, de Servais, détenu comme suspect et soupçonné d'avoir participé à un enlèvement de meubles dudit émigré Devieux.

17° Boffle Ch. François, 42 ans, capitaine invalide et sa femme Lucile Prêtre, de Prémontré, arrêtés comme nobles.

18° Demarquette père et fils, de Chauny, en arrestation chez eux comme nobles, sous la surveillance de la municipalité ; le père à cause de ses infirmités, le fils comme ci-devant fonctionnaire public.

19° Fay Ch.-François, 77 ans ; ancien officier et Frédégonde Lalun, sa femme, 50 ans, domiciliés à Coucy ; détenus à Chauny, comme nobles et inciviques.

20° Louise Desforges, 45 ans ; arrêtée comme noble et détenue chez elle à cause de sa mauvaise santé.

21· Fay (veuve) Jeanne-Louise, femme Macquerelle, de Faucoucourt, ses filles Claudine Julie, 37 ans et Marie Madeleine, 27 ans,
toutes détenues à Chauny, comme nobles, mère et sœurs d'é-
migré.

22· Desforges Timothée-Guillaume, 50 ans ; veuf, ci-devant lieutenant des Maréchaux de France, en arrestation comme noble et chez
lui comme malade.

23· Veuve Dubois, de Pinon, 39 ans, et ses enfants Alexis, 19
ans et Amélie, 17 ans ; très-riche et bienfaisante ; arrêtés comme
nobles.

24· Veuve Duplessis et ses deux filles, d'Anizy ; très pauvres,
arrêtées comme mère et sœurs d'émigré ; en arrestation chez
elles.

25· Demarq Marie-Claudine, 44 ans, célibataire, très-pauvre ; do-
miciliée à Faucoucourt ; arrêtée comme noble et internée à Chauny,
Obs· elle a à sa charge sa mère, âgée de 80 ans et point de parents
émigrés.

26· Brancas Louis-Léon-Félicité, 65 ans ; riche célibataire de Manicamp, en arrestation comme noble à Chauny. Obs, le Comité révolutionnaire et le District ont donné des avis tendant à sa relaxation.

27· Paravicini Madeleine-Louise, de Pinon, 49, ans ; présumée
noble ; suisse d'origine et s'étant fait passer pour noble : comme
telle, détenue à Chauny.

28· Gouillart et sa femme, de Chauny ; ci-devant sub-délégué ;
en arrestation chez eux comme parents d'émigré ; valétudi-
naires.

29· Ostier Nicolas, 57 ans, de Pinon ; capitaine d'infanterie en retraite, détenu à Chauny, comme présumé noble, ci-devant chevalier de Saint-Louis.

30· Brééret Montalard, sa femme et sa fille, de Lizy ; arrêtés
comme nobles et détenus à Chauny. Obs. : Bienfaisants ; la jeune fille
n'a pas été arrêtée, mais a voulu suivre ses père et mère ; revenu
de la famille 10,000 livres environ ; le père, ancien capitaine d'artillerie, actuellement cultivateur.

31· Desforges de Vassens, sa femme et ses enfants, arrêtés comme
ennoblis ; père et mère d'un enfant émigré,

32· Rochebillard ; soldat ; voir plus haut.

33· Tourneur de Béthancourt,      id.

34· Lhotellier (veuve), de Brancourt ; arrêtée comme mère d'émigré et détenue chez elle ; très-pauvre et paralytique.

35· Wattier, de Brancourt, arrêtée comme sœur d'émigré; id.

Arrêté par Nous administrateurs du District de Chauny, ce douze germinal deuxième année républicaine.

D'autres listes particulières de personnes détenues comme nobles ou prêtres dans les prisons politiques de Chauny, portent les noms de : Lebrot, de Saint-Gobain ; veuve Delille et ses trois filles, de Blanchecourt ; vicomte de Courval, de Pinon ; Baraquin, procureur de la commune de Manicamp et officier public ; Massary de Wissignicourt ; Jumencourt et ses deux filles ; Navet, de la Chaussée ; le P. Lecuy, général des Prémontrés ; Quevanne, du château de Locq ; Regnier, de Penancourt, directeur de la monnaie de Paris ; Martin, de Mazancourt, de Camelin, ancien capitaine de cavalerie et ex-croix de Saint-Louis ; Deslandes, directeur de la Glacerie de Saint-Gobain ; Elie Driencourt, curé de Folembray ; son dossier porte : « détenu depuis quatre mois, vers le 15 août 1793 (v.-s.), par ordre » du district, parce qu'il lui écrivait alors qu'il allait dire la messe » et reprendre ses fonctions ; curé avant et depuis la révolution, vi- » vant isolé du revenu attaché à sa cure ; s'est mêlé de prier et » de donner tout aux pauvres jusqu'à ne garder que des légumes » pour lui vivre ; ne s'est jamais occupé d'affaires politiques ; a » prêté serment ; 16 ventôse, an II » (6 mars 1794) ; le curé de Nouvion-le Comte : mêmes notes ; Flavigny, curé de Liez, id. ; Lévêque, curé de Saint-Aubin, id. ; Amesland, curé de Sinceny-Autreville : Obs. du Comité. « Le dit Amesland, n'a pas remis ses lettres de » prêtrise, il a reçu son traitement sur une attestation de sa munici- » palité disant qu'il avait exhibé un certificat de civisme tandis qu'il n'en avait pas » ; les sœurs de l'hôpital de Chauny, « qui élèvent les » orphelins confiés à leur garde dans un sens inverse de la révolu- » tion, en leur parlant avec le plus grand mépris des prêtres consti- » tutionnels, etc. » ; le curé de Guivry et Baugies, « qui continue à » dire la messe, ce qui cause des rassemblements qui peuvent deve- » nir très dangereux et peut-être donner lieu à une petite Vendée, » vu que le pays est entouré de bois. » Extr. du *Registre des arrêtés du Comité de Surveillance révolutionnaire de Chauny.* (1) pendant la première décade de nivose (décembre 1793).

(1) *Arch. de la Mairie.* Le secrétaire dudit Comité ajoute que « le mandat » d'amener contre le curé de Guivry, n'a pu être mis à exécution à cause de » l'opposition de la commune et des communes voisines. » Le Comité entretenait une *correspondance* active et quotidienne dite *révolutionnaire*, avec les agents des communes du canton de Chauny. V. la *Correspondance révolutionnaire* de l'agent national de Manicamp.

Nous allons donner, dans l'ordre chronologique, les décrets les plus curieux portés par le fameux Comité de surveillance.

Disons, en commençant, que ce fut son président qui fut chargé, le 21 décembre 1793, d'installer la nouvelle municipalité, comme le constate la délibération suivante :

Séance du 7 nivose an II (27 décembre 1793). Le citoyen Dieu et son fils sont dénoncés par la Société Populaire, pour avoir troublé l'ordre de ses séances. Après avoir subi un interrogatoire et après mûre délibération, le Comité a arrêté que le citoyen Dieu irait faire des excuses à ladite Société Populaire et désapprouver la conduite de son fils.

Séance du 8 dudit nivose. La citoyenne Courval, de Pinon, envoie, en don patriotique, l'argenterie de sa chapelle de Pinon, consistant en un calice, une patène, des vases aux ci-devant Saintes-Huiles, une custode, pesant trois marcs sept gros et demi, dont le récépissé du citoyen Joubert, receveur du district est attaché audit procès-verbal. La même citoyenne avait donné quelques jours auparavant cent-dix aunes de toile, neuf paires de bas et trois cents livres en assignats ; le Comité en arrête mention honorable en son procès-verbal et qu'extrait dudit procès-verbal soit remis à la citoyenne Courval.

Les 11 et 12 nivose, il n'y a pas eu de séance parce que plusieurs membres du Comité révolutionnaire étaient occupés au recensement des bleds dans les communes circonvoisines.

Séance du 13 nivose. Lecture des pétitions des citoyens Lelong, Guillaume, Chalan et Tourneur, anciens administrateurs du district de Chauny, tendant à obtenir leur relaxation de la maison d'arrêt où ils ont été mis pour n'avoir pas rendu compte de leur administration. Le Comité vû 1° que le citoyen Lelong, est accusé par le bruit public de s'être trouvé dans une orgie où la cocarde nationale a été foulée aux pieds, désirant connaître la personne qui a commis cette profanation, arrête qu'avant de faire droit à sa pétition, le citoyen Lelong sera entendu à ce sujet ; — 2° que le citoyen Guillaume passe dans le public pour avoir brûlé le numéro des *Annales Patriotiques* qui annonçait la fugue de Louis Capet à Varennes et avoir brisé un cachet sur lequel étaient empreintes deux piques surmontées du bonnet de la liberté, arrête que les citoyens Soye, fils, Poule et Demorillon seront entendus dans cette affaire ; — 3° Que le citoyen Chalan est accusé de s'être fait adjuger du sel provenant du ci-devant grenier à sel de Coucy, où il était commissaire en qualité d'administrateur du district ; le Comité arrête qu'il sera tenu de dire d'où vient le sel dont il se trouve possesseur en ce moment; — 4° Quant au citoyen Tourneur, le Comité considérant qu'il n'a été mis en arrestation que comme ancien administrateur pour la reddition des comptes de son administration; lesdits comptes ayant été rendus, discutés et approuvés, par les commissaires nommés à cet effet, conjointement avec l'administration du district, ce qui nous est attesté par un extrait du registre des arrêtés du conseil permanent dudit district du 8 nivose, le Comité est d'avis qu'il y a lieu, par les représentants du peuple, à ordonner la relaxation du citoyen Tourneur, qu'il est urgent de le renvoyer à ses travaux comme cultivateur, n'ayant personne pour le remplacer, ses enfants étant aux frontières.

Information prise par le Comité au sujet de la « scène de la cocarde foulée aux pieds en may 1792 », il est dit que c'est chez le citoyen Beaupré, caffetier, que cela a dû se passer. Mandés aussitôt le citoyen Beaupré et la servante du café « déclarent n'avoir connaissance d'aucune scène de la sorte; » le dénonciateur, Soye, entendu à son tour, dit « que le bruit public lui avait appris le fait en question mais qu'il ignore ce qui s'est passé et a signé ». Le citoyen Lelong se présente également et est sommé de dire « en son âme et conscience et en vrai républicain » ce qu'il sait sur l'accusation lancée contre lui. Ledit accusé déclare ne s'être jamais trouvé dans aucune société où la cocarde tricolore ait été foulée aux pieds, là ni ailleurs et a signé. En conséquence de la déposition ci-dessus, le Comité reconnaît que ces bruits n'ont aucun fondement et arrête qu'il sera mis à la pétition du citoyen Lelong, un avis favorable à sa relaxation par les représentants du peuple, attendu que ledit citoyen Lelong n'a été mis en arrestation que pour avoir négligé jusqu'à ce jour la reddition de ses comptes comme ancien administrateur du district, vu que les dits comptes ont été présentés discutés et approuvés en règle.

Séance du 15 nivose « occupée à viser et à discuter des certificats de civisme, »

Séance du 16 nivose : affaire Chalan et Guillaume; audition des témoins.

Le 17, il n'y a pas eu de séance, parce que plusieurs membres étaient, les uns au recensement des blés, les autres porteurs de réquisitions pour les blés du marché.

Le 18, élection du président et du secrétaire du Comité; sont élus : président, citoyen Quéquet; secrétaire, citoyen Bucquoy. A cette séance, les citoyens Cagnon et Leroux, délégués de la Société

populaire, se présentent et observent que le linge des églises est
exposé à se gâter, le sale étant mêlé avec le blanc; que parmi les
chemises offertes en don patriotique il s'en trouve plusieurs qui ont
besoin de réparation : ils pensent qu'on pourrait faire servir à cette
fin des draps, *tabliers et chemises de femmes* provenant également
des dons patriotiques; le Comité approuve la proposition de la
Société populaire et décide que les commissaires qui ont été chargés
de faire le dépouillement du linge des  églises le seront encore d'en
ordonner le blanchissage; 2° que les citoyennes en arrestation seront
invitées à raccommoder lesdites chemises; 3° que comme parmi les
souliers offerts en dons patriotiques il y en a qui ont besoin d'être
raccommodés, les citoyens Beaupré, Cagnon et Leroux, seront chargés de donner des ordres pour la réparation desdits souliers ainsi
que des chemises; quant au chanvre offert en don patriotique, il
sera vendu et avec le produit l'on achètera des bas et des souliers
pour nos frères d'armes.

La séance du 19 est toute consacrée à l'affaire Guillaume; conclusion : Le Comité, après mûre discussion, considérant que ce
n'est pas le citoyen Guillaume, ancien procureur-syndic du district,
qui a brûlé le numéro des *Annales,* mais bien le citoyen Ricroc;
que les cachets qu'il a brisés n'étaient pas conformes à ceux pres-
crits par la loi; qu'après avoir scruté la conduite du citoyen
Guillaume, depuis la révolution et n'ayant aucun fait qui dépose
contre son civisme, arrête qu'il sera  donné un avis favorable à la
pétition du citoyen accusé, pour sa relaxation. Le citoyen Chalan,
accusé de vol de sel, se justifie difficilement « c'est sa femme, dit-il,
qui a acheté six rasières environ de sel chez le citoyen Journel,
maître de l'Hôtel du Cygne, à La Fère »; le Comité demande un
reçu des personnes à qui il a acheté le sel.

Parmi les dénonciations faites audit Comité pendant le mois de
nivose, citons celles-ci dirigées : 1° « contre les maire et conseillers
de la commune d'Abbécourt qui, après avoir fait annoncer au son
de la cloche l'adjudication du clocher pour le 11 ventôse, ne se sont
trouvés personne ce jour-là pour procéder à l'adjudication, qui n'a
pu avoir lieu; — 2° Contre le citoyen Brice, d'Amigny-Rouy, qui
s'est vanté, chez le citoyen Lefèvre, aubergiste, d'avoir caché six
cents livres de fer, provenant de l'église de la paroisse. Interrogé à
ce sujet ledit Brice répond qu'effectivement sur le reproche que lui
faisait le citoyen Lefèvre, d'avoir cassé leurs cloches et s'entendant
appeler, par lui, scélérat, gueux, impie, il lui a répondu, par ironie,
qu'il en était bien heureux et que cette commission lui a valu six

cents livres de fer, mais qu'en réalité il n'en est rien. Le Comité, n'ayant pu se procurer aucune preuve qui constate le fait, passe à l'ordre du jour sur cette affaire ; — 3° Contre le citoyen Poidevin, d'Abbécourt, qui se permet de continuer à amuser le peuple dans leur ci-devant église, en leur prêchant le charlatanisme. Des citoyens de la commune se présentent en grand nombre au Comité, rendent le meilleur témoignage de la conduite civique du citoyen Poidevin, leur maire, et le réclament en lui disant qu'il fait exécuter les lois aussitôt leur réception et qu'il leur serait difficile de le remplacer. Le Comité ayant entendu le citoyen Poidevin et l'ayant sommé de s'expliquer sur le fanatisme dans lequel il est accusé d'avoir entretenu les citoyens de la commune et ce dans la ci-devant église, a répondu, qu'obligé de faire sonner la cloche pour assembler ses concitoyens pour leur lire les décrets et réquisitions, les habitants profitaient de l'ouverture de cet édifice pour y faire leur prière, que jusqu'alors il n'a pu les en empêcher. Le Comité considérant les témoignages rendus en faveur dudit Poidevin par les citoyens et par les témoins appelés à déposer dans cette affaire, d'autre part la nécessité du dit Poidevin à son poste, considérant que l'accusé n'est coupable d'aucune prévarication dans ses fonctions et qu'il ne peut être taxé que de mollesse, arrête qu'il n'y a pas lieu à arrestation, attendu qu'il n'est pas auteur des rassemblements fanatiques qui ont eu lieu pendant la lecture des lois, dans la ci-devant église. »

Le 5 Floréal an II (24 avril 1194) le même citoyen Poidevin est de nouveau victime d'une odieuse dénonciation de la part de l'agent national « qui signale, au Comité, la municipalité et notamment le maire d'Abbécourt, qui s'est opposé à la démolition du clocher du village et s'est permis des propos contre les autorités constituées ; » le Comité considérant la gravité de la dénonciation, arrête que des témoins seront entendus ; et sur le champ mandés, les citoyens Roux, couvreur à Chauny, Fagelot, couvreur à Ham et Chaperon, couvreur à Genlis, déclarent « que les femmes d'Abbécourt ont empêché la démolition du clocher en invectivant les ouvriers et le citoyen Jonquoy, commissaire et que le maire ne s'est nullement opposé à ce rassemblement. » Le citoyen maire appelé au Comité est entendu, condamné et conduit dans une des maisons d'arrestation de la ville, ainsi que deux femmes d'Abbécourt, les citoyennes Boulanger et Soutille, reconnues coupables d'avoir exigé l'exhibition des pouvoirs du commissaire et des ouvriers démolisseurs.

La municipalité de Chauny fut bien souvent aussi en butte aux

dénonciations des patriotes ; tous ses actes étaient contrôlés, souvent
mal interprétés ; on lui faisait un crime de sa tolérance et de sa
grande sagesse. « Le 1ᵉʳ Floréal, un membre du Comité observe que
les municipaux de la commune conduisent, sans en prévenir le
conseil, des marchands et autres citoyens dans les maisons d'arrestation ; qu'ils les laissent là seuls, que cela peut être très-préjudi-
ciable aux intérêts de la république et donner matière à de grands
abus. Le même membre odserve encore que les détenus out de la
viande à discrétion au préjudice des malades et qu'ils font en outre
acheter des vivres à tout prix. Le Comité prend en très-sérieuse considération l'observation de son membre ; et, considérant qu'il importe
d'arrêter de semblables abus qui pourraient devenir dangereux ; que
les détenus doivent vivre frugalement et non étaler un luxe insolent
et scandaleux sur leur table ; arrête qu'il sera écrit à la municipalité
pour lui dénoncer le citoyen Nocq, l'un de ses membres, qui abuse
de son pouvoir en introduisant des marchands dans les maisons
d'arrestation et l'inviter à surveiller et à réprimer ces abus. »

Le 2 messidor, nouvelle dénonciation dirigée contre la municipalité de Chauny « qui laisse entrer dans les maisons d'arrestation
beaucoup de personnes sans être accompagnées d'un officier muni-
pal. » Le Comité arrête que ladite municipalité sera prévenue de
suite, par écrit et que, si pareils abus arrivent encore, il se verra
dans l'obligation de la dénoncer aux autorités supérieures. La municipalité voulut se rendre compte par elle-même des abus qui lui
étaient signalés, et se rendit en corps dans toutes les maisons de
réclusion de la ville ; « elle interrogea les prisonniers sur leur manière de vivre, sur leurs communications entre eux et avec le public
étranger, écouta leurs plaintes, s'informa si le nombre des gardiens
était suffisant et si les concierges remplissaient leur devoir fidèlement, etc. » Et du tout elle dressa procès-verbal qu'elle envoya au
Comité. Le Comité répondit à ce rapport par un décret de révocation
des concierges Rabœuf et Capaumont, et par leur mise en arrestation. La municipalité protesta énergiquement contre cet acte
« qu'elle regarde, dit-elle, dans sa délibération, comme un abus de
pouvoir, et elle s'étonne beaucoup que ledit Comité, qui n'a qu'en
concurrence avec la municipalité l'exécution des mesures de sûreté
et de salut public, mais qui n'a pas celle de la police, ait cru pouvoir, sans en conférer avec elle, ordonner de telles arrestations sans
s'informer des motifs qui avaient pu porter la municipalité à laisser
ces citoyens tranquilles ; que, déjà, connaissant ses devoirs et les
remplissant avec exactitude, la municipalité avait pris des mesures

propres à prévenir son zèle ;  que cet acte est du plus mauvais augure puisqu'il accuse une discordance entre les autorités constituées, discordance qui ne peut qu'être malheureuse pour le bien public ; qu'il est à présumer cependant que c'est plutôt un défaut de réflexion qu'une mauvaise action qui a porté le Comité à agir aussi promptement ; mais que quand il s'agit de la liberté des citoyens on ne peut être trop attentif sur leurs réclamations ; la municipalité arrête que le Comité sera invité de lui faire passer, dans le plus bref délai, les motifs qui ont fait arrêter les citoyens Rabeuf et Capaumont. » — Le Comité répondit « que lesdits concierges mettaient trop de mollesse dans l'exercice de leurs fonctions, ce qui les rendait indignes de servir la patrie et coupables envers la Convention nationale ; que, du reste, un autre concierge, le citoyen Suret que l'on voit sans cesse en ville entouré de détenus, et qu'un membre du Comité a rencontré hier, à 10 heures du soir avec le citoyen Fayard, de Sinceny, sera, lui aussi, destitué et emprisonné s'il ne vient immédiatement expliquer sa conduite au Comité. »

Le 1<sup>er</sup> thermidor, l'accusé Suret paraît à la barre du Comité et dit, entr'autres choses, pour se défendre « qu'il n'a pas cru enfreindre les lois en conduisant les détenus à la promenade et à leur domicile ; que, du reste, il ne les a pas quittés d'un pas. » Presque toutes les autres séances du Comité sont ainsi remplies par l'examen minutieux et passionné de dénonciations de tout genre, la plupart, de peu d'intérêt et souvent anonymes.

Ce jourd'hui premier nivose, l'an deuxième de la République une et indivisible, deux heures de relevée, en l'assemblée du Conseil général de la commune de Chauny à laquelle ont été invités de se trouver les citoyens dénommés en l'arrêté qui sera cy-après transcrit, est entré le citoyen Bucquoi, président du Comité de surveillance de cette ville, lequel a fait lecture d'un arrêté du citoyen Roux, représentant du peuple dans le département de l'Aisne, conçu en ces termes :

« Nous, représentant du peuple dans le département de l'Aisne, etc., etc., considérant qu'il importe pour la prompte exécution des lois que tous les citoyens appelés à remplir les fonctions publiques soient animés d'un ardent patriotisme et ayant donné dans toutes les occasions des preuves certaines de leur zèle pour les intérêts de la République ; arrêtons que les cy-après nommés composeront la municipalité de Chauny, savoir : le citoyen Boileau, fils, pour les fonctions de maire ; les citoyens Pierre-Jean-Baptiste Lemaire.

Marc Desains, Froment, Bayeux, Soye père, Constant Raincourt, Lefebre-Tinot, Morgny le jeune, pour les fonctions municipales.

Les citoyens Pelletier, Suret père, Hubert éclusier, Denis Carlier, Lazare Nozier, Bichard, Ducrocq, François Carlier, Carbon, Pointhier, Nocq, bonnetier, Eloy Dives, Lefebvre fils, caffetier, Radais, fils, Constant Grégoire, Hénaut, menuisier, Arnault pour les fonctions de notables ; on ajoute le citoyen Tétart, et le citoyen Hébert pour agents nationaux de ladite commune.

« Chargeons le citoyen Bucquoi, président du comité de surveillance que nous déléguons à cet effet, d'installer lesdits officiers municipaux dans leurs fonctions et de nous faire passer, dans le plus court délai, copie du procès-verbal dressé à cet effet. A Laon le 9 frimaire, 2ᵉ année de l'ère républicaine, signé Roux. »

A l'instant ledit citoyen Bucquoi, en conséquence de la délégation portée audit arrêté, a proclamé et installé les maire, officiers municipaux, notables et agent national dénommés audit arrêté dont il a dressé procès-verbal conçu en ces termes :

Je soussigné Charles Bucquoi, apoticaire, conformément à l'arrêté des représentants du peuple dans le département de l'Aisne, en date du 29 frimaire, 2ᵉ année républicaine, qui me charge de faire l'installation des membres épurés de la municipalité de la commune de Chauny, je me suis rendu, primidi, premier nivose, deux heures de relevée, en la maison commune dudit Chauny, pour y faire lecture dudit arrêté et proclamer le maire, etc.

Dans cette séance on nomme, aux voix, le secrétaire, greffier, adjoint et officier public pour les naissances, mariages et sépultures. Est nommé à l'unanimité secrétaire le citoyen Ch.-Sébastien Dupuis, avec appointement annuel de 1200 livres. - A accepté également la place d'officier public en remplacement du citoyen Hanry.

Le citoyen Lallemand (ancien curé de Notre-Dame) est nommé par toutes les voix, sauf une, adjoint-secrétaire, aux appointements annuels de huit cents livres.

Jusqu'ici nous avons longuement raconté, dans ce chapitre, les tristes scènes de la persécution politique et religieuse de la Convention à Chauny ; mais nous n'avons pas encore parlé de la disette de 1793-94. Pourtant, toutes les pages des archives de ce temps crient bien haut : misère ! pitié ! du pain, du pain ! Des mentions, telles que celles-ci, sont souvent consignées : aujourd'hui des des voitures et des bateaux chargés de blé, ont été audacieusement pillés (1) ; les bois nationaux sont dévalisés (2) ; des réquisitions continuelles nous sont imposées et nous ne pouvons cultiver nos champs, ni battre nos blés (3) ; les femmes ont sonné la cloche d'alarme pour obtenir du pain. Les boulangers ne peuvent cuire, faute de blé ; il n'y a plus d'argent, il faut faire des quêtes pour les malheureux ; nous avons vu, hier, deux cents pères de famille s'en aller sans pain.

Ce pain qu'on distribuait aux nécessiteux, n'était ni blanc ni bis, mais noir. C'était, disait-on, pour le faire passer, le *pain de l'égalité*, (il était fait d'avoine et de féverolles) ; le pain que de bons républicains doivent manger de préférence à tout autre ; il faut s'imposer un *carême civique* (4), et laisser les subsistances à nos frères d'armes.

Le 4 novembre 1794, le Conseil constate que, pour alimenter les trois marchés de chaque décade, il faut douze cents quintaux de

(1) Les administrateurs de la ville se montrèrent en toute circonstance dignes de leur mission.

(2) Les désordres du district de Chauny et surtout les délits dans les bois nationaux ont surpassé ceux de tous les autres. Dans presque tous les bois provenant d'émigrés, les dévastations sont à leur comble. On ne se contente pas d'enlever quelques faguettes de bois, mais on enlève par voitures des arbres tout entiers. » (Extrait d'une lettre du révolutionnaire Cagnart de Mailly.)

(3) Le 24 septembre 1793, le Conseil invite, au nom de l'humanité, tous les citoyens de bonne volonté qui savent battre, à se rendre sur le champ, chez les cultivateurs qui leur seront désignés pour y battre le blé, à raison de 45 sols par jour, logement et nourriture non compris.

(4) Le 9 germinal an II, lecture est faite au Conseil d'une lettre de la municipalité de La Fère, qui engage celle de Chauny à adopter la mesure qu'elle vient de prendre, en établiss nt dans son enclave un *carême civique*. L'agent national ayant rendu justice au patriotisme qui a dicté cette mesure salutaire, a requis le Conseil de délibérer sur cet objet.

Le Conseil : considérant que cette mesure ne peut être sage qu'autant que, comme le disoit la municipalité de La Fère, elle seroit généralisée ; que ce seroit attenter à la liberté des citoyens de cette commune, que de leur faire une défense qui n'existeroit peut-être que dans un ou deux endroits, et qui, par là, ne pourrait produire ses effets, surtout de laisser à nos frères d'armes des vivres dont ils ont besoin, vu que la consommation des vivres dans cette commune est très petite ; persuadé cependant qu'il suffira de l'exemple de nos voisins pour que les habitants de Chauny se fassent un vrai plaisir de le suivre ;

Le Conseil arrête que tous les citoyens sont invités à se nourrir le plus qu'il sera possible de légumes, afin de conserver la viande pour nos frères d'armes, et qu'il sera écrit à la Convention nationale, pour la prier de généraliser la mesure proposée par la commune de La Fère, comme pouvant être très utile à la République. Le présent arrêté sera adressé à la commune de La Fère et à la *Société Populaire*, de Chauny, qui s'empressera, sans doute, de donner l'exemple d'un sacrifice que la municipalité ne rend pas obligatoire, mais que le patriotisme impose à tout bon citoyen. »

blé et que le plus souvent il ne s'en trouve que trois cents, soit un déficit de neuf cents quintaux. « La cause de ce déficit, dit la délibération, est multiple ; elle réside dans les réquisitions qui sont faites par le district tant pour la commune de Paris et ses hôpitaux que pour les armées ; que d'ailleurs le sol du canton de Chauny se trouve, en grande partie, en bois et prairies ; que plusieurs communes du district de Saint-Quentin et les blatriers qui alimentoient ci-devant nos marchés ne peuvent plus y amener du blé ; qu'enfin beaucoup de redevances en grains du ci-devant clergé et des émigrés, notamment au moins 1500 setiers de blé, que les ci-devant Minimes tiroient d'un district voisin, étoient amenés sur nos marchés, tandis qu'aujourd'hui ces blés sont versés dans les magasins de la nation ou conduits sur des marchés étrangers. »

Non seulement le pain, mais le charbon, le savon (1) le cidre (2) le sucre même etc., manquaient et l'on faisait tous les jours des visites domiciliaires, des achats pour s'en procurer. Le 5 nivose le cafetier Vitoux met à la disposition de la commune 665 livres de sucre. La municipalité le remercie, et engage les bons citoyens à suivre son exemple.

La Société Populaire se plaint de la trop grande consommation de sucre qui se fait dans les cafés, et enjoint aux officiers municipaux d'y mettre un terme. Le maire répond que la municipalité « ne peut empêcher les citoyens de prendre leur café, mais seulement leur conseiller de n'user que rarement et médiocrement de sucre pour le prendre : le bien public, le soulagement de l'humanité les y engagent et de bons républicains ne seront point sourds à cette invitation ».

17 nivose, réquisition de chandelles et de chaudrons de cuivre (3).

18 nivose, départ de Chauny pour Péronne, du bataillon de volontaires en garnison en ville. Il y a ordre et contre-ordre. A

---

(1) Le 4 nivose, la municipalité charge « le citoyen Quentin l'aîné et tous les autres marchands, au nom du bien public, de se procurer du savon, tant blanc que noir ».

Le même jour, un délégué de Soissons vient en réquisitionner les charbons : « On lui en cède dix razières seulement sur trente que l'on trouve chez le citoyen négociant Quentin-Bayeux, taillandier à Chauny ; le prix fixé par les vendeurs, calcul fait des frais de transport et du dixième accordé par la loi, étant de dix-huit livres quatre sols la razière. »

(2) Le 17 nivose, le citoyen Cagnard avait vendu dix pièces de cidre à un cultivateur de Cuisy : la municipalité en empêche la livraison.

(3) On trouve cent cinquante livres de chandelles chez les deux Quentin.

chaque passage de troupes, de graves dissentiments s'élevaient
entre les habitants de la ville et les soldats, relativement à la loi du
Maximum, dont les premiers ne tenaient aucun compte. (1)

Le 24 nivose, nouveaux cris de détresse : « malgré les ordres
les plus sévères, il est impossible d'approvisionner les marchés ;
deux cents pères de famille viennent demander à la ville du blé ;
il y a séance à dix heures du soir, et l'on décide que l'on emploiera
les mesures révolutionnaires pour faire arriver le blé à Chauny ;
des commissaires de la Société populaire iront dans les campagnes,
à la recherche des blés et seigles, un détachement de troupes les
accompagnera... »

17 pluviôse, réquisition des moulins de la Chaussée, du Brouage,
de Viry, de Saint-Lazarre et de Nogent, pour le service de la
République, à dater du 21 de ce mois.

27 pluviôse, ordre de vérifier la quantité de fourrages et d'avoine
qui se trouvent chez les maîtres de poste, conducteurs des messa-
geries nationales. On se rend aussitôt chez la citoyenne V. de
Lelong, maîtresse de la poste.

Le même jour, le citoyen Lauraguais ci-devant habitant le château
de Manicamp, déclare à la municipalité, vouloir habiter la ville
de Chauny et y établir sa résidence. « Le Conseil général de la
Commune lui accorde sa demande, avec la plus vive satisfaction. »

Le 6 et le 9 ventôse, réquisition de dix voitures à trois chevaux,
pour porter de Soissons à Maubeuge, des farines et des toiles ;
à partir de ce jour les convois sont en permanence ; le 13 germinal,
des cultivateurs refusent de donner leurs chevaux et leurs voitures,
ils sont arrêtés et conduits à la mairie, « ce sont les citoyens
Pierrre et Charles Grégoire, Pierre Lepage dit Page, Jean-Louis
Caura, Georges Tondu et Antoine Blanchart; ce dernier armé
d'un bâton avait frappé sur la tête d'un des soldats qui voulaient
l'arrêter. »

13 ventôse, la Société populaire demande à la municipalité

---

(1) Le 15 janvier 1794, nombreux passages de volontaires républicains
se rendant à Landrecies.

Dans un appendice qui suivra le travail de M. l'Abbé Caron, nous reproduirons
textuellement le *Tableau du Maximum* des denrées de première nécessité, qui
fut imprimé à Chauny envertu du décret de la Convention Nationale du 29
septembre 1892, (vieux style) et envoyé à toutes les Municipalités du District
de Chauny.

Quatre décrets rendus du mois de mai 1793 au 22 février 1794, avaient établi
les bases de la loi du *Maximum*, qui fut une nécessité pour le temps et les
conditions où elle fut promulguée, mais aurait été une monstruosité à une époque
de calme et de prospérité.

d'obliger chaque citoyen : 1° à monter la garde *en personne*, à son tour, sous peine de ne pas recevoir de certificat de civisme ; 2° à nettoyer les rues ; 3° à mettre un falot à sa porte, lorsqu'il y a devant une voiture ou des matériaux. Le Conseil reconnaissant la justesse de ces réclamations, les fera mettre à exécution.

Dans la séance du 21 ventôse (11 mars 1794), la Société, populaire : 1° Défend aux communes d'Abbécourt, Caumont et Viry de laisser paître leurs bestiaux, oies ou moutons dans les prairies communales non divisées ; 2° Ordonne la visite des fours et cheminées ; l'achat de seaux en cas d'incendie et de porter à l'atelier de salpêtre de la ci-devant église Notre-Dame, les eaux de lessive et les cendres (s'en rapportant à leur patriotisme) et au besoin qu'ils savent que la République a du salpêtre en ce moment ; 4° Prohibe la vente du beurre et des œufs autre part que sur le marché, et surtout du double de leur valeur ; elle avait dit de plus qu'il ne pourra être acheté, par ménage, plus d'une demi-livre de beurre et un demi-quarteron d'œufs, et que quatre membres du Conseil et deux officiers municipaux ainsi que huit membres de la Société populaire seront chargés de surveiller les marchands et se rendront sur le marché pour voir si l'on ne porte pas le beurre et les œufs dans des maisons particulières. Ces *mesures révolutionnaires* sont approuvées par la municipalité.

28 ventôse. L'agent national se plaint que, « sous prétexte d'occupations, des membres du Conseil ne viennent que très rarement aux séances ; l'on n'est souvent qu'une dizaine et encore, au lieu de travailler à la chose publique, on fait de petites personnalités, on se pique... Il faut un réglement, des commissions...

3 germinal, l'on arrête un convoi de savon, volé, croit-on, à Paris.

Séance du 4 germinal (24 mars 1794) ; *adresse à la Convention* :

Le Conseil général de la commune de Chauny, chef-lieu de district du département de l'Aisne, régénéré par le représentant Roux, a déjà, par sa conduite révolutionnaire, montré plus d'une fois son respect pour vos décrets et son sincère dévouement à la République une et indivisible ; il ne vous félicitera pas sur vos glorieux travaux ; le bonheur du peuple pour lequel vous travaillez doit être votre récompense ; continuez de rester à votre poste jusqu'à ce que tous les traîtres, et les ennemis de la République soient terrassés ; pour nous, ne cessons de chercher à dévoiler leurs complots ; et nos fortunes et nos vies seront toujours consacrées pour nos frères. Déjà 974 chemises, 307 paires de bas, 367 paires de souliers, 4 paires de draps, 15 aulnes de toile, 3 bonnets, 1 veste, 1 culotte, 1 pantalon, 1 gilet, 3 chapeaux, 1 paire de bottes, sont déposés au district qui dit en avoir fait l'envoy. Il y a long-temps que le culte de la raison est le seul qu'on professe ici ; tous les ustensiles prétendus sacrés sont, comme nos cloches, convertis en monnoie ou en canons, et on a vendu seulement ce qui n'a pu servir à nos frères d'armes, ou à la République ; nos églises servent de magasins ou d'ateliers pour le salpêtre et tous nos bras sont consacrés, tous les jours, au travail.

Nous espérons, législateurs, que vous ne refuserez pas que le prix des dépouilles du charlatanisme soit employé à la construction du local de la Société populaire et du lieu des séances du corps municipal, qui, dans ce moment, ressemble encore lui-même à une église et dont une telle forme déplait à des républicains raisonna-bles ; ce prix peu conséquent mais satisfaisant pour ce changement, est déjà entre les mains des commissaires qui en ont fait la vente : il se porte à environ 6,000 livres.

Déjà, tous les signes de la féodalité ont été effacés de cette com-mune ; approuvez l'emploi que nous désirons faire de ces fonds et, dans 15 jours, on ne verra plus sous les drapeaux tricolores qui flottent de toutes parts, que des habitations dignes de vrais républi-cains.

Le Maire, les officiers municipaux et notables composant le conseil général de la commune de Chauny.

Lecture faite de l'adresse, le Conseil, adhérant à tous les principes qui y sont dictés comme étant les siens, ordonne qu'elle sera ins-crite sur le registre et envoyée ce jour à la Convention Nationale et que l'Agent national l'adressera à la députation de l'Aisne, afin d'être sûr qu'elle sera présentée ; fait lesdits jour et an. Signé Boileau fils, maire, Desoye, Hébert, Dives, Bayeux, Lacourt, Richard, Suret, Lemaire, Rozier, Ducrocq.

— 5 Germinal — Un arrêté du gouvernement oblige la ville à nourir en blé 140 hommes de l'armée révolutionnaire en station à Chauny, et 150 détenus. La municipalité jette des hauts cris, elle dit que ce détachement est plus onéreux qu'utile, et demande son départ, *tout en rendant justice à sa bonne conduite.* On l'autorise à le désarmer : « 124 fusils, 122 bayonnettes, 117 sabres, 125 baudriers et 124 gibernes sont déposés à la mairie ».

Le 13 avril 1794, publication de l'arrêté du district qui prescrit l'établissement, dans chaque canton, d'un « centre de correspondance

pour recueillir et instruire l'administration de toutes les découvertes
utiles à l'humanité.

*Séance du 24 Germinal, 2ᵉ année républicaine.*

Un membre a dit :

Que l'on ne pouvait douter du bien qui résultait, sur toute la surface de la République, des établissements des Sociétés populaires et
autres surveillants, à la vigilance desquels rien ne pouvait échap-
per ; mais qu'il ne suffisait pas d'empêcher le mal ni de connaître et
réprimer les abus, qu'il fallait, surtout en ce moment que la vertu
et la probité sont plus particulièrement à l'ordre du jour, des moyens
faciles de faire connaître à l'Administration, tout ce qui serait
avantageux pour le plus grand bien de la République et le bonheur
des administrés.

Que déjà le Comité d'agriculture a des correspondances dans chaque District, pour tout ce qui concerne ses vues et ses opérations ;
qu'il serait aussi intéressant que facile d'imiter cet exemple, pour
une infinité d'autres objets, en établissant, dans chaque Canton, un
centre de correspondance pour recueillir et instruire l'Administration de toutes les découvertes, et des vues qui pourraient êtres utiles;
que ce centre ne pourrait être mieux placé que dans un chef-lieu de
canton, où d'ailleurs on trouverait à coup sûr, à cet égard, plus de
ressources que dans les petites Communes.

Le Conseil-Permanent, considérant qu'il ne peut résulter qu'un
bien réel d'un pareil établissement, et que l'on doit applaudir aux
motifs qui l'ont dicté,

ARRÊTE, l'Agent-National entendu, qu'il sera établi dans chaque
chef-lieu de Canton, un correspondant patriote et éclairé, qui sera
invité de recevoir et transmettre à l'Administration tous les renseignements généraux et particuliers, qui pourront être avantageux à
la République et aux citoyens, soit pour les établissemens et hos-
pices, soit pour toutes autres vues utiles au bien des citoyens de
leur arrondissement, lesquels seront pareillement invités de s'adres-
de leur côté au correspondant de leur canton, pour ce qu'ils croiront
devoir proposer.

A l'instant le Conseil nomme pour ses Commissaires dans lesdits
chefs-lieux :

Pour celui de Chauny, le citoyen Deslandes ;

Pour celui de La Fère, le citoyen Ronesse, Agent-National de la
Maîtrise ;

Pour celui de Coucy, le citoyen Gandelot, notaire public ;

Pour celui d'Anizy, le citoyen Dedriencourt, Juge de Paix ;

Pour celui de Blérancourt, le citoyen Lescrive, marchand audit lieu ;

Pour celui du Mont-Libre, le citoyen Crespin, conservateur du domaine national de St-Lambert,

Et pour celui de Genlis, le citoyen Roussel, cultivateur au Plessis-Godain.

A l'effet de quoi, le présent arrêté sera imprimé au nombre de 150 exemplaires en placard, pour être envoyés aux Communes et aux Commissaires, le Conseil étant bien persuadé du zèle et de l'activité avec lesquels ils rempliront généreusement les vues de l'Administration et répondront à son choix, comme à sa confiance.

Fait à Chauny, lesdits jour et an.

*Signé* : C.-L. MAQUAIRE, *Vice-Président* ; P. GUENOT, P.-E. QUEVASTRE, J. LACROIX, *Administrateurs* ; et CH. ROBERT, *Agent-National.*

*Contre-signé,*

PERRIER ; *Secrétaire-Adjoint.*

La situation ne s'est pas améliorée après le *9 Thermidor* ; le terrible hiver de 1797-98 va porter la misère à son comble ; les vols de bois et de blés recommencent ; le chiffre des indigents augmente : « il dépasse mille au 1ᵉʳ mars 1795 ».

Le 12 Germinal, an III, le Conseil nomme de nouveaux Commissaires « pour acheter des blés dans tous les cantons où ils pourront en trouver. » Les blés étaient hors de prix ; il fallut faire un emprunt de 30 à 40,000 livres pour les payer.

Le 24 Germinal « le pain est à 40 sols la livre, au lieu de 20 sols qu'il a été payé jusqu'ici ». Des commissaires, les citoyens Froment, Raincourt et Goguis sont nommés pour suveiller les boulangers qui donnent du mauvais pain. Les jours où l'on ne cuit pas on distribue des fèves, des pommes de terre et du riz, mais en très petite quantité (1). La Convention avait voté 10,000,000 livres de secours ; le district de Chauny obtint 7,242 livres et la Commune de Chauny 490 livres de secours, (le 13 floréal III).

Le 21 Floréal, on constate avec terreur que les grains achetés s'en

(1) Le Comité de salut public ordonnait de faire des réquisitions du 5ᵉ des grains qui se trouvent chez les habitants.

vont et que ceux qui se trouvent en dépôt à Rozières près Crépy-en-Valois, ne dureront plus longtemps.

Le 12 Prairial, le citoyen Gogois, commissaire de la Commune de Chauny pour acheter des blés dans le district de Montdidier, écrit au Conseil que la municipalité de Roye a fait arrêter et mettre en dépôt les blés par lui achetés, sous prétexte d'un arrêté du représentant du peuple, Fromager, qui défend de laisser sortir aucun grain du district de Montdidier et demande un adjoint pour obtenir la main levée de la saisie dudit blé.

Le Conseil considérant l'importance de l'objet de cette lettre et combien il est urgent de se procurer les blés achetés par le citoyen Gogois (1) puisque, sans ces blés, *1200 personnes de cette ville seront sans une bouchée de pain dans trois jours*, arrête, l'agent-national entendu, que les citoyens Hébert (2) et Lemaire se transporteront à l'instant à Roye, Montdidier et autres lieux qu'il conviendra, pour obtenir, soit de la municipalité de Roye ou du représentant du peuple Fromager, la main levée de l'arrestation du blé et une force suffisante pour le conduire à Chauny ; qu'informé que le réprésentant du peuple Bouchereau, en mission dans le département de l'Aisne, est maintenant à Chauny, ils l'engageront à écrire à son collègue et à la municipalité de Roye, à ce sujet et se chargeront de ses lettres.

Le citoyen Bouchereau, prévenu à l'instant par les citoyens Hébert et Lemaire, de l'objet dont il s'agit, s'est rendu à la Municipalité et a dit qu'au lieu d'écrire, il allait se joindre aux deux délégués, et ferait volontiers ce voyage pour obtenir à la commune de Chauny, la justice qu'elle réclame. Le Conseil a accepté avec reconnaissance les offres du citoyen Bouchereau ; en conséquence, l'expédition du présent sera à l'instant portée à l'administration, pour y mettre son attache et constater la disette dans laquelle cette commune se trouve et le besoin urgent qu'elle a des blés achetés. Signé Desoye, Demarly, Marc Desains.

Le 26 prairial. Le blé n'arrive pas ; il faut à tout prix s'en procurer sous huit jours, *si l'on ne veut mourir de faim !* Le maire convoque, en assemblée générale, tous les citoyens de la commune, pour le 28 juin suivant.

(1) Le citoyen Gogois est plus tard dénoncé comme « *commençant par lui, les distributions de blé qui sont faites tous les deux jours* »

(2) Le 15 pluviôse II le citoyen Hébert, agent-national, avait été arrêté « comme inquiétant le peuple sur les subsistances » ; relaché ensuite à la demande de tout le conseil. Voir sa lettre au Conseil Municipal le 16 pluviôse II.

Voici le compte-rendu officiel de cette séance :

Le Conseil général de la commune de Chauny à ses concitoyens :

Le Conseil général, occupé uniquement des subsistances, est obligé de vous prévenir de ses inquiétudes et de vous dire qu'il ne peut procurer du pain aux indigents que jusqu'au 15 courant ; la perte énorme que l'on éprouve sur les derniers achats ne permet pas d'espérer que l'on puisse s'en procurer d'autres, à moins que la commune ne se décide à faire des sacrifices considérables.

Outre la perte de 48,000 livres provenant de la vente de la dépouille des Navoirs, nous allons nons trouver redevables d'une somme de 65,000 livres, au moins, sur les emprunts faits au district.

Nous pourrions néanmoins nous estimer heureux si nous avions atteint la moisson, *mais nous avons encore trois semaines pour y parvenir* : comment ferons nous ?

Il faut des sommes immenses maintenant pour se procurer des blés ; le pain revient, en ce moment, à la commune à 15 livres au moins et on le vend 3 livres ; voilà donc 12 livres de perte par livre sur les 1,200 qui se distribuent tous les deux jours, soit 14,400 livres et sur les trois semaines pour gagner la moisson, 151,200 livres. Joignez à cela les 65,000 livres de perte sur les emprunts, plus les 48,000 livres provenant des Navoirs, l'on aura le total de 264,200 livres.

Ainsi en continuant les achats, nous nous trouvons en perte de deux cent soixante quatre mille deux cents livres sur lesquelles déduisant les 48,000 livres des Navoirs, reste *deux cent seize mille deux cents livres* dont nous serions redevables.

La commune peut-elle faire un sacrifice semblable ? et comment d'ailleurs se procurer cette somme ?

Le Conseil ne voit qu'un moyen pour se procurer des fonds, c'est de vendre une portion des biens communaux et aussi la moitié des arbres des promenades, un sur deux, ce qui ne feroit aucun tort, attendu qu'ils sont trop près les uns des autres ; c'est encore de revoir la liste des personnes qui touchent le pain et de la réduire aux plus indigents sans plus en ajouter d'autres à l'avenir.

L'Assemblée, après une longue discussion, adopte les conclusions du maire et arrête que la commune vendroit d'abord tous les arbres du Jeu de paume et des promenades qui peuvent être solivés, sans nuire à l'agrément des promenades, s'en rapportant en cela à la prudence du Conseil ; qu'ensuite subsidiairement et jusqu'à concurrence des fonds suffisants pour remplir les emprunts et les achats de blé, on vendra la pâture du marais le Guay, etc., en tout environ cent trente-six-setiers. Signé Boileau, maire, Doche, Desoye, Suret, Tétart, de Théis, Marc Desains, Beaupré, Demarquette, Lemaître Lelong, Boulanger, Sézille, Quennevat, Prudhomme, Bouthillier, Carlier, Blanchard, Pointé, etc.

Le 14 messidor, il y a une nouvelle assemblée générale où il est décidé : 1° qu'aucune partie des biens communaux ne scroit aliénée mais qu'il seroit fait sur les habitants un emprunt provisoire de 50.000 livres, pour effectuer les achats de grains nécessaires à la subsistance des plus exposés aux horreurs de la famine ; que cette somme seroit répartie au marc la livre, sur tous les individus : 2° que pour parvenir à se procurer une somme suffisante, pour parer à la fois au déficit précité et étendre les achats de grains de manière à gagner la récolte, il seroit vendu une certaine quantité d'arbres du jeu de paume, non compris ceux déjà énoncés. Outre les autorités forestières, on nomme trois commissaires par quartier, savoir ; les citoyens Morgnier, Desbruyères, Louis Evrard, Cadet Grégoire, Dieu, Huille père, Favereau, huissier, J.-B. Duprez, Alex. Thiérat, Denis Lesourd, Pointhier fils, Constant Carlier, Baptiste Nutal, Notot du Bailly, Pierre Maresse, Duplaquet l'aîné, François Carlier, Géry Rabeuf, Thomas Lecomte, Moreau et Bucquoy.

Expédition du présent sera adressée au District avec invitation, vu l'urgence, d'autoriser le citoyen Joubert, receveur, à avancer sur les 50,000 livres dont il s'agit.

L'assemblée a déclaré qu'elle se rendoit responsable de cet emprunt et qu'elle prenoit l'engagement de l'acquitter.

Les 19, 23 et 25 messidor, séance dans laquelle on ne parle encore que de la disette et des moyens de « soustraire aux horreurs de la famine les frères malheureux et indigents ; de venir au secours du peuple souffrant... » Le 25 messidor, la moisson approche, on nomme des gardes champêtres pour la soigner, ce sont les citoyens Stanislas Nocq, Lièvre fils, Fagard et François Blondeau.

Le 20 thermidor, « un membre du Conseil fait remarquer que de-

(1) Arch. de la mairie. Pour procéder à la division et à l'évaluation des biens à vendre on nomme : pour les bois, les citoyens officiers forestiers Hébert, Lemaire et Cagniart ; pour les terres, les cultivateurs Claude Tétart, Simon Lemaître, Momble Courboin, Demilly et Louis Lelong fils, accompagnés du citoyen Caura, arpenteur.

Sur le procès-verbal de vente des arbres nous lisons : « Avons marqué de notre marteau portant pour empreinte la lettre *A F Chauny*, la quantité de 80 blancs de Hollande, de l'âge de 35 à 40 ans, que nous avons estimés de la valeur de 8.000 livres, plus la quantité de 10 ormes de l'âge de 25 à 30 ans, que nous avons estimés 1000 livres. »

puis que la paix se négocie avec les Puissances, il est aisé de s'apercevoir que la besogne de la municipalité diminue journellement, les passages de troupes étant bien moins fréquents ; que la permanence établie depuis longtemps et qui prenait tout leur temps n'est plus nécessaire, il demande que les séances ne soient plus quotidiennes.

Le Conseil décide qu'il n'y aura plus que deux séances par semaine, le mardi et le vendredi.

Déjà, au mois de mars de cette année terrible de 1795, la garde nationale avait fait une pétition pour être déchargée du service du poste de la place. Les troupes en garnison à Chauny pourront le faire (1). Accordé.

Après la moisson, de nouvelles difficultés s'élèvent encore ; on comptait avoir du blé en abondance et l'on en trouvait à peine sur le marché pour sa consommation.

Les cultivateurs, soit crainte de manquer de vivres, soit par amour du gain, gardaient la plus grande partie de leur récolte. On fut obligé de faire passer dans leurs greniers « des commissaires spéciaux pour compter les gerbes et les évaluer approximativement en disiaux afin de fixer la quantité de blé qu'ils devraient apporter au marché. »

Dans une assemblée générale, tenue le 24 vendémiaire an IV, (16 octobre 1795), un membre se plaint que les marchés ne sont pas fournis suffisamment de grains, et demande que la force armée aille dans les villages du canton, chez les cultivateurs qui n'auraient pas rempli les contingents du marché. »

Le maire répond qu'il y a eu assez de grains, mais qu'on l'a pillé aussssitôt son arrivée, comme le constate le rapport suivant fait au Conseil municipal, le jour même du pillage du marché :

« D'après ce qui vient de se passer au marché au blé d'aujourd'hui, où vos fonctions ont été méconnues et votre autorité méprisée, d'après aussi les menaces faites contre la municipalité, vous ne pourrez paraître dorénavant sur le marché sans courir les plus grands dangers, si vous ne sévissez promptement contre les coupables.

« Pour éviter le pillage, vous avez fait vendre le blé dans la halle,

(1) Les signataires de la pétiton étaient : Chatelain, l'ainé, Hélin Desbruyère, capitaine ; Lefèvre, sous-lieutenant ; Debrie, Rondel, Moinet, Bayeux, Penant fils, Simbosel, Carré, Delanchy, Demarly, Courboin, Boutrainquin, Duc, Rabeuf, Dutemps, etc.

aux plus indigents par appel et pour que tous en eussent, par petite mesure.

Plusieurs fois vous vous êtes mis en devoir de faire cet appel, mais vous n'avez pu continuer ; les nommés Prudhomme, Boudfilet, Nicolas Pierre, Pestel, Maresse, Louis Dupont, Remy Goudemant, Louis Derlon, Nicolas Caura, Joseph Thiéry, Toulez, J.-B. Boutrainquin, Crépaux, Fiévé, Lainé Martin, Carillon, soldat, Roux, Moinet, les femmes de Louis Racine et de Nicolas Moinet, la petite Lescart-le-jeune s'y sont absolument opposés. Ces particuliers ont excité la majeure partie du peuple à se ranger de leur parti et, pour y engager davantage, ils répandoient le bruit que les cultivateurs voulaient vendre le blé 500 livres le setier, tandis que le plus beau n'était vendu que 250 livres. Tous ont tenu des propos séditieux pouvant amener le pillage et ont fait les menaces les plus fortes ; plusieurs ont crié : à la contre-révolution et *aux armes !* ils se sont même portés à la maison commune pour s'emparer des armes qui y sont déposées et aller contre le détachement de la force armée et la gendarmerie qui se trouvaient sur le marché, pour le maintien du bon ordre ; mais une garde à l'instant organisée à la dite maison commune s'est opposée à leur dessein. Le commandant du détachement a été maltraité et frappé et si le détachement n'eut usé de la plus grande prudence pour se contenir, si la municipalité de son côté eut déféré aux volontés des sus-nommés, le détachement se trouvait dans le cas de repousser la force par la force et on était sur le point de voir s'engager un combat qui aurait eu pour résultat l'effusion du sang. Le blé a donc été porté sur la place ; mais le peuple, c'est-à-dire les plus forts et notamment les sus-nommés s'en sont emparés, l'ont emporté les uns sans payer et d'autres en payant un prix qu'ils ont voulu. Il est bon d'observer que plusieurs particuliers de Manicamp dont on ne connaît pas les noms, paraissaient d'accord et joints aux sus-nommés et se sont portés aux mêmes propos et voies de fait.

« Je demande au nom de l'ordre, que vous sévissiez promptement contre les auteurs de ces troubles.

« Le Conseil, avec le substitut du procureur de la commune, reconnaissant la vérité du rapport ci-dessus, a arrêté qu'à l'instant le lieutenant de gendarmerie seroit requis de prendre les mesures nécessaires pour s'assurer des dits particuliers et les conduire à la maison d'arrêt de cette commune.

« Il arrête en outre que les sus-nommés seront dénoncés à l'administration du district et au juge de paix et que ce dernier sera invité d'informer sur le champ sur les faits ci-dessus, et d'infliger aux coupables la peine qu'ils méritent suivant la loi, à l'effet de quoy copie de la présente délibération sera, à l'instant, envoyée au District et au juge de paix. »

Pour que de semblables désordres ne se représentent plus, le Conseil décide, de plus, qu'il sera constitué une *garde nationale de 50 hommes dont le moral soit bien prononcé*, qui sera placée, chaque jour du marché, sur deux lignes, pour protéger la vente des grains et assurer la tranquillité publique. Les armes qui lui seront remises porteront le nom de chaque garde national et ne seront délivrées que pour ce service seulement; en d'autres temps elles resteront à la maison commune. Copie du présent sera envoyée au commandant, le citoyen Morgny l'aîné et au district, pour avoir leur assentiment.

La gendarmerie serait mise en demeure de faire les arrestations des dits individus et de leur dresser procès-verbal.

Cette mesure énergique mit un terme aux révoltes. La municipalité avait été poussée à cet acte de répression par l'exemple même de la Convention qui venait de foudroyer les derniers représentants de la terreur et du désordre à Paris, le 13 vendémiaire, (5 octobre 1795).

Elle put, enfin, lutter en paix contre les horreurs de la famine et organiser les nouvelles institutions que la Convention venait de créer par sa constitution, datée de l'an III.

La municipalité, accusée de manquer d'énergie et de vigilance dans l'accomplissement des devoirs de sa charge, dut, pour se faire pardonner « ses complaisances inciviques envers les détenus, » publier un arrêté « défendant aux reclus, sous les peines les plus graves, toute sortie et tout rassemblement. »

Les arrestations, ordonnées en haut lieu, devenant de jour en jour plus nombreuses, les officiers municipaux ne savaient trop où loger tout le monde ; ils en référèrent à l'Agent national qui leur répondit en ces termes :

« Liberté, Egalité, Fraternité ; la République ou la mort.

« Chauny, ce 9 thermidor, seconde année *r*épublicaine :

« L'Agent national près le district de Chauny aux officiers municipaux de la commune de Chauny :

« N'ayant pu, jusqu'à ce moment, répondre à votre dernier arrêté, j'ai vu avec plaisir que vous avez pris les mesures nécessaires pour placer, tant les reclus existant dans les maisons d'arrestation, que ceux, en grand nombre, qui doivent y arriver sous 24 heures. J'ai remarqué votre embarras pour le classement de toutes ces personnes;

c'est pour venir à votre aide que j'ai cru devoir prier la citoyenne
Guillaume, rue de la Montagne, de céder momentanément le surplus
des appartements de sa vaste maison — ce qui sera très utile pour
la décharge de celle du citoyen Bourfaut, — car l'on n'aura qu'à per-
cer une porte dans le mur du jardin pour en rendre la communication plus facile, comme vous devez le pratiquer au mur du jardin de
la maison des Filles de la Croix, pour pouvoir communiquer avec la
maison de la citoyenne Gouillard, recluse. — Je conviens que la
maison de ladite citoyenne Guillaume sera d'un bien faible secours
pour les logements, mais elle procurera aux convalescents plus d'air
et, par ce moyen, vous mettra à portée, d'abandonner les appartements du citoyen Boileau, maire, qui, comme je vous l'ai déjà dit,
ne doit avoir, à raison de ses fonctions, aucun reclus chez
lui.

« Vous me parlez de la maison du citoyen Démarquette, fils, et
vous me dites qu'on peut y placer encore deux ou trois personnes,
et que vous l'avez désignée comme maison d'arrestation ; je vous
invite et vous requiers même de compléter cette maison comme celle
de la citoyenne Gouillard, dans les 24 heures de ma lettre.

« Il est une justice à rendre à la citoyenne veuve Fay et à son fils,
c'est de les placer dans les chambres qu'occupait Lauraguais, de
Manicamp ; je vous prie de leur réserver lesdites chambres, parce
qu'étant infirme, ladite citoyenne a besoin de se faire administrer
des remèdes, et d'avoir une cheminée dont elle n'a pas eu l'usage
pendant le cours de l'hiver dernier.

« Il est un troisième moyen qui remplira complètement vos vues
et les miennes, pour les personnes infirmes et âgées qui ont besoin
d'air, c'est la maison du citoyen Dauchez, administrateur du District, sise au faubourg du Pissot, dans laquelle vous pourrez placer
les personnes qui ont droit à votre bienfaisance, parce qu'étant aussi
de l'humanité (1), vous vous empresserez de faire une répartition juste comme j'ai le droit de l'attendre de votre part.

« Je vous rappelle, citoyens, l'arrêté des représentants du peuple
Saint-Just et Lebas, qui ordonne impérieusement la réclusion de
tous les nobles sans distinction et qui vous ordonne de les tenir au
secret. Vous voyez que cet ordre, que vous ignoriez sans doute jusqu'à présent, ne vous a jamais donné le pouvoir de laisser sortir
aucun prisonnier, même accompagné d'un de vos collègues. Je vous
engage donc, citoyens, et vous y invite au nom de la loi, sous votre

(1) Allusion sans doute à ce mot de Térence : *Homo sum et nihil humani a
me alienum puto*.

responsabilité, à tenir la main à l'exécution stricte de l'arrêté des représentants : à compter de ce jour, aucune personne, sous quelque prétexte que ce soit, ne pourra plus communiquer avec les reclus, sinon ceux qui seront préposés par vous pour leur fournir le nécessaire. Vous devez déléguer deux membres de votre conseil et les charger spécialement de la surveillance de ces maisons ; vous exigerez d'eux un compte-rendu quotidien de leurs visites ; je vous aiderai de tout mon pouvoir à exercer cette surveillance sur toutes les maisons d'arrestation, pour être toujours en état de répondre au Comité de Salut public, à qui je dois adresser un rapport sur la bonne tenue de ces maisons.

« Je compte donc sur la sévérité de vos principes et vous prie de me croire, avec des sentiments fraternels, votre citoyen et ami. Signé F. N. Chollet, agent national. Pour copie conforme, Marc Desains. »

Le jour même que l'agent national Chollet adressait sa lettre à la municipalité, une révolution éclatait à Paris, et Robespierre, Saint-Just et tout le parti terroriste périssaient misérablement le 1<sup>er</sup> juillet 1794. On ne connut à Chauny ces événements que le 12 thermidor ; il se fit aussitôt un revirement complet d'opinion : ceux qui, la veille encore, dressaient des listes d'arrestation ou de proscription étaient, le lendemain, poursuivis à leur tour comme de vils tyrans ; de ce nombre fut l'agent national Chollet. « La société populaire le dénonça à la Convention « comme étant en relations suivies avec le secrétaire de Saint-Just et organisant avec cet infâme conspirateur un système d'espionnage et de délation dans ce pays (1) ». Le citoyen Chollet eut toutes les peines du monde à se justifier et à se tirer d'affaire. Nous remarquerons que le ton de sa lettre, à la municipalité, n'est plus le même le 20 thermidor que le 9 précédent ; le lecteur verra la différence :

« L'agent national, près le district de Chauny aux officiers munipaux :

« La Convention nationale, toujours bienfaisante et n'ayant pour but que l'humanité, vient de prendre des résolutions qui la feront bénir par tous les citoyens ; elle n'a encore porté définitivement aucun décret sur les détenus, mais faisant rapporter tous les arrêtés barbares des conspirateurs Saint-Just et Lebas, elle a prouvé que

(1) L'acte d'accusation impute audit Chollet différents vols. « N'est-ce pas une seconde infidélité à son devoir de s'être emparé, pour le service de sa table, de flambeaux argentés provenant de l'abbaye du Calvaire de la ville de La Fère ; de matelas, provenant de l'émigré Devieux, de magnifiques bustes en marbre représentant Henri IV et Sully, provenant de la même maison Devieux, etc.

son intention était de rendre à la liberté ceux sur qui ne repose aucun soupçon.

« Je crois donc, citoyens, d'après ces raisons, qu'il n'y aurait pas d'inconvénients à procurer aux détenus, jusqu'à leur entière liberté, la satisfaction de voir ou de parler à ceux des citoyens leurs parents ou gens d'affaires qui voudraient les voir, sur la présentation d'un permis portant votre signature ou la mienne. Je ne doute pas que vous ne preniez tous les moyens que votre sagesse et votre prudence vous suggéreront, pour obvier aux abus qui pourraient se glisser si vous n'y portiez, comme moi, un œil attentif. Salut et fraternité ; signé F. N. Chollet, agent national. Pour copie conforme, Marc Desains. »

La Société populaire elle-même demanda grâce pour les détenus ; le 3 fructidor an II (22 août 1794) elle envoya une supplique à la Convention « pour obtenir l'élargissement des victimes des traîtres à la patrie. » Cette pétition renferme de précieux détails sur les arrestations en masse opérées dans le district, au nom de la liberté ; ce titre, elle mérite d'être reproduite ici :

Les Sociétés populaires, dit la pétition, ne doivent pas seulement surveiller les conspirateurs et provoquer la punition des ennemis du peuple ; elles doivent aussi seconder de tout leur pouvoir les vues bienfaisantes de la Convention, qui ne veut pas que l'innocence soit plus longtemps victime.

Le département de l'Aisne est, depuis un an, vexé par des mesures générales bien rigoureuses. Un premier arrêté de Lequinio et Lejeune avait fait arrêter tous les ci-devant nobles, les fonctionnaires exceptés. Un deuxième, des infâmes Saint-Just et Lebas, a ordonné la même incarcération et, généralement, la même mesure et la mise au secret de toutes les personnes arrêtées. Cet acte barbare reçoit encore son exécution.

Des vieillards de 84 et 85 ans, aveugles depuis vingt années ; des impotents, des femmes malades, des cultivateurs nécessaires à leurs fermes, de vieux militaires sans fortune, de jeunes orphelins sans secours, d'excellents patriotes, fonctionnaires publics et chauds amis de la révolution gémissent, les uns et les autres dans les fers. Et ce que l'on aurait peine à croire, si nous ne l'eussions vu ici, la plupart ont été mis en liberté les 23 et 28 pluviôse, par le représentant Roux, sur le vu de leur innocence attestée par toutes les autorités constituées, et ils ont été réincarcérés, au bout de huit jours de liberté, en vertu de cet arrêté de Saint-Just qui était antérieur à leur jugement, puisqu'il est du 16 pluviôse.

« Législateurs, au nom de l'humanité, hâtez-vous de venir au secours des innocents. Décrétez que des commissaires seront envoyés sans délai dans ce département, notamment dans ce district, pour y vérifier les motifs des arrestations et mettre en liberté ceux que la loi du 17 septembre n'a pas atteints. Une année de captivité non méritée, voilà les titres de ceux auxquels nous nous intéressons. Le patriotisme de beaucoup de détenus, leur républicanisme bien prononcé, sont des motifs de notre intérêt pour eux. C'est servir la patrie que de réclamer de bons citoyens, c'est satisfaire la Convention lorsqu'on lui donne les moyens de réparer les crimes des scélérats qu'elle a punis. »

La réparation ne se fit pas attendre ; le 9 vendémiaire et le 2 brumaire, an III (octobre 1794), le Comité de sûreté générale et de surveillance de la Convention nationale donnait l'ordre à l'administration du district de mettre en liberté « Sophie Le duc ; Le Sellier, de Frières ; Réné Fovertine ; J. L. Lafons, sa femme divorcée et sa sœur ; Pujol et sa femme ; Bréhéret-Montalard, sa femme et ses filles ; Pomery et sa femme, Lepelletier ; Aboville, père et fils ; Labretèche ; Fay, d'Anizy, sa femme et son fils ; Flavigny : les filles hospitalières ; Fagard, de Sinceny ; veuve Brion ; Desforges ; Desmarquette, père et fils ; Carlier, de Trosly... », etc., etc.

## CHAPITRE IV

*Fête de la Convention et du Directoire ; — Fête de la mort d'Hébert; — Fête de l'Etre-Suprème ; — Fête des Epoux ; — Fête de la fondation de la République et fête de la souveraineté du peuple.*

Les fêtes de la Révolution furent tout d'abord empreintes de barbarie et de folie, puis d'idéalisme et de religiosité.

A Chauny, le pays par excellence des fêtes quelles qu'elles soient, le Directoire en ordonna une que l'on peut, sans exagération, appeler la fête du vandalisme : « considérant, dit un membre du conseil général dudit district, que les différents tableaux qui se trouvaient dans les églises de cette ville ayant été déposés à l'administration ainsi que les représentations en bois de quelques personnages qui depuis longtempe figurent dans le calendrier de la superstition, il est nécessaire de les réduire à l'état où sont depuis longtemps les individus qu'ils représentent ; pour quoy il a proposé de les faire brûler sur la place de la Liberté de cette ville.

« Le conseil général du district, considérant que ce n'a été que par un abus de l'ancien régime que ces trophées de la superstition et

du fanatisme ont subsisté ; que, de tout temps, la philosophie a toujours réclamé contre un usage aussi ridicule ; mais que sa voix a
toujours été étouffée par les ministres du culte qui avaient besoin de
ces illusions pour soutenir leur crédit ;

« Considérant que la raison prenant aujourd'hui l'empire sur les
pieux mensonges des prêtres et sur le vain appareil qu'ils affectaient
de montrer dans les temples, il est temps de faire disparaître aux
yeux des âmes vulgaires, ces représentations ridicules qui ne ser-
vaient qu'à les entretenir dans une erreur grossière et à nourrir leur
fanatisme, et que pour en faire perdre entièrement le souvenir, il est
de la première nécessité de les livrer aux flammes ;

« Après avoir entendu le substitut du procureur-syndic, arrête :
1º Que demain, sixième jour de la première décade du deuxième
mois, deux heures après-midi, les différents tableaux et représentations en bois des pieux fainéants de l'antiquité seront brûlés, en
présence des corps constitués, sur la place de la Liberté de cette ville.
A cet effet, que la municipalité, le comité de surveillance, les
ministres de tous les cultes, ainsi que le juge de paix, seront aussi
invités à se trouver à cet auto-da-fé ; 2º que la municipalité sera
invitée à faire venir sur la place de la Liberté et à l'heure indiquée,
le bois nécessaire pour former le bûcher ; 3º que la garde nationale
de cette ville, ainsi que l'armée révolutionnaire et l'escadron de
chasseurs seront aussi invités à se trouver à cette cérémonie ; enfin,
que le présent arrêté sera adressé aux représentants du peuple à
Laon, au département et à toutes les communes de l'enclave, qui
sont invitées de suivre le même exemple, d'en dresser procès-verbal
et de le faire passer ensuite à l'administration ; à l'effet de quoy
copie du présent sera imprimée et placardée au nombre de cent
cinquante exemplaires. — Etaient présents les citoyens C. L. Maquaire, Plaignard, Chalan, Cochefert, Parcheminier, Bourdon, Carlier,
Loise. »

Au jour fixé pour la fête, « l'on vit arriver dans la cour du dis-
« trict plusieurs voitures chargées de parchemins et de papiers de
« toute espèce, enlevés aux archives des châteaux et des communau-
« tés religieuses, des tableaux et des objets d'art dérobés aux églises;
« on en forma un haut bûcher auquel le président du district mit le
« feu ». « La population, ajoute M. Melleville, à l'honneur de notre
« pays, avait été invitée à cette cérémonie digne d'une autre époque
« et d'un autre peuple ; mais à l'exception de quelques-uns, la masse
« n'y prit aucune part (1) »

(1) *Hist. de Chauny*, ch. V, p. 100.

Il n'en fut pas de même de la fête du supplice d'Hébert ; la foule s'y porta tout entière. L'auteur cité plus haut (loc. cit.) nous donne en ces termes et la raison de ce changement et le programme de la fête,

« Le supplice d'Hébert fut applaudi dans les provinces ; car si les masses prenaient une part quelconque aux évènements politiques du moment, elles avaient conservé dans le cœur assez d'honnêteté et de droiture pour comprendre que ces hommes de boue et de sang étaient de faux amis qui flattaient les passions afin de mieux les asservir. De nombreuses adresses vinrent de tous côtés féliciter la Convention sur l'arrestation et le jugement des hébertistes. La Société populaire ne se contenta pas de faire comme les autres : elle décida encore qu'on *fêterait* le supplice d'Hébert, dont l'infâme journal avait été naguère le principal aliment de ses séances. Ce retour à la justice était une réparation due à la morale publique ; mais par une de ces contradictions, alors si fréquentes, la Société arrêta qu'on profiterait de la circonstance pour replacer dans la salle des séances, les bustes de Marat et de Lepelletier qu'elle regardait toujours comme des martyrs de la liberté.

« Le décadi, 20 germinal an II (9 avril 1794) fut choisi pour cette cérémonie. Il faisait mauvais ; vers deux heures de l'après-midi, l'administration du district, le corps municipal et une députation de la Société populaire se réunirent à l'hôtel de ville et la cérémonie commença. Derrière une musique militaire faisant la tête du cortège et au milieu d'une haie formée par la garde nationale et par les chasseurs du 24ᵉ régiment en garnison à Chauny, on vit d'abord s'avancer douze jeunes filles parées en blanc, revêtues des couleurs nationales et portant des branches de feuillages. A la suite marchait la députation de la Société populaire entourant les bustes de Marat Lepelletier, Chaslier, Barra, Brutus, Mutius-Scœvola ainsi que les figures de la liberté et de l'égalité. Au-dessus de leur tête, flottaient deux drapeaux, l'un tricolore, l'autre de couleur rouge avec une peinture représentant un œil ouvert, l'*Œil de la Surveillance*. Ensuite venaient deux hommes de peine, portant, sur une civière, un mannequin de carton peint et habillé, représentant l'*infâme* Hébert couché sur un tas de numéros lacérés de son ignoble journal le *Père Duchesne* et ayant sur sa poitrine un écriteau où étaient inscrits son nom et ceux de ses complices, avec ces mots en gros caractères : *Ils ont trahi leur patrie.* Le corps de la ville, les officiers de la garnison et l'administration du district fermaient la marche.

« Le cortège prit par la *rue de la Vérité* et revint sur la place, par celle de *Chaslier*. Arrivé là, la garde nationale et la troupe formèrent le carré, les autorités s'arrêtèrent et l'on éleva sur des piédestaux préparés à cet effet, les bustes de Marat et de Lepelletier, au bruit de la musique et du chant de la *Marseillaise*. Cela fait, on prononça différents discours dont nous ferons grâce à nos lecteurs. Ce mannequin d'Hébert fut jeté par terre où on l'ensevelit en quelque sorte sous les feuilles déchirées de son journal ; puis, le maire mit le feu à ce bûcher réparateur. Il fut ensuite permis aux citoyens dont la muse s'était inspirée de la solennité du jour, de réciter leurs vers patriotiques.

« Quand il ne resta plus du mannequin d'Hébert et de son journal que les cendres, le cortège se dispersa : les membres de l'administration du district retournèrent dans la salle des séances, la municipalité rentra à l'hôtel de ville et la troupe, au quartier. La députation de la Société populaire prit seule le chemin du local de ses réunions, portant les bustes en question. Les jeunes citoyennes vêtues de blanc la précédaient ainsi que la musique militaire qui continuait à faire retentir les rues des airs à la mode. Le président et le reste de la Société les attendaient. Les bustes une fois placés, plusieurs orateurs prononcèrent encore des discours ; plusieurs poëtes dont la pluie pénétrante du dehors n'avait pas éteint l'inspiration, récitèrent encore des vers ; puis, pour parfaire une aussi belle fête, *on se donna l'accolade fraternelle*. Si nous devons en croire un témoin oculaire, les membres de la Société populaire n'en firent guère entre eux que le simulacre ; mais il n'en fut pas de même à l'égard des jeunes et fraiches citoyennes : chacun les embrassa avec effusion, plusieurs même revinrent à la charge sous prétexte qu'ils avaient oublié leur tour. » Et dire que ces sortes de fêtes populaires se célébraient officiellement au nom de la Raison à laquelle on venait d'élever un temple (1) ! Le délire fut plus grand encore à la *fête de l'Etre Suprême*, décrétée par Robespierre. Le bon peuple de Chauny croyant voir dans cette cérémonie « religieuse » le commencement

(1) En mars 1794 « Chauny n'avait pas encore de Temple de la Raison et le besoin s'en faisait généralement sentir, dit M. Fleury, dans son intéressant ouvrage *le Clergé du département de l'Aisne pendant la Révolution*, p. 99, t. 2. Un jour de réunion du club, un citoyen demande la parole et dit : Nous n'avons pas encore de Temple de la Raison pour y lire les lois, tous les décadis, tandis que la plupart des communes de la campagne qui nous environnent en sont toutes pourvues. Il est incompréhensible qu'on n'ait point encore songé à cet important objet. — Où le mettra-t-on ? demande-t-on des tribunes ? — Ce n'est pas à moi à vous indiquer un emplacement, réplique le motionnaire ; je n'ai qu'à vous signaler cet oubli coupable et anti-civique. Qu'on le répare ! — Mais il y a

de la restauration de son antique religion (1) s'y porta tout entier. Sa déception fut cruelle : la fameuse fête de l'Etre Suprême n'était qu'une parade grossière et impie ; que le lecteur en juge par le programme de la susdite fête, confectionné et arrêté dans la séance du 16 prairial an II (4 juin 1794) :

PROJET DE LA FÊTE L'ETRE SUPRÊME, *pour le 20 prairial, proposé par le Conseil général de la commune, acclamé par la Société populaire et exécuté dans son entier, ainsi qu'il suit.*

A quatre heures précises du matin, la cloche sonnera à volée pendant une demi-heure ; à quatre heures et demie, les tambours battront la générale ; ils seront suivis d'une musique qui annoncera par les airs les plus gais, l'allégresse qui doit régner dans la journée.

Tous les citoyens seront invités à orner leurs maisons de feuillages (2) et d'y arborer les couleurs nationales, et, comme le travail de l'homme honore la Divinité, jusqu'à huit heures, on y employera son temps à nettoyer les rues et à enlever tout ce qui peut nuire à leur propreté.

A huit heures, les tambours battront l'assemblée ; à neuf heures, le rappel. Les citoyens soldats et les soldats citoyens prendront tous leurs armes et, à dix heures précises, se réuniront avec leurs chefs sous les ordres du commandant de place, en face de la maison commune. La gendarmerie nationale s'y rendra aussi. Les citoyennes,

les églises de la ville, dit un des membres. — Les églises de la ville sont employées, objecte le président, l'une à la fabrication du salpêtre, l'autre à resserrer les fourrages de la cavalerie qui tient ici garnison. — Si on nommait une commission ? dit une voix. La proposition est trouvée bonne et l'assemblée nomme d'acclamation six commissaires qui vont immédiatement s'occuper de la recherche d'un local pour le Temple de la Raison. »

(1) Cette espérance était partagée par tout le monde. Le Curé de Vassens, près Coucy, ouvrit la fête par le chant du *Veni créator spiritus* et à la procession on chanta le *Te Deum* ; il fut dénoncé pour ce fait au Comité de surveillance révolutionnaire de Chauny, le 20 floréal (9 mai 1794).

(2) Cet article fut modifié par ordre de la Société populaire. « Séance du 16 prairial, an II ; présidence du citoyen Demarly. Un membre fait remarquer que si on mettait à exécution l'article en question cela pourrait causer de graves inconvénients parce que, sous prétexte d'aller couper des branches et des arbustes il pourrait se trouver que des malintentionnés allassent dans les forêts nationales faire toutes sortes de dégâts ; ledit membre demande qu'à la place de feuillages, les citoyens soient invités d'orner la façade de leurs maisons de fleurs le mieux qu'il leur sera possible. La proposition mise aux voix est adoptée et la Société arrête, de plus, qu'extrait du présent procès-verbal sera adressé tant au district qu'à la municipalité de cette commune. Pour copie conforme Demarly, vice-président ; Cagniard, vice-secrétaire. » (*Arch. de la Mairie.*)

femmes et filles, se trouveront sur la place à la même heure, parées des couleurs nationales, portant à la main des bouquets de fleurs(1). Les mères seront invitées à y amener leurs enfants. Les vieillards, qui ne peuvent prendre les armes, s'y rendront aussi : ils conduiront par la main les jeunes citoyennes dont les pères seront sous les armes ; des couronnes de chêne seront leur parure.

Les autorités constituées de la commune se réuniront toutes, à cette heure, à la municipalité. Le Français récompensant et honorant le courage et les belles actions : les militaires vétérans résidant dans la commune seront invités nominativement à la fête, ainsi que les citoyens Pierre, Jean-Pierre, que la Convention nationale a déjà récompensés pour avoir sauvé la vie d'une mère de famille et le citoyen Duriez qui a sauvé celle d'un petit enfant. A dix heures et demie précises, une salve d'artillerie annoncera le départ : la gendarmerie ouvre la marche ; un détachement de hussards suit ; la garde nationale borde la haie sans interruption ; une pièce de canon traînée par de jeunes enfants annonce que le Français a sonné l'heure du trépas des tyrans et que l'enfance elle-même peut conduire la foudre qui doit les renverser ; elle porte cette inscription : *Pour terrasser les tyrans et rendre l'homme libre.* Vient ensuite un brave sans-culottes, conduisant une charrue attelée de deux chevaux et ornée de fleurs et de feuillages ; elle est surmontée d'une bêche et d'un rateau et de divers instruments d'agriculture qu'un ruban tricolore réunit. On y lit ces mots : *L'agriculture nourrit l'État, le Français la respecte et la protège.*

Sur un petit chariot, traîné par des enfants, sont portés divers instruments d'arts et métiers et on y lit, au haut, cette inscription : *Le Français honore le travail.*

Vient enfin le groupe de militaires vétérans ; au milieu d'eux se trouvent les deux citoyens *Pierre Jean-Pierre* et *Duriez*, la tête couronnée de chêne ; un des militaires porte écrit sur une bannière aux trois couleurs, ces mots : *Le Français honore le courage et récompense la vertu.*

Une musique guerrière précède les autorités constituées ; une députation de la Société populaire ayant un drapeau sur lequel est peint l'œil de la Vigilance, symbole de celle qu'elle exerce sur les ennemie de la République et du peuple.

(1) Vite ! Que chacun se pare de myrte vert et des fleurs que le renouveau fait éclore !

> *Nunc decet aut viridi nitidum caput impedire myrto,*
> *Aut flore terræ quem ferunt volutæ.*

Vient encore une confusion fraternelle des membres de toutes les autorités constituées qui annonce la fraternité et l'union de tous les bons Français : les mères avec leurs filles viennent ensuite; à leur droite se trouvent les vieilards et les jeunes élèves de la patrie qu'ils conduisent.

Un détachement de hussards ferme la marche ; le cortège parcourt dans cet ordre les rues de la Réunion, de la Vérité, de Marat, de Guillaume-Tell, de Chaslier.

Arrivés sur la place, en face de l'arbre de la Liberté et sur l'amphithéâtre qui sera élevé sous son ombrage et garni de feuillages, pendant que le cortège se rangera autour, au bruit des tambours et de la musique, les citoyennes d'un côté, les vieillards de l'autre, les présidents des autorités constituées et ceux qui les composent se placeront autour de l'arbre et des bustes de Marat et de Lepelletier ; ils ceindront autour de l'arbre un ruban tricolore dont ils s'entoureront tous, en signe d'union ; ils poseront sur ces deux victimes de la tyrannie les couronnes de chêne qu'ils auront portées à la main pendant la marche, et après que les tambours auront battu un ban, ils feront divers discours analogues à la fête de l'Etre Suprême.

Ces discours terminés, une salve d'artillerie annoncera que la divinité va être invoquée par le peuple. A l'intant un hymne en son honneur sera chanté et le peuple en répétera les refrains.

L'hymne fini, le tocsin sonnera et le président du district et le maire, au nom du peuple, feront le serment de vivre libres ou de mourir et de maintenir la République une et indivisible, Toutes les voix répéteront le serment; une décharge d'artillerie enflammera aussitôt les républicains qui le prononceront, et ils y ajouteront celui d'exterminer les tyrans.

L'hymne marseillais sera chanté et les cris de : Vive la République et la Montagne (1), les embrassements fraternels qui se donneront, la confusion de toutes les pensées en une seule, tout annoncera que la divinité est satisfaite, que le peuple Français reconnoit son existence et qu'un peuple de frères doit être bientôt vainqueur des tyrans et heureux. On se retirera et l'après-midi sera employé aux amusemens et danses publiques. (*Arch. de la mairie.*)

(1) Nom qui fut donné à la fraction la plus exaltée du parti révolutionnaire dans la Convention parce qu'elle siégeait sur les gradins les plus élevés de la salle. Le parti de la Montagne domina longtemps dans la Convention, renversa celui des Girondins le 31 mai 1793 et fut renversé, à son tour, en même temps que Robespierre, le 9 thermidor an II. (Dictionnaire de Bouillet. Art. Convention.

Tel est le programme fameux que l'on suivit à Chauny pour la célébration de la fête de l'Être Suprême. Après avoir chassé Dieu de ses temples, après avoir assassiné ses prêtres, la Révolution daigne déclarer par l'organe de Robespierre, que « le peuple Français reconnaît l'existence de l'Être Suprême et l'immortalité de l'âme. » C'est flatteur pour l'Être Suprême ! Vit-on jamais pareil cynisme.

Après la fête dédiée à l'Être Suprême par la Convention, venaient les fêtes en l'honneur de la Nature, du Genre Humain, de l'Amour de la Patrie, de l'Amour conjugal, de la Jeunesse, de nos Aïeux, et les trente autres énumérées par le Moniteur du 8 mai 1794 ; sans compter celles que le Directoire inventa dans la suite (1).

La République donnait des fêtes à satiété, mais le peuple voulait autre chose : il avait faim, et il demandait du pain (2) et pour toute réponse on lui parlait de *jeûne patriotique, de carême civique* (3). Aussi n'est-il pas étonnant de voir les fêtes décadaires, un an même après leur institution, fort peu suivies et presque abandonnées par la grande majorité des habitants. Seuls, les fonctionnaires y assistaient assidûment, en compagnie de patriotes fanatiques et de quelques pauvres suspects à la recherche d'un certificat de civisme (4) et encore fallait-il souvent réchauffer leur zèle par de foudroyants arrêtés.

(1) Plusieurs membres du Directoire de Paris voulurent imposer une religion dite *théophilantrophie* ou culte philosophique, de leur invention, le peuple se moqua sans pitié de la théophilantrophie et des *théophilantrophes* qu'il appelait par calembourg *filous en troupe.*

(2) Le registre de l'année 1793-94 constate, en maints endroits, la grande disette de l'an II. Le 23 nivôse an III, des femmes sonnent la cloche d'alarme et demandent du pain... La force armée est obligée de sévir pour rétablir la tranquillité publique. Le 21 pluviôse « l'agent national dit : Pressés du matin au soir par les malheureux qui vous demandent du pain ; privés de tous moyens pour leur en procurer : telle est la douloureuse et trop véritable position dans laquelle vous vous trouvez. D'un côté vous ne pouvez plus vous attendre aux marchés ; le dernier vous offroit pour toutes ressources 14 setiers 1/2 de grains pour alimenter douze cents ménages, par conséquent plus d'espoir de le continuer... (Arch. de la mairie.)

(3) A la municipalité de La Fère revient l'honneur de cette invention.

(4) Sur les procès-verbaux de ces fêtes nous trouvons les signatures de ceux qui y ont assisté, et la mention presque toujours des absences motivées de certaines personnes, obligées, par état ou par ordre supérieur, de s'y présenter sous peine d'exil. Sur le procès-verbal de la *Fête de la juste punition du dernier Roi des Français* sont marqués comme absents : « Les citoyens Leroux et Le François, ex-ministres du culte ; les citoyennes Folly, Frennelet, Lebègue, Lesage, Quinquet, Souaille, ex-religieuses, pour cause de maladie. »

Le 10 floréal an IV, jour de la *Fête des Epoux*, la cérémonie devait commencer à 10 heures comme d'ordinaire, et le compte-rendu officiel nous dit qu'on a dû attendre jusqu'à midi qu'il arrivât du monde. Alors la troupe étant prête et le juge de paix, l'administration part en corps du lieu de ses séances pour se rendre sur la place, en face de l'arbre de la Liberté, faute de temps, pour élever un autel à la Patrie. Le président donna lecture de l'arrêté du directoire exécutif sur la Fête des Epoux et prononça ensuite un discours analogue à la fête. Signé Hébert, Lemaire, Poiret, Guillaume, Boutillier, etc. *(Arch. de la mairie.)*

Voici, tel qu'il est raconté dans le registre des délibérations du conseil municipal, le récit officiel de la *Fête de la Fondation de la République*. Ce récit et celui de la *Fête de la Souveraineté du Peuple*, que nous reproduirons ensuite avec la même exactitude, nous donneront une idée complète des fêtes de la Révolution.

### FÊTE DE LA FONDATION DE LA RÉPUBLIQUE

Le 1<sup>er</sup> vendémiaire an VII — 23 septembre 1798 — des salves d'artillerie annoncent, dès l'aurore, la solennité et l'on arbore les couleurs nationales. A 2 heures de l'après-midi, le président de l'administration, l'agent et l'adjoint de la commune ensemble, tous les corps judiciaires et fonctionnaires publics s'étant réunis en la salle des séances de la maison commune, se sont rendus sur la place, lieu du rassemblement général ; aussitôt une salve d'artillerie annonça l'ouverture de la fête.

Des jeunes gens à cheval ouvrirent la marche, la gendarmerie la ferma, et la garde nationale se rangea sur deux hayes ; suivirent plusieurs petites pièces de canon traînées par des enfants, la musique précéda les autorités constituées, vint ensuite une confusion fraternelle des membres des diverses autorités qui annonçait l'union de tous les François ; les vieillards et les jeunes élèves de la Patrie se trouvèrent à la droite des mères qui accompagnaient leurs filles parées d'habits blancs ou de couleurs nationales. Les instituteurs et les institutrices suivirent également leurs élèves. Les invalides vétérans et les invalides défenseurs de la Patrie, placés sur deux lignes, devançaient le cortège qui se trouvait entouré de l'universalité du peuple.

On parcourut, dans cet ordre, la commune entière, au son d'une musique qui inspirait une joie vraiment patriotique ; de retour sur la place vers les cinq heures, une salve d'artillerie annonça qu'on allait se rendre sur le lieu des promenades publiques où se trouvait élevé un autel de la Patrie artistement construit, orné de verdure, de guirlandes entrelacées de rubans tricolores et au milieu duquel était placée une déesse de la Liberté.

Quand on fut arrivé devant le susdit autel, la cavalerie et la garde nationale bordèrent les deux côtés de l'allée, les vieillards se rangèrent en demi-cercle près de l'autel au bruit des tambours et de la musique. Immédiatement après eux se placèrent les fonctionnaires publics, ensuite les instituteurs et les institutrices, leurs élèves et le groupe de jeunes filles suivies de leurs mères s'avancèrent dans l'enceinte ; tous étant placés suivant les dispositions de l'amphithéâtre qui avait été dressé, le commissaire par intérim requit la lecture de la loi et de l'arrêté du Directoire exécutif relatif à la fête du jour et le secrétaire après l'avoir faite à haute et intelligible voix, les tambours battirent un ban, puis, le président prononça un discours analogue à l'objet de la fête, par lequel il invitait tous les Français à se réunir dans un même esprit. Les passages suivants suffiront pour en faire connaître les tendances.

« Une constitution républicaine, symbole du bonheur, a succédé, enfin, à une constitution monarchique, source de tous les maux que nous avions éprouvés pendant tant de siècles d'esclavage. Le peuple entier a émis son vœu bien prononcé pour la forme du gouvernement républicain qu'il a adoptée.

« Je ne vous retracerai pas ici, Citoyens, le tableau des crimes que les partisans du royalisme et du fanatisme ont prodigués pour renverser ce gouvernement ; la *sensibilité* me commande de le dérober à vos regards, mais je me contenterai de vous dire que la divinité toujours tutélaire, à laquelle nous ne pouvons rendre trop d'actions de grâces, en lui payant le tribut de nos respectueux hommages et de notre gratitude, l'a fait constamment triompher de toutes les factions qui avaient profondément médité sa perte.

« Ouy, citoyens, tirons un voile funèbre sur les circonstances orageuses de la Révolution, que ce jour d'allégresse écarte loin de nous le souvenir de ces temps désastreux de calamité, de ces jours de deuil que nous avons *essuyés* : déposons sur cet autel tout ressentiment, toute prévention, toute inimitié, travaillons d'un commun accord à affermir les destinées de la République, sachons surtout que ce qui constitue un gouvernement républicain ce n'est pas seulement la victoire ni l'éclat des richesses, c'est la sagesse des lois, leur stabilité, la subordination et principalement la pureté des mœurs ; que si l'une de ces choses manque, il n'y a dans un Etat qu'erreur, orgueil, factions, cupidité et ambition ; bien loin alors de réprimer les vices, il ne fait que leur donner un plus libre cours ; pénétrons-nous bien que le principe fondamental d'une République et le ressort essentiel qui la soutient, c'est la vertu, qu'elle en est l'essence et qu'elle n'est autre chose que l'amour de la Patrie et de ses lois ; persuadons-nous, enfin, que ce sentiment sublime suppose la préférence de l'intérêt public à tous les intérêts particuliers, et que l'amour de la Patrie produit encore toutes les vertus qui ne sont que le courage de l'âme qui rend capable de tous les sacrifices.

« Que les crises passées, résultat sinistre de nos dissensions et de nos discordes, deviennent pour nous une impulsion qui nous porte à nous rallier et à ne former qu'une famille de frères ; que notre union, à laquelle nous ne pouvons attacher trop d'intérêt, ramène la force, la gloire et la splendeur de la République. »

Puis se tournant vers les vieillards, il dit :

« Et vous, honorables vieillards, qui oubliant la caducité de votre âge et le poids de vos infirmités, venez participer à la joie publique que cette fête auguste inspire à tout citoyen qui connaît le prix de la liberté ; que votre présence allume dans tous les cœurs le feu sacré du patriotisme ! que ne puisse-t-elle y vivifier les vertus civiques qui vous caractérisent et qui vous méri-tent notre vénération. »

Ensuite s'adressant aux groupes de jeunes gens des deux sexes :

« Vous, aimable et riante jeunesse, ne perdez jamais de vue que les vertus forment le citoyen, que ces vertus, fortifiées d'un invin-cible attachement aux principes républicains, propagent et perpé-tuent dans une nation ce grand caractère du peuple français, le premier peuple de l'univers ; ce n'est qu'en les pratiquant que vous pouvez fixer les regards et l'attention du public sur vous et vous rendre dignes de son estime. »

Après, adressant la parole aux autorités et fonctionnaires publics, il dit :

« Et nous, administrateurs, juges, à qui le peuple a confié diffé-rentes portions de son autorité, nous qu'il a investis de sa confiance, mesurons toute l'étendue de nos droits, songeons qu'en nous appe-lant à des fonctions publiques ce n'est pas seulement pour veiller à sa sûreté, à ses intérêts ; que ce n'est point assez de lui donner l'exemple de l'union et de la fraternité ; scellons donc, Citoyens, cette union par un serment solennel, vous le répéterez avec nous, un seul et même cri partira de tous les points de cette enceinte : vive la République ! »

Ce discours achevé, le plus ancien des vieillards, âgé de 86 ans, nommé Philippe Gosset, ex-religieux, homme philosophe par principe, d'un caractère invariable, autant recommandable par son érudition, ses vertus civiques et son attachement fortement prononcé pour le gouvernement, que respectable par son grand âge, a répondu au président ainsi qu'il suit (1) :

« Citoyen Président, étant doué comme vous l'êtes d'un jugement peu commun et d'une pénétration à qui rien n'échappe, j'ai prévu que votre attention s'étendrait jusqu'à la classe débile des anciens citoyens, recevez-en par mon organe nos *sensibles* remerciements ; nous sentons comme vous, Citoyen Président, tous les avantages du républicanisme ; pouvons-nous, en effet, nous rappeler l'histoire des Athéniens, des Spartiates et des Romains sans rougir de l'existence que nous avons traînée sous l'empire du despotisme ! Sous le règne du féroce Louis XIV, dépopulant le royaume et épuisant les finances par des guerres interminables, des proscriptions odieuses et mille somptuosités dictées par ses caprices et son orgueil ; sous celui du luxurieux Louis XV abruti dans l'ordure et la lubricité et à qui les trésors les plus abondants ne pouvaient suffire pour contenter sa brutale passion ; sous l'imbécile (Pouh !) Louis XVI gouverné par une harpie impitoyable qui, pour ne rien dire de plus, *envahissait* tout le numéraire de la France afin de le prodiguer à son insatiable frère, ah ! Français !..... j'ai porté les fers de ces trois tyrans ; sous eux ma plus belle qualité était celle de sujet, le seigneur de mon village me traitait de vassal et le plus petit gentillâtre m'appelait roturier. Suis-je donc né, me suis-je dit cent fois moi-même, suis-je donc né pour vivre dans l'opprobre, l'avilissement et le mépris ?

« Bénissons donc, Citoyens, bénissons ce jour fortuné, glorieux et à jamais mémorable où la nation s'élevant à la hauteur de son être, terrassant d'un seul coup jusqu'à l'ombre de la servitude, a sçu nous rendre la liberté, nous rappeler à l'égalité et nous donner la vraie noblesse qui est celle des généreux sentiments.

(1) Nous reproduisons avec répugnance cette tirade échevelée. Ce n'est pas de la sorte, l'écume à la bouche, la colère et le fiel dans les paroles, que doit haranguer un vieillard, un prêtre !

« Ainsi rendu tout entier à moi-même et devenant aussi grand qu'un Athénien, aussi fier qu'un Spartiate, aussi courageux qu'un citoyen Romain, je jure une haine éternelle à la Royauté et à l'anarchie et une fidélité inviolable à la consitution de l'an III. Vive la République ! »

A peine ce discours terminé, le président, s'approchant de ce vénérable octogénaire, le serrant dans les bras, lui donna l'accolade fraternelle ainsi que l'Agent, l'Adjoint de la commune et le Substitut du commerce. Ensuite se présentèrent plusieurs jeunes élèves à qui les instituteurs avaient préparé, à chacun, un discours laconique ; ils le rendirent avec ce ton d'assurance qu'inspire le génie de la Liberté et en reçurent des marques d'affection du Président qui leur donna le baiser d'amitié. A l'instant des cris réitérés de : vive la République ! se firent entendre de tous les points de l'assemblée ; un nouveau ban ayant été battu, on chanta l'hymne chéri des Marseillais, diverses autres chansons patriotiques et le *Chant du départ* que la musique accompagna.

On reprit alors l'ordre de la marche pour se rendre en la maison commune ; arrivés sur la place, une salve d'artillerie avertit du retour et, comme la nuit commençait déjà à succéder au jour, tous les assistants s'empressèrent, d'après l'invitation qui leur en avait été faite la veille, d'aller illuminer la façade de leurs maisons.

Vers les huit heures, un concours innombrable de citoyens ou plutôt la commune entière se porta vers l'autel de la Patrie, pour voir le feu d'artifice et les illuminations.


### FÊTE DE LA SOUVERAINETÉ DU PEUPLE (1).


Le 30 ventôse, an VII de la République, vers les onze heures du matin, le maire et le conseil municipal, l'agent et le commissaire du Directoire, tous les fonctionnaires de la ville, se réunirent à la mairie et, de là, se rendirent en corps sur la place. Une salve d'artillerie salua l'arrivée des magistrats et annonça l'ouverture de la fête. -- Je laisse parler le narrateur de l'an VII, son récit est des plus amusants :

Des jeunes gens à cheval, à défaut de troupes, se sont rangés en haye ; vingt vieillards, tenant une baguette blanche à la main

---

(1) Abstraction politique que les bonnes gens de Chauny redoutaient ou ne comprenaient nullement. — Cette fête n'était, au fond, qu'une réunion électorale destinée à patronner les candidats du gouvernement républicain.

ouvraient la marche ; devant eux quatre adolescents portaient, chacun, un écriteau : sur le premier on lisait l'article 17 des Droits de l'homme et du citoyen, sur le second, l'article 2 du Code constitutionnel ; sur le troisième, l'article 19 de la Déclaration des Droits de l'homme et du citoyen, et sur le quatrième, enfin, l'article 376 de la Constitution ; à la suite des vieillards, marchèrent ceux des fonctionnaires publics qui avaient été élus dans les assemblées primaires et communales, ensuite les instituteurs publics et leurs élèves. Les invalides vétérans et les défenseurs de la Patrie invalides, précédèrent et suivirent le cortège qui se trouvait entouré de l'universalité du peuple.

L'ordre de la marche ainsi réglé, on parcourut toute la commune, au son d'une musique qui inspirait une joie frénétique.

Revenu sur la place, on se rendit sur le lieu des promenades publiques, où se trouvait élevé un autel à la Patrie, orné de verdure, et au-dessus duquel flottait un drapeau tricolore, attaché à un arbre de liberté, où étant arrivés, les jeunes gens qui portaient les écriteaux, allèrent les planter des deux côtés de l'autel, les vieillards se rangèrent en demi-cercle devant cet autel ; immédiatement après eux, se placèrent les fonctionnaires publics, les instituteurs et leurs élèves ; les vieillards s'avancèrent, ensuite, au milieu de l'enceinte et réunisant leurs baguettes, en formèrent un faisceau qu'ils lièrent avec un ruban aux couleurs ; un des vieillards monta sur les degrés de l'autel de la Patrie et adressa aux magistrats des phrases énoncées en l'arrêté du Directoire exécutif du 28 pluviôse, qui font connaître le motif du rassemblement, tendant à se pénétrer de l'importance du choix qu'on devait faire le lendemain.

Le Président de l'Administration, principal fonctionnaire public dans l'ordre constitutionnel, fit une réponse également exprimée audit arrêté, par laquelle il fit sentir qu'en effet la durée, la conservation et la prospérité de la République dépendaient absolument de la sagesse du choix dans les assemblées primaires et électorales : aussitôt après un ban a été battu, et le commissaire du Directoire exécutif prononça un discours très énergique, analogue à la fête et dont la teneur suit :

« La fête qui nous rassemble est la plus importante que nous ayons à célébrer. Elle a pour but de préparer le peuple à l'acte le plus solennel de sa Souveraineté ; celui d'exercer ses droits par lui-même.

Ce n'est point à des délégués qu'il va confier le soin de

son bonheur ; c'est lui-même, c'est sa propre volonté qui doit
l'assurer.

» Oui, citoyens, c'est de vous seuls qu'il dépend d'être heureux ;
prononcez-vous fortement pour le maintien du gouvernement que
vous vous êtes donné. Réunissez-vous avec vos magistrats fidèles,
pour l'affermissement de la République ; ne formez qu'un seul
faisceau et vous verrez bientôt la paix, la tranquilité se rétablir, le
commerce refleurir, les arts et l'industrie renaître et vos jouissances
particulières se fonder sur la félicité générale. Alors que les membres sont en harmonie avec le corps il n'y a plus de crises, plus
d'agitations à craindre ; alors que le vaisseau est conduit du même
accord, il arrive sûrement au port.

« Ecartez donc, citoyens, de votre gouvernement tous les éléments
hétérogènes ; éloignez des fonctions publiques les hommes à partis,
les hommes d'opinions opposées et vous vous préserverez des
secousses, des malheurs qui ont failli entraîner la ruine de la
République. Que l'exemple du passé vous instruise...

» Vous ne choisirez que des citoyens modestes, probes, vertueux,
qui se sont constamment et par principe attachés au Gouvernement
et dont la conduite, toujours basée sur la modération, la justice et
l'impartialité, vous garantira l'usage qu'ils feront de votre confiance
et les soins qu'ils prendront pour la mériter. Ils seront les vrais
défenseurs de vos droits, les soutiens assurés de vos intérêts, ceux
que la sollicitude du Directoire, son amour pour le bien public et
son attachement inébranlable à la République vous désignent dans
les proclamations qui vont être lues. »

Ce discours achevé, des cris de : vive la République ! retentirent
dans les airs, un nouveau ban a été battu ; ensuite le secrétaire de
l'administration fit lecture de la proclamation du Directoire exécutif,
relative aux élections, et du rapport des évènements de Rome,
après quoi on chanta la *Marseillaise* et diverses autres chansons
patriotiques que la musique accompagna.

Le cortège retourna ensuite dans le même ordre, excepté que les
jeunes gens qui portaient les inscriptions prirent, au retour, le livre
de la Constitution qui avait été placé sur l'autel de la Patrie et
précédèrent les magistrats qui marchèrent eux-mêmes devant les
vieillards : il est à observer qu'un ex-prêtre, âgé de 80 ans, nommé
Philippe Gosset, citoyen respectable tant par sa philosophie, ses
lumières profondes, que par ses vertus civiques et ami bien prononcé
du gouvernement, se fit un honneur insigne de porter le faisceau des
baguettes des vieillards ; il est également à remarquer que, depuis

l'époque de la Révolution, aucune fête ne fut célébrée avec plus de
pompe, un plus grand concours de monde, plus d'enthousiasme et
d'allégresse ; elle n'étoit pas environnée de ce prestige superstitieux
qui accompagna si souvent les fêtes précédentes ; il semblait aussi
que l'Être Suprême vouloit embellir la fête par la disposition d'un
temps calme et brillant et par la douce chaleur que répandoient les
rayons bienfaisants du grand Astre ; enfin, on arriva devant la porte
de la maison commune ; une nouvelle salve d'artillerie se fit
entendre ; aussitôt après, le Président a annoncé que la jeunesse
étoit invitée à se réunir sur le rempart, à deux heures de l'après-
dîner, pour y danser au son de divers instruments, ensuite on s'est
séparé par des cris mille fois réitérés de : vive la République ! et, à
deux heures, la jeunesse s'est rendue aux Promenades où elle s'est
livrée à la danse et à différents jeux et amusements, jusqu'à la fin du
jour.

## CHAPITRE V

RÉOUVERTURE DES ÉGLISES ; RÉTRACTATION DES PRÊTRES
CONSTITUTIONNELS ; DERNIÈRE PERSÉCUTION DITE DE
L'AN VI ; AVÈNEMENT AU TRONE DE NAPOLÉON I<sup>er</sup> ET
RÉORGANISATION OFFICIELLE DES PAROISSES DE LA VILLE.

Nous pourrions, après le chapitre des fêtes, donner, comme pendant, le chapitre des malheurs de la Révolution, mais ce sujet nous
entraînerait trop loin ; du reste, notre travail tout entier n'est pour
ainsi dire, qu'un long récit des misères de cette époque.

Nous ne mentionnerons donc ni les procès-verbaux dressés contre
de pauvres femmes qui demandent du pain (1), ni les suppliques
des prêtres, des religieux et des religieuses qui réclament leur pension légale ; ni même les pétitions des contribuables, écrasés sous
le poids des plus lourds impôts (2); fort heureusement ces jours né-
fastes ne durèrent pas trop longtemps.

A la chûte de Robespierre (28 juillet 1794), la Convention revint

(1) V. *Arch. de la mairie et de la justice de paix de Chauny ; passim.*

(2) Parmi ces pétitions, il en est de très-touchantes ; ainsi, celle qui porte le
n° 49 et le nom du citoyen Visbecq « remontre à MM. les officiers municipaux,
que, depuis deux ans, son état de perruquier étant tombé totalement par le peu
de cas des assignats et la chèreté de poudre et savon, que n'étant payé que de
valeurs nominales, il se trouve que de vingt personnes qu'il accommode par jour
il ne reçoit par an que vingt louis et qu'il s'en trouve de qui il ne reçoit rien. »
Le n° 54 « J.-B. Démangeot, ci-devant religieux, citoyen de la ville de Chauny,
porté sur le rôle de l'emprunt forcé pour payer la somme de 900 livres en numéraire, expose que c'est sans doute par erreur qu'il est ainsi taxé, et qu'autrement

peu à peu à des sentiments plus modérés et plus sages : elle chassa les terroristes des emplois publics, rendit la liberté aux prisonniers politiques, autorisa l'exercice de la religion catholique dans les églises non aliénées (1). On se reprit à respirer librement, après avoir dû comprimer pendant les tristes jours de la terreur, les plus nobles et les plus impérieux élans de l'âme. « Que le christianisme » semble doux, s'écriait alors le publiciste Mercier, après la mo- » rale d'un Robespierre, d'un Marat et de leurs consorts ! Combien » nous avons besoin qu'on nous parle du Dieu de la paix, après » tant de scènes sanglantes et effroyables ! »

Dieu retrouvait, il est vrai, un certain nombre de ses temples et de ses ministres, mais en quel état les retrouvait-il !

A Chauny, les deux églises paroissiales étaient encore debout, mais elles avaient perdu, toutes deux, et la flèche de leur clocher et leurs plus belles cloches, et les vitraux et les ferrements de leurs fenêtres, et leur dallage et même quelques-unes de leurs pierres tombales (2) ; les toits faisaient eau partout ; des riches revenus des deux fabriques, il ne restait plus que le souvenir !

ce serait la plus cruelle dérision d'imposer comme riche un homme dépouillé de son état et de ses biens et réduit à la misère. La nation lui a fait une pension alimentaire de mille francs par an, il est notoire que, depuis plus de deux ans, mille livres en assignats n'ont pu suffire à l'entretien d'un homme pendant un mois et cependant on lui a retenu près de 400 livres sur sa pension l'année dernière et voilà six mois qu'il n'a rien touché. Il est à la connaissance de tout le monde qu'il n'a rien gagné à la révolution : mis par acte arbitraire en arres- tation pendant 17 mois, on a enlevé de chez lui, en son absence, beaucoup de meubles dont une très-petite partie lui a été restituée. »

Le n° 75 « veuve David déclare que bien loin d'avoir fait un bénéfice depuis la révolution, son commerce a été réduit à rien par la loi du maximun. »

Le n° 77 « Charles Bucquoy, apothicaire à Chauny, affirme ne posséder aucune propriété foncière et n'avoir, pour sustenter une femme et deux enfants, que son état de pharmacien duquel il ne fait pas pour vivre, depuis 18 mois qu'il n'y a pas de malade, au point qu'il a dû, cette année, avoir recours à la bourse de ses parents pour avoir du blé ; établi depuis la révolution, il n'a pas gagné, au contraire. »

Le n° 158, J.-B. Pauquy dit « que, par la loi du maximun, il a perdu les fonds qu'il avait dans son commerce ; qu'il y a au moins deux ans qu'il a fermé sa boutique ; qu'il ne vit plus. »

Sur la pétition de Claude Lecomte (n° 450) nous lisons « vous me demandez l'état de mes richesses ; eh bien, je suis sans pain, sans argent, sans marchan- dises ; depuis trois ans que je travaille pour la république, je m'y suis ruiné. »

(1) Lecointe avait hardiment déclaré à la tribune de la Convention qu'un peuple sans religion, sans culte, sans Église, est un peuple sans patrie et sans mœurs, qui s'expose nécessairement à la servitude ; que le mépris de la religion avait ruiné la monarchie française et que tel serait le sort de tout peuple dont la législation ne reposerait pas sur la base immuable de la morale et de la religion.

(2) On en voit encore quelques-unes servant de marches à des maisons parti- culières de la ville.

Et le gouvernement, cause de ces désastres, déclarait, en autorisant la réouverture des églises, « ne vouloir prendre à sa charge ni les édifices religieux ni les ministres du culte. » Il fallait se taire après avoir été spolié, sali de la manière la plus inique et la plus sacrilège ! on se tût, et les deux paroisses rivalisèrent de zèle pour relever leur église et pour subvenir dignement à l'entretien de leurs prêtres (1).

Dépouillés de leurs biens, chassés de leurs maisons saintes, les pauvres prêtres, que nous allons trouver à la tête de nos églises, s'étaient réfugiés dès le commencement de la révolution, sous le toit paternel.

Ils vivaient chez eux, en paisibles et honnêtes citoyens, donnant à leurs compatriotes l'exemple « de la bienfaisance et des vertus civiques. » — Le gouvernement ombrageux de la terreur, faisait payer cher son hospitalité! Il ordonnait « aux cy-devant prêtres » de se présenter aux fêtes patriotiques, de prêter des serments sacrilèges, de livrer leurs lettres de prêtise. Les prêtres de Chauny avaient subi toutes ces humiliations... Aussi les voyons-nous, lors de la réouverture légale des églises, lire, avec larmes, la formule suivante de pardon et de profession de foi (2) :

« Avant de me revêtir des habits sacerdotaux, avant de remonter à l'autel, pour y reprendre les fonctions du saint ministère, je vais, M. F., soulager ma conscience d'un poids sous lequel elle gémit depuis longtemps et réparer autant qu'il est en moi et dans toute l'amertume de mon cœur, le scandale de deux fautes graves dont je me suis rendu coupable dans ces derniers temps.

« Vous savez qu'à une certaine époque j'ai été soumis à la prestation d'un serment qui avait pour objet la nouvelle constitution donnée au clergé de l'église de France. Mieux instruit aujourd'hui par les suites et les conséquences d'un pareil serment que je l'étois alors pour les raisons et les motifs qui m'y avaient déterminé, il est de mon devoir de vous faire connoître le changement de mes opinions religieuses et les sentiments intérieurs qui m'animent actuellement. Pour cela je révoque l'adhésion que j'ai donnée par mon serment à la constitution du Clergé, je blâme et condamne tous les cultes qui s'en sont suivis, et par lesquels j'ai méconnu l'obéissance

(1) Voir notre petite notice historique : *Chauny et son église Notre-Dame pendant la révolution de 93*. Br. in-18, raisin, 1871. p 79.

(2) Cette pièce est manuscrite ; elle porte la date de l'an III ; elle est intitulée : « *Rétractation du serment prêté sur la constitution civile du clergé et condamnation de la tradition des lettres de prêtrise avec une formule de profession de foi*. (Arch. de N.-D.)

que je devois à mes supérieurs légitimes ecclésiastiques et me
suis séparé de leur communion et de celle de l'Eglise Catholique.

« Que cette révocation que je fais sous les auspices et la protection des lois du gouvernement qui accordent et sanctionnent la liberté des opinions religieuses, que cette révocation, dis-je, ne soit,
pour personne d'entre vous, un sujet de suspecter mes sentiments
civiques, mon obéissance et ma soumission à ces mêmes lois. Toujours, M. F., j'ai donné et ne cesserai de donner cet exemple
comme citoyen françois et membre de la société. Les vœux les plus
ardents de mon cœur seront toujours pour la prospérité et le salut
de la Patrie ; la révocation que je viens de faire ne regarde donc
que les articles de la Constitution qui sont liés par le spirituel et
contraires aux lois de l'église, à ses juridictions et à la discipline
établie par les saints conciles. Quant aux objets purement tempo-
rels, aux règlements du gouvernement civil, je les respecte, je m'y
soumets et invoque en témoignage de mes dispositions à cet égard
l'acte de soumission qui m'a été décerné en exécution de la loi, par
la municipalité de cette commune.

« Une autre faute non moins grave que je dois également réparer
est celle que j'ai commise en livrant mes lettres de prêtrise. Je ne
vous rappellerai point les circonstances de cet évènement qui semble-
raient m'excuser aux yeux d'une prudence charnelle, mais qui ne
peuvent me justifier aux yeux de la religion ni à ceux de ma conscience ; je sais que le caractère sacré dont j'ai été révêtu par le sacrement de l'Ordre n'est point attaché à ces lettres testimoniales ;
mais puis-je me dissimuler que cette tradition n'a été exigée qu'en
haine de la religion, qu'en signe de mépris et d'abdication des
fonctions que j'exerçais? Ma faiblesse ou plutôt ma lâcheté est
donc tout à fait inexcusable, puisqu'en accédant à la remise de mes
lettres, j'ai donné lieu à croire que je pensais comme mon ennemi
et que j'approuvais ses intentions. Au lieu de devenir, par ma trop
grande faiblesse, un sujet de chute et de scandale, que n'ai-je été
plutôt, M. F., assez ferme, assez courageux pour payer d'un refus
inébranlable la demande qu'on me faisait ! Que ne me suis-je rappelé, dans ce moment de trouble et de terreur, que les prêtres
étaient de la race des martyrs et la crainte n'eût pas été victorieuse
de cette fermeté qui caractérise un vrai ministre de la religion !
Mais, mon Dieu ! qu'est-ce que l'homme lorsque, par un jugement
toujours d'accord avec votre justice, vous le privez du secours de
votre grâce, pour l'abandonner à l'expérience de sa propre fai-

blesse! Quel exemple frappant vous nous donnez de cette faiblesse humaine en la personne du chef des apôtres de votre église !

» Cette faute, je vous l'avoue, agite ma conscience des remords les plus vifs et les plus cuisants. Elle me laisserait sans consolation si je ne pouvais vous attester, en présence de celui qui sonde les cœurs et les reins, qu'alors même que je l'ai commise, mon intention n'a point été d'abdiquer les fonctions du sacerdoce et encore moins d'apostasier directement ou indirectement la religion dans laquelle j'ai eu le bonheur de naître.

» Si Dieu pardonne miséricordieusement à celui qui se repent, j'ai cette confiance qu'il m'a fait grâce et c'est pour la mériter que j'ai eu recours à la puissance des clefs de mes supérieurs légitimes ecclésiastiques auxquels j'ai fait un sincère aveu de toutes ces fautes et desquels j'ai reçu la grâce de l'absolution. Priez pour moi, M. F., afin qu'il me soit propice et favorable surtout en ce moment où je vais immoler la victime de notre salut et participer aux redoutables mystères. Demandez-lui pour moi que le regret que j'ai d'avoir été séduit et vaincu me rende, par la suite, plus attaché à la vérité et plus fort à l'avenir et que la honte de mes chutes me donne un nouveau sujet de courage et de foi.

» Mais ce n'est pas assez, pour l'acquit de ma conscience, de cette réparation ; tout chrétien et à plus forte raison un ministre de la religion doit rendre témoignage de sa croyance. C'est pour satisfaire à cette obligation que je vais, par une profession publique, vous faire connoître la pureté de ma foi et sa consanguinité avec celle de toute l'Eglise catholique.

» Je crois donc que l'Eglise est l'assemblée des fidèles qui, sous la conduite des pasteurs légitimes, dans l'unité d'obéissance à ces mêmes pasteurs, la profession d'une même foi, l'observation d'un même culte et la participation aux mêmes sacrements, forment un corps dont Jésus-Christ est le chef invisible et le Pape, le chef visible.

» Je crois de cœur et d'esprit tout ce que croit et enseigne l'Eglise catholique, apostolique et romaine. J'espère, avec l'aide de Dieu, professer toute ma vie la doctrine qu'elle enseigne et telle qu'elle a été définie par les Conciles œcuméniques.

» Le fils de Dieu ayant voulu que son Eglise fût une et solidement bâtie sur l'unité, a élevé saint Pierre au-dessus des autres apôtres, en lui donnant d'une manière plus spéciale les clefs du royaume des cieux et en l'établissant la pierre fondamentale de son Église : « tu es Pierre et sur cette pierre j'établirai mon Église ». Je crois, par ces paroles, avec toute l'Eglise catholique à la primauté du prince des apôtres et de ses successeurs. Je crois qu'en vertu de cette primauté, la Chaire dans laquelle ils président est devenue, pour tous les chrétiens, un centre nécessaire de réunion et qu'on ne peut prouver qu'on appartient à l'Église de J.-C., qu'autant qu'on communique avec le Saint-Siège apostolique.

» Je condamne toutes les erreurs et nouveautés que l'Eglise condamne. J'abhorre les actes de schisme, les impiétés, les blasphèmes et les excès sacrilèges dont se sont rendus et se rendent encore coupables une foule de chrétiens de tout sexe et de tout état.

» La religion dont je suis ministre commande d'obéir aux puissances: à l'exemple des premiers chrétiens et des fidèles de tous les temps, je me ferai toujours un devoir d'être soumis aux lois du Gouvernement, de prier pour la Patrie, de m'intéresser à sa prospérité, de respecter l'autorité publique et d'inspirer les mêmes sentiments aux fidèles qui m'accorderont leur confiance et qui sont confiés à mes soins. Tels sont mes sentiments de foi, de religion dans lesquels je désire, avec la grâce du Seigneur, vivre et mourir. Ainsi-soit-il. »

Les prêtres de Chauny, absous et réconcilés, se mirent à desservir, avec l'approbation de leurs supérieurs, les paroisses de la ville. Voici leurs noms, ainsi que ceux des autres prêtres du canton (1) :

| NOMS ET PRÉNOMS<br>des Ministres du Culte. | LIEUX DE L'EXERCICE<br>de leurs fonctions | COMMUNES<br>sans Ministres du Culte. |
|---|---|---|
| Pierre Deleau. . . . | Abbécourt. | |
| Jean Rollepot. . . . | Bichancourt. | Béthancourt. |
| Laurent Meusnier. . | Amigny-Rouy. | Caumont. |
| J.-B. Bourdon . . . | | Condren. |
| Nicolas Michaux . . | | Commenchon. |
| Phillippe Gosset . . | Chauny. | |
| Pierre Jorest. . . . | | |
| J.-B. Demangeot. . | | |
| Jean Estienne. . . . | Caillouël. | |
| J.-Claude Feuillet. . | Guivry. | |
| Etienne Bosset. . . | Manicamp. | |
| Eloy Fortin. . . . . | Marest. | « Leroux, ex-ministre du Culte. |
| A.-F. Graux . . . . | Neuflieux. | |
| J.-B. Courteville . . | Quierzy. | |
| J.-B. Henry . . . . | Sinceny-Autreville (2) | |
| Pierre Le Roy . . . | Ognes. | |
| P.-L. Lefrançois . . | Vouël. | |
| Pre-Louis Rabœuf. . | Viry. | |

(1) V. État du clergé de Chauny et du canton, en 1790, et comparer les deux tableaux.

Voici le procès-verbal de la réouverture de l'église d'Ognes.

(2) Jean-Marie Deuillin, curé de Pierremande, dépose à la municipalité de Chauny se déclaration de curé d'Autreville.

A peine avait-on réouvert les églises que le peuple s'y porta en masse et déserta les fêtes de la Convention. La municipalité se vit même obligée d'enjoindre aux fonctionnaires de se rendre aux réunions du décadi (1).

La même réaction se produisit partout; aussi le gouvernement, voulant en connaître les auteurs, demanda à toutes les municipalités une réponse aux questions suivantes et cela dans les 24 heures (déc. du 24 prairial, an III. — 2 juillet 1795).

1" Question. — Les ex-prêtres de votre enclave se montrent-ils soumis aux lois, amis de l'ordre et de la tranquillité ?

2ᵉ Question. — L'exercice du culte n'a-t-il jamais été la cause ou le prétexte d'aucuns propos ou mouvements séditieux ?

3ᵉ Question. — Ceux qui célèbrent le culte dans les ci-devant églises ont-ils déposé, à la municipalité, leur soumission d'être fidèles aux lois de la République ?

4ᵉ Question. — Existe-t-il des prêtres insermentés ?

5ᵉ Question. — N'est-il rentré au milieu de vous aucun émigré ou prêtre déporté ?

6ᵉ Question. — Des étrangers se sont-ils établis depuis peu ? Depuis quand ? D'où viennent-ils ?

7ᵉ Question. — La disette de subsistances a-t-elle donné lieu à quelques rassemblements contraires à la protection due aux personnes et à la propriété, ou à quelques propositions tendant au rétablissement de la royauté ?

8ᵉ Question. — La cocarde a-t-elle été méprisée ?

9ᵉ Question. — Les arbres de liberté sont-ils respectés ?

10ᵉ Question. — Quelle est la conduite des fonctionnaires publics destitués depuis le 9 thermidor et de ceux qui, sous le règne de Robespierre, ayant été employés ou par le gouvernement ou par des autorités, à des commissions momentanées, se sont montrés partisans des principes de la tyrannie?

A la 1" et 3ᵉ question la municipalité de Chauny et les autres mu-

---

(1) Jour de repos des républicains. La décade comprend dix jours ; le cinquième (demi-décade) est consacré à un animal : *cheval, âne, bœuf, oie, dindon, faisan, etc.* ; le dixième à un instrument aratoire : *cuve, pressoir, tonneau ; charrue, herse, rouleau, etc...*

La Terreur qui pouvait tout en France n'a jamais pu forcer le paysan à remplir la décade parcequ'il y a, dit Châteaubriand, impuissance dans les forces humaines et même, comme on le remarque, dans les forces des animaux. Le bœuf ne peut labourer neuf jours de suite : au bout du sixième ses mugissements semblent demander les heures marquées par le Créateur pour le repos général de la nature. L'enfant, le pauvre, l'ouvrier, c'est-à-dire les quatre-vingt-dix centièmes de la société, désirent, appellent le septième jour.

nicipalités des communes du canton (1) répondirent affirmative-
ment.

Aux 2', 4', 5' et 6' questions, R. « non. »

Aux 7' et 8' questions, R. « non » (2).

A la 9' question, R. « étant mort, est tombé par le vent » Amigny,
Béthancourt et Marest. - « L'arbre de la liberté, répond la municipalité de Sinceny, ayant été abattu la nuit, nous en avons cherché
les auteurs, mais il nous a été impossible de les découvrir ; en conséquence il a été arrêté, en la séance du 26 germinal, an II, qu'il en
seroit replanté un autre aux frais de la commune. » Bichancourt
fait la même réponse ; — Manicamp répond « oui ; celui qui avait
été planté au commencement de la Révolution a été reconnu mort ;
avons remplacé ce mort par un vivace accompagné de la garde
nationale ; procès-verbal a été dressé et envoyé au district de
Chauny. »

A la 10' ; réponse unanime : « nous n'en connaissons aucun dans
notre commune. » Chauny ajoute « il n'y a que le citoyen François-
Nicolas Chollet qui parut avoir adopté les principes de la tyrannie,
par sa correspondance avec les chefs ; il a été destitué après le
9 thermidor de sa place d'agent national du district. »

L'enquête avait été généralement favorable « aux ministres
du culte ; aussi toutes les administrations se montrent-elles
fort indulgentes pour eux et ne leur demandent que le serment
d'obéissance aux lois de la République, prescrit par le décret du
2 prairial, an III.

La trève ne fut malheureusement pas de longue durée, car le

(1) La municipalité de Manicamp ajouta cette note : « Etienne Bosset, ex-
prêtre, a rétracté de maintenir la constitution civile du clergé, mais il n'a pas
rétracté sa soumission aux lois et à la nation ; a rétracté celui de liberté et d'é-
galité, mais s'est présenté devant nous le 18 floreal et a dit qu'il n'a entendu lui
donner aucune application nuisible aux effets civils que doit produire le serment ; sa rétractation n'est donc point pour troubler l'ordre qu'il a toujours respecté par une conduite tranquille. Les femmes ont voulu exercer leur culte dans
la ci-devant église avant la promulgation du décret du 11 du mois dernier, mais
il n'y a pas eu de mouvements séditieux. »

(2) La municipalité de Béthancourt dit : « Quoique la disette de subsistances
ait été bien grande dans notre commune et que la plus grande partie des habitants se soit trouvée dans l'indigence, il n'y a eu ni trouble ni cris séditieux. »
Ibid. Commenchon et Condren. — Celle de Chauny fait remarquer « qu'au mois
de... lors de la mission du représentant du peuple Loiseau en cette commune
pour l'approvisionnement de Paris, il y eut un rassemblement qui fut dissipé
à la voix des magistrats ; il n'en est résulté rien ni aucune provocation à la
royauté. »

Directoire (1) effrayé des progrès que faisait, parmi le peuple, la
religion catholique, lança contre ses ministres, les plus ardents de
ses agents de haut et de bas étage et, sous le faux prétexte de complot
royaliste, réouvrit l'ère des persécutions. Les prêtres émigrés qui
étaient rentrés en France, durent reprendre le chemin de l'exil ; de
ce nombre furent Godefroy Macqueret, curé de Bichancourt ; Fran-
çois-Nicolas Sauvage, curé d'Ognes ; J.-B. Legrand, curé d'Abbécourt ; Coudun, curé de Caumont. Les missionnaires, envoyés par
les évêques de Soissons et de Laon dans le département pour recevoir l'abjuration des prêtres et des fidèles, furent littéralement
traqués par les émissaires du gouvernement. Vingt fois, le vénérable
M. Billaudel, qui évangélisait l'ancien district de Chauny, fut sauvé
par les braves gens des campagnes. Ah ! c'est qu'alors, le peuple était
fatigué des sinistres folies de la Révolution et pleurait son antique
religion et ses prêtres. « Une particularité touchante prouve, dit M.
Fleury (2), la vénération et l'amour que les habitants de certains
villages portaient à leurs prêtres. Lorsque les gendarmes apparurent
à Amigny-Rouy pour se saisir de l'abbé Meunier convaincu d'avoir
rétracté le serment de haine à la royauté, ses deux sœurs sortirent
de leur maison en appelant du secours à grands cris. Au bruit,
toutes les femmes du village accoururent, s'ameutèrent et arrachèrent
leur curé aux mains des gendarmes qu'elles eussent mis en pièces
s'ils ne s'étaient hâtés de fuir. Sur la réquisition de l'accusateur
public près le tribunal criminel de Laon, des troupes marchèrent
sur Amigny ; mais le prêtre s'était déjà livré aux persécuteurs pour
éviter de grands malheurs à ses fidèles paroissiens et il partait pour
Rochefort, en même temps que l'accusateur public mandait à Laon
les officiers municipaux et les menaçait de poursuites, parce qu'ils
n'avaient ni paru pendant l'émeute féminine, ni aidé à ce que force
restât à la loi. » Le même auteur (loc. cit.) nous apprend que « vers
le mois d'août 1796, l'abbé Bosset, ancien curé de Manicamp, fut

(1) Avant de se retirer des affaires, la Convention avait rédigé la Constitution,
dite de l'an III, qui créait un Directoire chargé du pouvoir exécutif et deux
Conseils, celui des Anciens et celui des Cinq-Cents, revêtus du pouvoir législatif. Cette Constitution réduisit le nombre des districts, supprima les Comités de surveillance et les Sociétés populaires ; Chauny perdit son district.

Le Directoire fut installé le 13 brumaire an IV ( 4 nov. 1795) c'est une époque
de transition, de l'anarchie à l'ordre, de la République à l'Empire. Bonaparte le
renversa dans la célèbre journée du 18 brumaire en VIII (9 nov. 1799. La République finissait par une banqueroute après avoir dépensé l'énorme capital de six
milliards.

(2) Le *Clergé du département de l'Aisne pendant la Révolution*, t. II
ch. XIX.

arrêté en pleine église après avoir rétracté son serment de 1791 et celui de Liberté et d'Egalité ordonné par la loi de 1792. » Il fut déporté à l'Ile de Rhé. En son absence « l'instituteur de Manicamp, Jean-Simon Tellier, exerça le culte dans la paroisse » (1).

Les autres prêtres du canton considérant comme purement politique le serment de haine à la Royauté prescrit par le gouvernement, vinrent le prêter à la mairie de Chauny, le 25 fructidor, an v (2).

Le 11 pluviose vi (30 janv. 1798) elle publie l'arrêté suivant, relatif à l'observation du *decadi* :

1° La célébration des décades sera strictement observée dans toutes les communes du canton de Chauny.

2° Il est fait expresse défense à tout marchand et autre particulier quelqu'il soit de vendre et d'étaler, les jours de *decadi*, dans les rues et places publiques, aucune espèce de marchandise de quelque nature que ce puisse être. Les travaux publics seront aussi suspendus ce même jour, excepté les cas déterminés par les autorités constituées.

3° Les marchés qui se tenoient dans la commune de Chauny les

(1) Chaque « prêtre-jureur » devait afficher une copie de son serment dans l'église qu'il avait déclaré vouloir desservir. Dans la séance du 8 brumaire, an VI, le conseil municipal nomma quatre commissaires pour « se rendre dans toutes les communes du canton et vérifier, en présence de l'agent de la commune, si les copies de serment sont affichées dans les édifices consacrés au culte. » — Le 15 brumaire suivant, an VI, lesdits commissaires certifient « que dans les édifices destinés au culte des communes de Chauny, Abbécourt, Amigny-Rouy, Béthancourt, Bichancourt, Caillouël, Guivry, Manicamp, Marest, Neuflieux, Ognes, Quierzy, Sinceny-Autreville, Viry-Noureuil, Vouël et Caumont, deux copies du serment conforme à ce qui est prescrit par l'arrêté du département du 24 vendémiaire, signées des ministres du culte et du secrétaire de la municipalité, sont affichées — Que dans la commune de Condren, où il n'y a pas de ministre du culte, pareilles copies de serment sont signées par Pierre Baudoin et François-Quentin Gronnier, qui en remplissent les fonctions et signées encore dudit secrétaire. — Que dans la commune de Commenchon, ils n'ont trouvé aucune copie de serment, attendu qu'il n'y a pas de ministre du culte ni personne qui en fasse les fonctions ce qui est à leur convenance, et ce qui d'ailleurs leur a été confirmé par l'agent. » (*Arch. de la Mairie.*)

Le 22 brumaire, an VI, les agents déclarèrent, de plus, tous individuellement, qu'il n'existait dans leur commune aucun prêtre sujet à la déportation, qu'il n'étoit point à leur connoissance qu'aucun desdits prêtres ait rétracté ou modifié les serments par eux prêtés, conformément aux lois. » (*id.*)

(2) *Arch. de la Mairie.* Le même registre qui porte la déclaration de l'instituteur de Manicamp, contient également celle du « citoyen Jean-François Bertrand, ministre du culte catholique à Barisis, canton de Saint-Gobain, déclarant vouloir exercer les fonctions du culte catholique à Amigny-Rouy. » 10 ventôse an IV (28 fév. 1798.)

mardi et Vendredi de chaque semaine de l'ancien calendrier, ne pourront, à l'avenir, avoir lieu le décadi ; l'administration centrale est invitée, attendu l'importance des marchés de la commune de Chauny, de lui en accorder trois par décade qui pourront être fixés les tridi, sectidi et nonidi.

4° Les fêtes nationales qui n'auront pas été placées à un jour marqué, seront à l'avenir célébrées le décadi et toute réunion de citoyens autorisée par les lois ne pourra également avoir lieu que ce même jour.

5° Les instituteurs et institutrices seront tenus de fixer les jours de repos ou congés de leurs élèves aux decadi et quintidi, leurs exercices publics ne pourront avoir lieu que les décadis. Ils seront tenus également de se trouver avec leurs élèves, à toutes les fêtes nationales et à toutes les réunions qui seront déterminées par l'administration.

6° L'administration invite tous les citoyens indistinctement de ne reconnoître que le décadi pour jour de repos et elle compte assez sur leur attachement à la république pour espérer qu'ils se feront un devoir de se conformer à cette invitation.

7° L'exécution du présent arrêté et notamment des art. 2, 4 et 5 est particulièrement recommandée à chaque agent dans sa commune ; l'administration les invite tous à donner l'exemple de l'obéissance à la loi et elle espère n'être pas dans le cas de les y rappeler.

8° Le présent arrêté sera adressé à l'administration centrale pour être approuvé, etc. Ce 11 pluviose an VI (30 janv. 1798).

Aujourd'hui, comme dans les plus mauvais jours de la Terreur, nous voyons la municipalité couvrir de sa protection les opprimés et adoucir en leur faveur, autant qu'elle peut, les rigueurs des nouvelles lois du Directoire.

Les vieux révolutionnaires, eux aussi, sont toujours les mêmes : haineux et sanguinaires ; ils se font les dénonciateurs des citoyens qui chôment le dimanche et non le décadi ; qui se rient de leurs fougueuses harangues et de leurs fêtes civiques ; ils dressent des listes de suspects ; ils font arrêter le gai carillon de l'Hôtel-de-Ville, dont le chant pieux n'avait jusque-là cessé de se faire entendre. Une pauvre croix de bois reste encore debout, dans les environs de Chauny ; « l'agent d'Ognes est chargé de la faire disparaître dans les 24 heures ». La commune de Chauny n'a pas de *temple décadaire*, la municipalité arrête « que la célébration des décadis se fera dans l'édifice Martin remis à l'usage des habitants, par l'art. 1er de la loi du 2 prairial an III ; que les jours de décadis, à neuf heures précises du matin, l'exercice de tout culte cessera dans ledit édifice ; qu'il ne pourra reprendre qu'après que l'administration aura rempli tout ce qui est prescrit par la loi du 13 fructidor ; que l'édifice Martin, pendant toute la cérémonie des décadis, ne devant plus être considéré comme destiné à des cultes particuliers, et la loi devant être seule impérative et respectée, les sectaires des différents cultes devront faire enlever tous les signes qui peuvent rappeler ceux qu'ils exercent et faire voiler ceux qui absolument ne peuvent être transportés, à raison des ferrements qui les retiendraient ; que nul ne pourra, sous les peines portées par la loi, paroître dans ledit édifice, pendant la célébration du décadi, avec les ornements ou costumes affectés à des cérémonies religieuses ou à un ministre du culte. Enfin, qu'il sera placé, dans le lieu le plus apparent du même édifice, un tableau sur lequel seront inscrits *la Déclaration des droits de l'homme et les devoirs des citoyens* ; que différents attributs de la République, ornés de décorations, seront élevés au-dessus de l'autel de la Patrie qui sera dressé dans le centre de l'édifice Martin. » - *Arch. de la mairie* ; reg. des délib. du conseil municipal, séance du 15 vendémiaire an VII.

Les paroissiens de Saint-Martin ne parurent pas très satisfaits de l'arrêté municipal. On afficha, même, à la porte de l'agent national de Chauny un écrit par lequel on proscrivait sa tête et celle du commissaire, dans le cas où l'on se servirait de l'édifice Martin pour la célébration des Décadis » *Arch. de la mairie;* reg. de 1798-99.

La municipalité considérant « que l'église Martin donnait des exemples inciviques ; que son obstination à déférer aux diverses invitations qui lui ont été faites, avait inspiré de l'éloignement pour les institutions républicaines ; que son refus de voiler les signes de son culte pendant les fêtes décadaires prouve son dédain pour ces mêmes institutions ; que l'écrit incendiaire... que etc. la rend trop répréhensible auprès du gouvernement pour la consacrer au temple décadaire, surtout aucune disposition n'y ayant été faite ; c'est contre la loi et par une sorte de privilège que la commune de Chauny a conservé jusqu'à ce jour les deux églises, une seule lui étant bien suffisante à raison de sa faible population, arrête :

« L'église Martin de Chauny sera fermée dans le jour de la notification du présent arrêté  L'agent de la commune en tiendra les clefs et ne pourra en permettre l'ouverture pour l'exercice d'aucun culte.

« L'édifice sous la dénomination d'église N.-D. servira pour la solennité des décadis et fêtes nationales. — Cette dernière église ainsi que celles des communes du canton et même tous les autres locaux servant au culte seront fermés tous les jours, excepté les décadis et fêtes nationales ; en ces mêmes jours, ces édifices seront libres, à dix heures du matin, pour la célébration du décadi ; — pendant tout le temps qu'ils demeureront fermés, les clefs resteront ès-mains de l'agent qui ne pourra s'en déssaisir sous sa responsabilité (1). »

En présence de l'interdiction des églises, les prêtres de Chauny ouvrirent des oratoires particuliers, dans les divers quartiers de la ville et « déclarèrent, à la mairie, vouloir y exercer le culte catholique, en se conformant aux lois sur la police des cultes » c'est là que les fidèles se réunissaient pour prier en commun et pour recevoir les sacrements.

Les patriotes trouvèrent que ces assemblées étaient dangereuses ; qu'il fallait les interdire sans retard.

Les dénonciateurs étaient puissants alors ; car l'administration centrale de l'Aisne cherchait des prétextes pour expliquer, aux yeux du peuple irrité, ses rigueurs à l'égard des municipalités qu'elle suspendait « comme trop faibles » ; des maîtres d'école qu'elle destituait parce que, suivant son étrange langage, « ils introduisaient le fanatisme dans l'école » (lisez qu'ils faisaient faire la prière avant et après la classe) ; des marchands et des chefs d'usine qu'elle punissait par de fortes amendes parce qu'ils « fermaient leurs établissements les ci-devant dimanches. »

Les prêtres de Chauny, désignés comme réfractaires, et quelques membres de la municipalité étaient à la veille d'être arrêtés quand arriva la nouvelle du coup d'Etat du 18 brumaire. Enfin, l'heure de la délivrance avait sonné ! Le général Bonaparte, à son retour de la campagne d'Egypte, devenu le centre d'un parti très-fort, renversa le Directoire dans la journée du 9 novembre 1799 et donna une *Constitution* nouvelle dite *de l'an VIII.*

______

(1) Le compte du citoyen Antoine Ducrocq marguillier de N.-D. pour les années de 1797 à 1804 signale cet espèce d'interdit. Il constate que « les 3e et 4e quartiers de l'année 1799, l'église a été interrompue par les jours de décadi ; elle n'était pas ouverte les dimanches, sinon sur la fin de Novembre ; cependant il a été fait de quête la somme de soixante douze francs, quinze sols ». *Arch. de N.-D.*

# DEUXIÈME PARTIE

## CHAPITRE I<sup>er</sup>

ÉTAT DES QUESTIONS RELIGIEUSES, DES PAROISSES DE LA VILLE
ET DU CANTON ; FERMETURE DES ÉGLISES ; VENTE DES
ORNEMENTS, VASES SACRÉS, CLOCHES, ETC.; RÉOUVERTURE
DES ÉGLISES ET RESTAURATION DU CULTE.

L'une des premières réformes de l'assemblée nationale fut la confiscation des biens ecclésiastiques au profit de la nation « à la charge « par l'Etat de pourvoir d'une manière convenable aux frais du « culte, à l'entretien de ses ministres et aux soulagements des pauvres, sous la surveillance et d'après les instructions des provinces. » Le décret en question statuait même « qu'il ne pourrait être « assuré à la dotation d'aucune cure moins de douze cents livres « par année, non compris le logement et les jardins en dépendant (1).

Toutes les communes du canton furent déclarées « cures (2) par le directoire du département et invitées à soumettre, dans le plus bref délai, l'état exact et détaillé des revenus de leur paroisse, afin de fixer légalement le traitement du sieur curé. » Cet état fut envoyé vers la fin de 1790, en voici le résumé officiel :

| PAROISSES | CURÉS | REVENUS DE LA CURE (3) | TRAITEMENT DU CURÉ |
|---|---|---|---|
| Abbécourt | Legrand | 1562, 5,7 | 1381, 2,9 |
| Amigny-Rouy | Meusnier | 1914,10 | 1891,17 |
| Béthancourt | Michaux | 2111,13,6 | 1914, 5 |
| Caillouël | Estienne | 1326,18,6 | 1393,10 |
| Caumont | Coudun | 1505, 1,9 | 1507 |
| Commenchon | Jobart | 1615, 4,6 | 1500 |
| id.    abbaye | De Choiseul | 23364 | 6000 |
| Guivry | Bauduin | 203, 6 | 1581,10 |
| Marest-Damp<sup>t</sup> | Baillet | 3936,14,4 | 2560, 7 |
| Neuflieux | Turbeau | 1514,16,3 | 1374,14,3 |
| Ognes | Sauvage | 1999, 1 | 1599,11 |
| Viry | Bourdon | 2367, 5,4 | 1915, 6,9 |
| Vouël | Le François | 1200 | 1300 |
| Sinceny-Autrev. | Amesland | 2800 | 2060 |
| Bichancourt | Macqueret | 3034,5 | 2469, 3,6 |
| Manicamp | Bossey | 963 | 1500 |
| Quierzy | Courteville | 1200 | 1300 |

(1) Décret du 2 novembre 1789 accepté par le roi le 4 novembre suivant et signé Camus, président, Barnave, Thouret, marquis de Rostaing, Thibaut, Target Alcy. de Lameth, secrét.

(2) Arr. du 9 août 1790. Le canton de Chauny comptait alors 17 cures et 2 vicariats ; il compte aujourd'hui deux cures seulement, 16 succursales, 1 chapelle de secours et 4 églises sans titre (Ordo. de 1889 )

(3) V. pièces justificatives, le détail des revenus de chaque paroisse 11 art. de la Réd. p. 108)

Pour toucher ce traitement légal, il fallait prêter serment à la *constitution civile du clergé* et les autres serments politiques ordonnés, dans la suite, par les lois républicaines (1).

La loi prescrivant le serment constitutionnel jeta le trouble dans les consciences ; l'art. 7 de la même loi « portant suppression de toutes les paroisses, à l'exception d'une seule, dans les villes de moins de 6,000 âmes » produisit une émotion profonde dans tous les cœurs et une agitation dangereuse dans le pays.

La ville de Chauny comptait alors 3,400 habitants et, comme aujourd'hui, deux paroisses : *Notre-Dame* et *Saint-Martin* ; laquelle des deux allait être sacrifiée ? Telle était la question : question des plus graves, puisque c'était une question de vie ou de mort de l'une d'elles. Avoir lutté pendant des siècles (2) pour la gloire et l'honneur de sa paroisse et voir, en un jour, le fruit de ses peines anéanti, perdu à tout jamais, c'était une bien grosse affaire pour l'époque.

Au commencement de cette lutte suprême, l'une et l'autre paroisse prétendaient sans aucun doute conserver ses droits et privilèges, son autonomie complète : Notre-Dame « à titre d'ancienneté » Saint-Martin « à titre de paroisse des Bourgeois. » Des deux côtés on multiplia les pétitions, les démarches au District, au département,

(1) Sur le registre municipal où se trouve la signature du citoyen Halle, curé constitutionnel, nous lisons les noms suivants de ceux qui prêtèrent le même serment : Jacques Falcot, religieux croisé ; Pierre Jooretz et Leroy, minimes ; Emmanuel Rabeuf, chapelain ; Philippe Jugnies, bénédictin de Saint-Nicolas-aux-Bois ; Bernard, curé de Notre-Dame : J.-B. Demangeot, Victor Lallemand, Pierre Deleau, ancien religieux ; Marie Saron, Grouzelle, Potel, Paillet, Marie Guilvain et Montine Tronquoy ex-filles de la Charité; M. Souaille, Villain, Rousselle, Leroux, Lallemand, Folly, Lebègue, Guinot, Barre, Cousin, Hadingue, Cauët, Prosnier, ex-filles de la Croix de Chauny.

(2) Les archives des deux églises sont encombrées de papiers se rapportant à ces débats ; les plus curieux sont :

1° Mémoire ( imprimé en 1709) du curé de Saint-Martin, réclamant la seconde place aux cérémonies et processions publiques, dans le cas de l'assistance de l'abbé de Saint-Eloy-Fontaine ;

2° *Factum* pour J.-B. Robert de May, chanoine régulier de la congrégation de France, prieur de l'église Notre-Dame de Chauny, membre dépendant de l'abbaye de Saint-Eloy-Fontaine, appelant et demandeur ; contre les soi-disant curé ou vicaire perpétuel et les marguilliers de la paroisse desservie en l'église Notre-Dame de Chauny, intimez et deffen leurs. *Mém.* impr. en 1717 ; l'abbé de Vienne rapp. M° Prévost, avocat, Piedfort, procureur ;

3° Mémoire signifié pour les curés et marguillers de la paroisse Notre-Dame, intimez ; contre M. l'évêque d'Uzez en qualité d'abbé de Saint-Eloy-Fontaine, appelant et contre J.-B. Robert de May, prieur conventuel de la dite abbaye et soi-disant titulaire d'un prieuré simple establi en l'église Notre-Dame de Chauny, aussi appelant. *Mém.* imp. M. de Vienne, rapporteur M° de Marizet, avocat ; More, proc.

voire même à l'Assemblée nationale : les amis de Notre-Dame faisaient valoir l'antiquité de leur église « regardée de temps immémorial comme église matrice, primitive, principale de la ville. » Ils en vantaient la solidité, l'étendue, l'élévation, etc. Ceux de Saint-Martin donnaient plus de raisons encore, et ils avaient pour eux l'appui des nouvelles administrations de la commune et la position de leur église, située près du district et de l'hôtel-de-ville.

Les autorités supérieures refusèrent de se prononcer, en présence de cette agitation générale, mais elles agirent, pour les affaires civiles et religieuses, comme s'il n'y avait à Chauny qu'une seule église. Cette manière de procéder ne tarda pas à soulever de graves difficultés. Par suite du départ de plusieurs curés du canton et de la mort de M<sup>r</sup> Deprez, curé de Saint-Martin, le procureur syndic du district envoya aux électeurs la lettre de convocation suivante :

### « CHER FRÈRE ET AMI,

Un des droits des Électeurs étant la nomination aux Cures vacantes par mort, démission, ou défaut de serment constitutionnel ; et la Loi du 30 janvier dernier ordonnant qu'aussi-tôt la nomination de l'Evêque, il seroit procédé au remplacement des Curés qui se trouveroient dans les cas par elle prévus ; je vous invite conformément à l'Arrêté du Département, du 12 du présent mois, à vous rendre, Dimanche vingt-sept Mars, à Chauny, Chef-lieu du District, au matin, avant la messe paroissiale que vous êtes tenu d'y entendre, pour y pourvoir, par élection, à la vacance prononcée des Cures de Frières-Faillouël, la Neuville-en-Beine, Achery-Mayot, Prémontré, etc.

Agréez, Cher Frère et Ami, les assurances de mon parfait attachement. Signé Alléaume, p-s. »

A quelle église devra-t-on se rendre pour voter ? A Saint-Martin, fut-il répondu, «parce que c'est l'église du chef-lieu. » Une grande partie des électeurs « refusa d'aller voter là et, en la séance du lundi 25 avril 1791, seconde feste de Pâques, les curés et marguilliers de Notre-Dame, considérant qu'il était important pour la paroisse d'avoir quelqu'un auprès du département qui fît connoître aux membres qui le composent les droits appartenant à cette église et que les clergé et paroissiens de Saint-Martin tentent d'enlever, ont proposé à l'assemblée de nommer sur-le-champ des députés qui, toutes les fois qu'il serait nécessaire et jusqu'à ce que le directoire du département ait réglé le différend, voulussent bien se rendre à Laon pour y défendre les intérêts et les droits de la paroisse (1). »

(1) *Arch. de Notre-Dame*, extr. du reg. des délibérat. du Conseil de fabrique.

On nomma onze délégués qui furent « MM. l'abbé de Colzy, prêtre, Dubacq et Rosier, marguilliers ; M. Demory de Neuflieux ; les sieurs Morgny, Huile fils, Crepeaux, Hon, Guenne, Fr. Blanchard, Fr. Goudement, Réné Dassonville (1). » L'administration du Conseil général de l'Aisne reçut avec froideur la députation de Notre-Dame ; elle déclara même ne vouloir se mêler en aucune façon de leur affaire de clocher. Après plusieurs mois d'attente, « à force d'instances et de protections, le conseil daigna s'occuper de notre objet : (c'est M. de Neuflieux, l'un des onze délégués, qui nous donne ces détails dans une lettre datée de Laon, du 14 décembre). J'avais dans mes intérêts au moins douze à quinze membres du conseil, sans eux, j'aurais échoué dans mes tentatives. Le conseil départemental ne veut plus reconnaître de primatie dans les églises et c'est à raison de ces sentiments d'égalité qu'il a décidé le tirage au sort et ensuite l'alternat pour toutes les cérémonies civiques ou autres réunions officielles. Je souhaite de tout mon cœur que cet arrêté puisse concilier les esprits et rétablir le calme. » La décision dont parle M. de Neuflieux fut notifiée en ces termes par M. d'Offémont : « Laon, ce 14 décembre 1791, le Conseil général du département vient d'arrêter que les assemblées électorales et autres cérémonies publiques se tiendront alternativement à Saint-Martin et à Notre-Dame ; que le tirage s'en fera au sort, au directoire du district, en présence de la municipalité et des commissaires délégués par les deux paroisses ; que cependant, pour cette fois, l'assemblée annoncée au 18 de ce mois se tiendra en l'église des Minimes. »

Le sieur Helle, vicaire de Saint-Martin, s'étant présenté comme candidat à la dite cure de Saint-Martin, fut élu, par la majorité des voix, curé constitutionnel, en remplacement de Mᵉ Déprez, décédé ; sa nomination fut agréée par le directoire du département et confirmée par l'évêque de Soissons, « non comme curé de la paroisse du chef-lieu mais seulement comme curé de Saint-Martin. »

On ne voulait pas trancher la question religieuse du vivant du bon curé de Notre-Dame, le père Guillaume Bernard, car ce saint homme, alors octogénaire et curé de Notre-Dame depuis 33 ans, était en grande vénération dans tout le pays. A sa mort seulement, le 9 novembre 1792, l'administration civile et diocésaine de l'Aisne constitua « l'église Saint-Martin, église officielle du chef-lieu et le

(1) *Arch. de Notre-Dame,* extr. du registre des délibérations du Conseil de fabrique.

citoyen Helle, curé de la seule paroisse de Chauny. » Le revenu annuel de la cure fut élevé à la somme de « 3.000 livres, en plus le presbytère et les 50 verges de jardin. »

Ce décret mit la paroisse Notre-Dame en révolution ; cinq nouveaux délégués allèrent aussitôt à Laon revendiquer les droits de leur chère paroisse, mais cette fois on les renvoya « comme des fanatiques, des gens inciviques, dangereux et dignes de châtiment. » Quatre autres délégués se présentèrent, dans le même but, à l'évêque constitutionnel : ils furent un peu plus heureux, « le prélat les écouta avec bonté et leur promit un de ses prêtres. »

Le prêtre s'appelait le père Lallemand, ex-Prémontré. Il arriva à Chauny vers la fin de décembre 1792 et s'installa dans le presbytère de Notre-Dame. L'agent national de la commune l'en fit sortir « vu que le citoyen Lallemand n'est que le vicaire du curé de la ville et non curé d'une paroisse qui n'existe plus. » Une troisième fois « le conseil de fabrique et les électeurs de la Chaussée protestèrent contre cette nouvelle injustice », ce fut inutile. L'église fut fermée au mois de décembre de la même année (1793). L'agent national disait au conseil municipal (séance du 14 frimaire an II) : « le salpètre étant aussi nécessaire pour fabriquer la poudre à canon que le blé pour sustenter l'homme, il faut donc en chercher et trouver un local propre à le conserver ; or, la cy-devant église Notre-Dame devint une salpétrière, et son pauvre curé rentra pour toujours dans le monde (1).

Sa rivale Saint-Martin ne jouit pas longtemps de son triomphe ; elle fut interdite en novembre 1793 (2) et, le 26 germinal an II (15 avril 1794), sur l'ordre du citoyen Bonna, inspecteur des dépôts de hussards, elle dut ouvrir ses portes aux chevaux de la garnison et devenir une écurie ; puis, le 4ᵉ jour complémentaire an II (20 septembre 1794), une prison de guerre où l'on interna 150 prisonniers.

(1) Il obtint l'emploi de secrétaire-adjoint de la mairie, il le conserva jusqu'à la fin de la révolution. Quand il quitta cet emploi, les officiers municipaux le félicitèrent, ainsi que son collègue, le citoyen Moulin, « pour l'intelligence et l'exactitude dont ils ont fait preuve pendant tout le temps qu'ils ont été attachés à l'administration, pour leur attachement au gouvernement et à leurs devoirs et pour leur conduite publique et privée. » Arch. de la mairie ; reg. de 1792-1800. Séance du 15 ventôse an VIII (6 mars 1800). Lors de la réorganisation des écoles, en 1801, il ouvrit une « classe de latinité. »

(2) Son curé, l'ambitieux Helle, déclara renoncer à toutes les fonctions de son ministère et s'excusa, par la lettre suivante, de ne pouvoir remettre ses lettres de prêtrise : « Dans tous les temps et d'après mes principes je me suis toujours

Avant de fermer les églises, on les avait dépouillées « de leurs meubles, effets et ustensiles en or et en argent qui étaient, disait le texte de la loi du 20 septembre 1792, de pure ostentation et ne convenaient nullement à la simplicité qui devait accompagner le culte divin... »

Le poids total des lampes, croix, chandeliers, reliquaires, en argent, des églises s'élevait à cent quatorze marcs (1) six onces et deux gros pour Saint-Martin et à cent neuf marcs sept onces sept gros, pour N.-D. L'inventaire avait été fait par les citoyens Bayeux, Quéquet père, Ducrocq, Delavièse fils, Dupuis, etc.

Parmi les objets les plus précieux, il y avait à Saint-Martin, deux reliquaires en argent qui, « après extraction faite des ossements et autres matières non argent, pesèrent 33 m. ; 3° à Notre-Dame, le buste de saint Benoist avec son pied, 15 m. ; le buste de saint Momble, 17 m. ; une croix d'argent doré, 18 m. Pour vérifier le poids de l'argenterie, ajoute le procès-verbal de l'inventaire, nous nous sommes transportés à l'administration du district où, en présence des citoyens Valissant, administrateur et Joubert, receveur du district, l'argenterie a été de nouveau pesée. » (2)

Après les objets d'or et d'argent vint le tour des cloches. Il fallait les descendre toutes à l'exception d'une seule et les habitants faisaient la sourde oreille : Les ordres arrivaient tous les jours à ce

fait un devoir impérieux d'obéir à la loi, en conséquence aux autorités constituées ; ma conduite et mon civisme en ont été la preuve ; c'est d'après ces mêmes principes que j'avais exercé les fonctions qui m'avaient été confiées en acceptant la cure de Saint-Martin, dont je fais authentiquement entre vos mains la démission, en renonçant à dater de ce jour à tout traitement qui m'a été donné ou qui pourrait m'être accordé dans la suite, pour subvenir aux frais de la guerre ; je vous prie de l'insérer dans vos registres et de m'en donner acte, afin de pouvoir le consigner dans ceux des autres autorités de cette ville. — Comme il est de notoriété publique que j'ai pris le vicariat de la paroisse Saint-Martin contre le gré des cy-devant vicaires-généraux de Noyon, comme peuvent se le rappeler plusieurs citoyens de cette ville, je déclare que je n'ai pu obtenir mes lettres de prêtrise restées au secrétariat du cy-devant évêché, afin de me mettre dans l'impossibilité ou de passer dans un diocèse étranger ou de prendre possession d'une cure ; en conséquence je ne puis les remettre et j'en fais déclaration. Signé : Helle, Chauny, ce 5 frimaire an II (25 novembre 1793.) Arch. de la mairie.

(1) Le marc valait une demi-livre soit 250 grammes, l'once 8 gros et le gros 72 grains.

(2) L'inventaire des mêmes objets d'église appartenant à l'Hôtel-Dieu porte au total 30 marcs 5 onces 5 gr. 1/2.

Il y eut plusieurs autres inventaires parceque les employés des églises n'avaient pas livré tous les objets demandés. Dénoncés par les patriotes, nous voyons les curés et les administrateurs des églises envoyer au district « les ustensiles cachés. »

sujet. Au mois d'août 1793, le curé de Saint-Martin « donna l'exemple de la soumission aux lois de la République et fit descendre les trois plus petites cloches de son église ». Le dimanche 22 septembre suivant, « les habitants de la paroisse Notre-Dame furent assemblés extraordinairement après les offices de l'après-midi, par ordre de la municipalité, afin qu'il fût fait choix, séance tenante, de la cloche qu'ils désiraient garder, les autres devant être descendues pour être employées à la fonte des canons. — L'assemblée, après avoir entendu la lecture de l'ordre des représentants du peuple Léquinio et Lejeune, a déclaré, à l'unanimité, que de tout temps elle avait montré la plus entière soumission et le plus grand respect pour les décrets de la Convention, que toujours elle se ferait un devoir de les exécuter et, pour en donner une nouvelle preuve, elle faisait proviscirement choix de la moyenne cloche, la grosse appartenant aux paroissiens qui l'ont payée et qui la payent encore tous les jours, attendu qu'elle dépend de l'horloge ; mais qu'avant de descendre les autres, elle se croyait fondée à réclamer contre l'arrêté des représentants du peuple et à demander qu'il fût donné connaissance du décret confirmatif du dit arrêté. — Un membre ayant fait observer que l'arrêté en question avait force de loi à cause des pouvoirs des dits représentants, l'assemblée a répondu que ces pouvoirs ne s'étendaient qu'aux mesures de sûreté à prendre dans les différents départements-frontières, et nullement à la suppression des cloches de la République. En conséquence, l'assemblée arrête qu'à dater du jour de demain, il ne sera plus fait usage, pour appeler les paroissiens aux services et aux cérémonies de l'église, que de la grosse et de la moyenne cloche et que les deux autres seront interdites et ne pourront être cependant descendues et employées à la fonte des canons qu'en vertu d'un décret confirmatif de l'arrêté des représentants du peuple. Pour faire connaître ses intentions à la municipalité et au district, l'assemblée arrête encore que copie de la présente délibération leur sera communiquée par six membres choisis dans son sein, savoir : les citoyens Gervais Delacroix, Honoré Guenne, Huile père et fils, Morgny et Radoux fils. Fait et délibéré au banc d'œuvre de l'église paroissiale Notre-Dame, les dits jour et an que dessus. » Suivent les signatures au nombre de cent-vingt (1).

(1) Arch. de Notre-Dame. Cette délibération est la dernière du registre de la fabrique ; elle nous montre l'attachement des populations pour leurs cloches. Nous avons vu les commissaires du gouvernement enlever sans trop d'opposition l'argenterie des églises, mais il n'en est pas de même des cloches. — Un détail :

Les représentants du peuple repoussèrent « la réclamation insolente des signataires fanatiques », ils fermèrent l'église et peu s'en fallut qu'il ne s'en suivît des arrestations. Les cloches se turent, la désolation fut générale... Epouvantée de ce silence de mort, la population demanda au district de faire sonner une cloche au moins une fois par jour. « Le conseil général de la commune, après avoir délibéré et entendu l'agent national arrêta que la cloche de la cydevant église Saint-Martin comme étant la plus forte, serait seule sonnée tous les jours : à cinq heures du matin, à midi et à huit heures du soir ; que, chaque fois, elle serait bondie quarante coups ; que celui qui entreprendra cette sonnerie en sera payé tous les trois mois et d'avance par une quête qu'il ira faire chez les habitants de la ville qui sont engagés à ne pas s'y refuser vû son utilité ; que dès ce moment aucune autre cloche ne devra plus sonner dans la commune ; que la dite cloche servira seule pour les tocsins et pour les convocations d'assemblée publique et que celle qui est dans le clocher de la cy-devant église Notre-Dame ne servira que pour le timbre de l'horloge, laquelle sera réglée et remontée par un citoyen qui sera payé de ses peines ainsi qu'il sera convenu ultérieurement. — Arrête encore que toutes les mesures cy-dessus énoncées seront provisoires et en vigueur jusqu'à ce qu'il en soit autrement ordonné, soit à cause de la démolition des clochers proscrits ou pour toute autre cause ; — séance du 5 décembre 1793 ».

Cette triple sonnerie de 40 coups était l'Angélus de la Terreur ; au lieu de porter la consolation et la joie, elle répandit au loin le trou-

La municipalité de Viry avait demandé au district de Chauny « d'échanger les cloches de son église contre celles provenant de la ci-devant abbaye de Genlis, le directoire, considérant que la paroisse de Viry est très-peuplée et très-étendue ., est d'avis qu'il y a lieu d'autoriser la dite municipalité à faire enlever, à ses dépens, les trois principales cloches de la dite abbaye et de les faire conduire audit Viry, le poids d'ycelles préalablement constaté en présence d'un délégué du Directoire (Arr. du 25 juin 1791.) Sans attendre l'avis du département, les habitants de Viry descendirent non-seulement les trois cloches accordées par le district mais aussi la quatrième ; le directoire du district décida « que, pour l'entière exécution de l'article V du décret du 3 août dernier qui veut que les cloches des églises supprimées soient mises à la disposition du ministre des contributions, la 4ᵉ cloche que la municipalité de Viry, contre le vœu du département, s'est permis de faire placer dans son clocher, à l'insu du commissaire, soit sur-le-champ rapportée à l'administration pour y être échangée contre celle d'un poids plus considérable que la municipalité de Frières offre en échange... Est d'avis, qu'avant d'accorder quelqu'indulgence à l'insubordination de la dite municipalité, le poids des deux principales cloches de la cy-devant abbaye soit préalablement constaté pour, la 3ᵉ, la rapporter au district dans le cas où elle se trouverait d'un poids égal. » Arrêté du 23 août 1791. — L'année suivante il fallut renoncer à la 3ᵉ cloche, le 1ᵉʳ décembre 1793 aux deux autres cloches et à tout culte véritable.

ble et la tristesse. On essaya de chasser cette malheureuse impression en faisant sonner la cloche à toute volée « trois fois le jour, pour l'utilité des ouvriers des champs (1) ; mais impossible de s'étourdir.

Comment, en effet, ne pas trembler en voyant les clochers aux flèches élancées tomber sous le marteau de démolisseurs cupides (2), en recevant des décrets ainsi conçus : « le conseil proscrit tous les objets de religion ; il arrête que, quant aux clochers, attendu qu'on travaille à abattre le dernier (3) il n'y a pas lieu à délibérer, la loi étant exécutée à cet égard ; que quant aux papiers des fabriques, dès demain, ils seront conduits à l'Administration et les régisseurs des biens seront requis de rendre leurs comptes sous quatre jours, à peine d'être regardés comme suspects et punis comme tels ; — le conseil ordonne l'enlèvement des meubles des églises ; — le conseil défend de se servir dorénavant du drap des morts. « Tous les jours, dit cette fameuse délibération, on porte les morts couverts d'un drap noir et blanc en forme de croix : puisque nous avons substitué à ces signes les couleurs nationales, je demande que le drap qui couvrira les morts soit rouge, blanc, bleu, sans distinction pour hommes, femmes ou enfants, attendu que tous sont égaux et que la même couverture doit leur appartenir à tous ; je demande qu'il y ait seulement des bandes qui puissent se placer à volonté sur ce drap et sur lesquelles seront gravées les inscriptions suivantes : pour un vieillard, marié ou non, depuis 70 ans : *Il a vécu pour la Patrie ;* pour un homme, marié ou non, depuis 18 ans jusqu'à 70 ans : *Il vivait pour la Patrie ;* pour ceux au-dessous de cet âge : *Il eut vécu pour la Patrie.* Trois mêmes inscriptions seront faites

(1) Sur la demande des sonneurs Jacques Démarquet et Ch. Drû, le Conseil municipal « alloue auxdits sonneurs cent livres, attendu qu'il faut sonner la cloche à la volée d'après le désir de la Société populaire. » — Arch. de la mairie, 14 pluviose, an II, ext. du reg. des délib. (2 fév. 1794).

(2) Le citoyen Lemaitre, adjudicataire de la démolition des clochers des deux paroisses demanda soixante livres et les débris du clocher de l'Hôtel-Dieu « pour raser le pauvre petit clocheton de l'Hôtel-Dieu. » — « Le Conseil ayant trouvé la demande dudit Lemaitre raisonnable, l'adopte ; en conséquence, etc. » Arch. de la mairie, 1er Ventôse, an II, Extr du reg. des délib (19 fév. 1794.)

(3) Dans les villages l'œuvre de destruction des émissaires de la Convention ne se fit pas sans difficultés ; à Amigny, à Abbécourt et dans quelques autres communes du canton, les habitants (les femmes surtout) protestèrent contre la démolition de leur clocher. Mais à Viry, la population resta impassible en présence de la profanation et de la fermeture de son église ; c'est M. Bourdon, curé de la paroisse, qui nous l'affirme, dans une note indignée qu'il a tracée dans le registre des actes de baptêmes, mariages et décès (n° 93) de la paroisse Saint-Martin de Chauny : « L'an 1793, le 1er décembre, 1er dimanche de l'Avent, vers onze heures du matin, l'église de Viry a été dépouillée des vases sacrés,

pour les citoyennes, en substituant le féminin au masculin. Le cimetière sera désormais appelé *Jardin du sommeil.*

La ville de Chauny, comme du reste presque toutes les autres villes, s'est facilement laissée aller aux folies du moment ; ici comme autour d'elle, la croix est arrachée et brisée ; le culte et le nom même des saints, abolis (1) ; plus de cérémonies religieuses publiques, plus d'objets qui puissent nous rappeler le culte de nos pères : tout a été livré aux flammes ou traîné dans la boue. A la place des cantiques sacrés, on n'entend plus que les chants de la licence, les vociférations, les hurlements d'une populace en furie. Les coupes saintes sont profanées au milieu des orgies de la débauche et, sur les autels, où la divinité s'immolait chaque jour, l'impiété représente l'image de la volupté et de la prostitution (2).

— Avant d'aller plus loin, nous croyons devoir reproduire ici une note, laissée par M. l'abbé Caron, concernant les relations que Mgr de Soissons désirait établir entre les deux églises de la ville de Chauny (3).

linges et ornements ; ses autels ont été spoliés, s.s croix et tableaux, brisés ou deshonorés, ses portes fermées et condamnées avec une inscription contraire à la religion et le tout a été fait sans aucune contradiction des habitants présents en grand nombre, par un commissaire accompagné de quelques soldats dits révolutionnaires ; en conséquence toute cérémonie religieuse et toute fonction pastorale ont cessé dès ce jour dans la dite église et dans la paroisse. » Arch. de l'église Saint-Martin. — M⁰ Bourdon ajoute « que la liberté du culte fut rendue au mois d'août 1795 et qu'il exerça depuis lors les fonctions pastorales en la chapelle de l'Hôtel-Dieu et dans l'église Saint-Martin, suivant le désir et la demande répétée des habitants de la dite paroisse Saint-Martin. »

(1) Le 6 oct. 93 — L'usage de l'ère chrétienne est aboli. On y substitue le calendrier républicain et le commencement de l'année est fixé au 22 sept., jour anniversaire de l'établissement de la République.

(2) Insensés ! disait La Harpe, en adressant sa parole incisive et hardie aux Vandales de 1793, insensés ! Est-ce sur ces murailles qu'est gravée la croyance ? Est-ce sur ces tableaux que la religion est écrite ? Elle l'est dans les cœurs où vous ne pourrez l'atteindre ; dans les consciences où elle vous condamne ; dans le spectacle de l'univers où elle parle à tous les hommes ; dans le ciel où elle vous jugera. Destructeurs imbéciles, vous avez crié victoire ; où est-elle aujourd'hui cette victoire ? Tous les jours vous frémissez de rage en voyant l'affluence qui remplit nos temples : ils ne sont plus riches, mais ils sont toujours sacrés : ils sont nus, mais ils sont pleins ; la pompe a disparu, mais le culte est demeuré ; on n'y voit plus le marbre et les tapis précieux, mais on s'y prosterne sur des graviers et l'on y pleure sur des décombres !

(3) Monseigneur l'évêque de Soissons régla de la manière suivante les rapports respectifs des deux paroisses.

« Jean-Claude le Blanc de Beaulieu, par la permission divine et l'autorité du Saint-Siège apostolique, évêque de Soissons.

» Vu l'état de la ville de Chauny, dans laquelle existent deux églises qu'il importe de conserver à l'exercice du culte ;

29 Nivose, an XIII :

Réjouissances publiques à l'occasion du *Couronnement de Napoléon*, proclamé Empereur à Saint-Cloud le 18 mai 1804. « Nous, maire de la ville de Chauny, vû la lettre de M. le conseiller de préfecture faisant fonctions de préfet du département de l'Aisne, du 10 du présent mois, qui nous annonce qu'un mandement de M. l'évêque de Soissons ordonne qu'il sera chanté dans toutes les églises de son diocèse un *Te Deum* en actions de grâces du Couronnement de l'Empereur...

« Considérant qu'on ne peut trop témoigner de reconnaissance envers le héros qui a rendu la paix aux Français et seul a fait retrouver la tranquillité, dont ils ont été si longtemps privés ; que le jour de son avènement au trône, étant celui qui, à jamais, rendra la France heureuse, doit être solennisé avec joie par des actes de bienfaisance.

« Arrêtons que le cérémonial de la Fête du couronnement de Napoléon aura lieu à Chauny ainsi qu'il suit, demain, 30 nivôse.

« Aujourd'hui à 8 heures du soir, salves de 12 boëtes et sonnerie des cloches pour annoncer la fête ; demain matin dès 7 heures, idem ; puis, d'heure en heure jusqu'au moment du départ en corps, pour l'église, des autorités constituées, escortées par la brigade de gendarmerie et un détachement de la garde bourgeoise, commandé

» Voulant établir dans lesdites églises un ordre uniforme, propre à prévenir toute dissension, et maintenir la bonne intelligence qui doit régner entre les habitants de la même ville ;

» Nous avons ordonné et ordonnons ce qui suit :

» Art. 1<sup>er</sup>. — La paroisse de Chauny comprend toute la ville et la commune d'Ognes, son annexe.

» Art. 2. — Le curé célébrera l'office paroissial alternativement dans les deux églises de N.-D. et de Saint-Martin ; le dimanche et les fêtes qui se rencontreront dans le cours de la semaine, il sera célébré dans l'autre église par le premier vicaire.

» Art. 3 — Les cérémonies publiques, telles que processions solennelles, chants de *Te Deum* et autres, le seront dans celle des deux églises qui sera en tour de semaine pour l'office paroissial.

» Art. 4. — Attendu l'occurence de la fête patronale de Saint-Martin, qui doit être célébrée dimanche prochain, vingt-troisième après la Pentecôte, vingt-trois brumaire, (quatorze octobre, mil huit cent-deux), l'office paroissial sera célébré ledit jour dans l'église de Saint-Martin; le dimanche suivant dans l'église de N.-D., ainsi de suite ;

» La présente ordonnance sera adressée à M. Baillet, nommé curé de Chauny, pour qu'il ait à s'y conformer ; sera de plus communiquée au maire de la dite ville, et lue au prône de la messe paroissiale dans les deux églises ;

» Donné à Soissons, le 12 brumaire an XI ; de Jé-us-Christ, 12 octobre 1802.

» Signé † JEAN, CLAUDE,<br>
*Évêque de Soissons.* »

à cet effet. Avant, pendant, et après le *Te Deum* : décharge de boëtes. Le soir, illuminations, feu de joie allumé par le Maire et les adjoints et danses gratuites. Signé : Desmarquette fils, maire ; Lelong et Demory de Neuflieux, adjoints. »

Le 26 mai suivant. — Napoléon prend, à Milan, la couronne de fer des anciens rois Lombards et se proclame roi d'Italie. De nouvelles fêtes eurent lieu, à cette occasion, dans toute la France. A Chauny, le maire, dans sa proclamation aux habitants de la ville, déclare « que les sentiments d'affection et de dévouement pour Sa Majesté, dictés dans la circulaire de M. le Préfet, sont absolument l'expression de ceux qui animent les maire et adjoints de Chauny et qui doivent être communs à toutes les personnes amies du bien public et de leur pays ; que pour fêter dignement cette journée, la *proclamation de l'avènement de Sa Majesté l'Empereur des Français au trône d'Italie* sera faite en grande cérémonie, à 3 heures précises, dans l'étendue de la ville et faubourgs de Chauny. Les autorités constituées, ainsi que la brigade de gendarmerie, l'escadron du 5<sup>me</sup> régiment de dragons en garnison à Chauny et la compagnie des vétérans seront invités à y assister. La veille de la fête : décharge de 11 boëtes et sonnerie des cloches ; le jour de la fête, à 6 heures du matin, cloches et boëtes ; à 3 heures, départ en corps de l'hôtel-de-ville, pour se rendre sur la grande place où se fera la première proclamation. Les autres proclamations se feront : la 2<sup>me</sup> près du canal ; la 3<sup>me</sup> au carrefour de l'église Notre-Dame ; la 4<sup>me</sup> en face de la rue des Pourcelets ; la 5<sup>me</sup> rue du Blocq, vis-à-vis celle des Juifs et l'Hôtel-Dieu ; la 6<sup>me</sup> vis-à-vis le puits des Bons-enfants, au bout de la rue des Juifs ; la 7<sup>me</sup> au Brouage, en face de la maison du sieur Tétart ; la 8<sup>me</sup> rue Victimée, en face de celle dite Saint-Martin ou des Pierres ; la 9<sup>me</sup> rue Hamoise, près de la porte de Mademoiselle Guillaume et la 10<sup>me</sup> au Pissot, en face de la rue des Osiers. A la rentrée du cortège à l'hôtel-de-ville, salve de 6 boëtes et départ pour l'église Saint-Martin où le *Te Deum* sera chanté, à cause de son tour d'alternat ; décharge de boëtes pendant le *Te Deum* et pendant la bénédiction. Le soir : illuminations, feu de joie et danses publiques gratuites.

Premier janvier 1808. — Installation de M. de Frézals, nommé maire par arrêté préfectoral du 15 décembre 1807, signé Merlin ; et François-Théodore Lelong, 1<sup>er</sup> adjoint et Dupuis, 2<sup>me</sup> adjoint. Le président du Conseil, M. J.-B. Lemaître, cultivateur, adressa au nouvel élu les paroles suivantes :

Monsieur,

Depuis longtemps les vœux de vos concitoyens vous appellent à la magistrature à laquelle vous venez d'être élevé ; elle est toute paternelle ; placé au milieu de vos enfants, vous n'aurez jamais à vous occuper que de leurs intérêts, de leur tranquillité et de leur plus parfait bonheur ; il vous suffira donc toujours d'écouter votre cœur, votre sensibilité et votre tendresse, pour connoître toute l'étendue de vos devoirs et pour les remplir ; le premier sentiment qui nous a portés vers vous suffit à notre confiance, mais la loi est plus rigoureuse, elle exige un serment ; le secrétaire va mettre la formule sous vos yeux et vous voudrez bien le prêter dans les mains de M. le Président.

Le serment était : « Je jure obéissance aux constitutions de l'Empire et fidélité à l'Empereur ».

Le 12 avril 1808. — Un arrêté préfectoral ordonne au Conseil municipal d'avoir à se compléter ; aux anciens membres : MM. Desforges, Lemaître, Lamy, Hanry, Quéquet père, Dessaint et Guibon, sont adjoints : MM. Lemaitre Jacques, inspecteur des forêts ; Mennessier, cultivateur ; Gueullette, propriétaire ; Simbozelle, homme de loi ; Dochez, négociant ; Legrand Louis, notaire ; Demarly, notaire ; Hébert, inspecteur des forêts ; Guillaume, ex-juge de paix et Demory des Gravières, propriétaire, secrétaire de la mairie ; Clément, praticien à Chauny.

Premier janvier 1813. — Installation de M. Demory de Neuflieux, (Charles-François), nommé maire de la ville de Chauny, par arrêté préfectoral du 15 décembre 1812, signé Baron Malouet.

Dans un long discours de réception, M. de Frézals est félicité de sa bonne administration « qui a surpassé l'attente de tous... » Par cette administration éclairée, M. de Frézals a trouvé les ressources nécessaires pour triompher des obstacles et c'est à lui que nous sommes redevables de nos réverbères, des moyens de prolonger nos relations pendant une partie de la nuit et de mettre la malveillance en défaut...

Même serment que dessus.

Adjoints : 1er Gueullette Pierre-Guillaume, propriétaire, et Legrand, notaire.

Premier août 1809. — Rapport historique sur les droits de la ville concernant le point d'eau et l'usage des eaux de la Compagnie de Saint-Gobain, qui faisait des travaux aux moulins Saint-Lazare et sur la rivière d'Oise — le Poli « qui seul dépense autant d'eau que tous les moulins ensemble » — La Compagnie venait de faire l'acquisition des Moulins de la Croix-Saint-Claude.

Toutes les usines ne sont alimentées qu'aux dépens des eaux dont la navigation et nous devons jouir.

Le 15 octobre 1812. — Rejet de la demande de M. le directeur de la Compagnie des Glaces à être autorisé à rétablir l'ancien cours d'eau de décharge sous le pont de Pierre et le creusement de l'ancien canal qui existait.

Le 10 juin 1813. — Réception de M. Chrétien, directeur du Poli des Glaces, comme membre du Conseil municipal de Chauny, nommé par arrêté préfectoral du 30 avril précédent.

Le 29 novembre 1808. — Projet de création d'un nouveau cimetière « pour les deux paroisses », le lieu consacré aux inhumations, près de l'église Saint-Martin, étant absolument insuffisant.... enfin, la salubrité de l'air et des habitations qui avoisinent les cimetières ne permet pas de différer plus longtemps l'exécution (déjà trop tardive) d'une loi aussi importante à l'humanité que celle du 23 prairial, an XII...

Le 9 juillet 1810. — On décide que la clôture du cimetière sera faite provisoirement avec une haie et que, tout de suite, on fera une partie de mur.

Séance du 13 avril 1814. — Le Conseil municipal réuni d'après l'invitation de M. le Maire et composé de MM. Roger ; Desforges ; Demory des Gravières ; Lemaire, inspecteur ; Leclère, notaire ; Besson ; Dessains ; Delmet, négociant ; Quéquet père ; Bernier ; Rondel, notaire ; Chrétien ; Clément, propriétaire ; Benoit Guibon; Simon Lemaître, cultivateur ; Mennessier, propriétaire ; Cagniart père, propriétaire, et Bourgeois, avocat.

M. Demory de Neuflieux, maire, président, a dit :

Messieurs,

Par suite des heureux évènements qui rappellent le Roi légitime des Français au trône des Bourbons, notre première sollicitude est de marquer notre reconnaissance envers le Sénat et le gouvernement provisoire qui ont si glorieusement travaillé au bonheur de la France. Je vous invite à délibérer sur les cérémonies que nous devons observer pour cet effet.

Le Conseil, après avoir applaudi aux vues de M. le Maire,

celui-ci et les adjoints ont arrêté unanimement 1° Qu'il serait de suite fait un Drapeau blanc, portant les armoiries de la ville, telles qu'elle les tient du bon roi Henri IV et que ce drapeau serait arboré demain solennellement, en remplacement du drapeau blanc provisoire que M. le Maire avait fait placer sur la tour de l'hôtel-de ville.

2° Que M. le Maire serait invité, séance tenante, de nommer une députation auprès de MM. les *Commandant et Major du Corps prussien*, stationné dans notre ville, *pour les inviter à vouloir bien prendre part à l'allégresse publique !*

3° Que M. le Maire serait également invité à faire part, à M. le Doyen de la paroisse de Chauny, que l'intention du Conseil était de rendre grâces à la Providence des heureux résultats des travaux du Sénat et du gouvernement provisoire de France, depuis le 1<sup>er</sup> de ce mois ; qu'il soit chanté un *Te Deum* auquel seraient invités MM. les membres des deux Commissions cantonales de la ville ainsi que toutes les autorités y résidant.

4° Enfin, que le procès-verbal des cérémonies qui auront lieu demain sera inscrit au long sur le présent registre et à la suite de la présente délibération, dont copie certifiée sera adressée par M. le Maire à la Préfecture de l'Aisne.

Fait et délibéré, en séance, les jours et an susdits. — Suivent les signatures, le procès-verbal de l'inauguration du Drapeau blanc ; du *Te Deum*, ainsi que l'adresse au Roi Louis XVIII.

Trois membres du Conseil, choisis par la voie du sort, furent chargés de porter au Roi les félicitations de la ville de Chauny et de ses habitants : les trois élus furent MM. *Demory de Neuflieux* (40 voix) ; Bourgeois (24 voix) et *Hébert* (18). Sur le refus de M. Bourgeois (sa santé ne lui permettant pas de voyager), M. Legrand, second adjoint, est désigné, et M. *Desmarquette*, maire de Beaumont.

Le maire propose au Conseil d'adjoindre aux trois délégués M. de Frézals-Bourfaud, ex-maire, commandant la Garde-nationale de Chauny, en témoignage de gratitude pour les services rendus à la ville et M. Bouchereau, propriétaire, pour même raison. Tous deux remercient le Conseil et refusent l'honneur pour cause de santé, pour le dernier on ajoute « augmenté par les fatigues que lui occasionne la comptabilité résultant du service des vivres et approvisionnements des troupes alliées ; service qui doit encore durer une quinzaine de jours ».

Année 1814. — Après la désastreuse retraite de Moscou, dans laquelle plusieurs de nos compatriotes, entr'autres le colonel Penant, boursier de la Ville, trouvèrent une mort glorieuse, l'Empereur demanda au pays un nouveau et dernier sacrifice : il avait à lutter contre les armées coalisées de Prusse, d'Autriche et de Russie ; le Sénat lui donna 350,000 hommes et il partit en Saxe. On connaît ses premières victoires et sa défaite de Leipsick qui le força à se replier sur le Rhin et de là dans les plaines de la Champagne, puis sur Fontainebleau, où il abdiqua le 11 avril 1814.

Dans ces diverses circonstances Chauny se montra, jusqu'à la fin, attaché à l'Empereur.— Le 19 janvier 1813, réuni en assemblée extraordinaire, le Conseil, au nom de la ville, « offre à Sa Majesté, deux cavaliers montés et équipés » et accompagne son offrande de l'adresse suivante :

« Sire,

« Le Conseil municipal de la ville de Chauny partage tous les sentiments qu'inspire aux bons Français la trahison de ceux qui appelés à deffendre leur honneur et à protéger leurs propriétés, osent les trahir. Il s'empresse, à l'exemple de la ville de Paris, d'offrir à Sa Majesté deux cavaliers montés et équipés : C'est peu sans doute, mais si Sa Majesté, à laquelle sont dévoués nos cœurs et nos bras, éprouvait jamais un plus grand besoin, elle peut compter sur nos fortunes comme sur nos personnes pour le maintien de son trône et la gloire du nom français. Suivent les signatures : M. de Neuflieux, maire ; MM. Hébert, Roger, Dessains, Guibon, Lamy, Lemaire, Demory des Gravières, Lemaître, Mennessier, Quéquet père, Besson, Cagniart père, Bourgeois, Bernier, Demarly et Desforges ».

Le 26 février 1814. — Une troupe de Cosaques irréguliers, commandés par le russe Guesmard, entra à Chauny par la *porte* du Brouage. On n'attendait sans doute pas l'ennemi de ce côté, puisqu'il n'était pas gardé. Un poste de garde nationale, établi proche du canal, ne connaissant pas l'invasion de la ville, ni la force de ses partisans, désarma et prit les éclaireurs qui se présentèrent de ce côté.

Le bruit de quelques coups de fusil tirés pour prévenir un autre poste qui se trouvait à l'extrémité du faubourg de la Chaussée, attira une douzaine de Cosaques. Ils furent accueillis à coups de fusil et poursuivis jusqu'auprès de la caserne où l'on rencontra la masse des soldats, arrivant au secours de leurs camarades. Dans cette charge deux Cosaques furent tués ; la troupe en fut irritée : quatorze habitants, étrangers à cette résistance, perdirent la vie ; d'autres furent blessés ; un grand nombre de maisons furent pillées et la ville fut frappée d'une contribution de guerre de 100.000 fr., qu'il fallut payer en 24 heures ; elle eut encore à satisfaire à une infinité de réquisitions pendant quatre mois d'occupation. (Capaumont, *Notice historique* sur Chauny, page 64).

Le 30 mars 1814. — Paris, assiégé par cent mille hommes, fut réduit à capituler. Les Alliés prirent possession de la Capitale de la France et le Sénat déclara Napoléon déchu du trône. L'Empereur pouvait lutter encore, mais « c'eût été, disait-il lui-même, la guerre civile ». Plus grand dans ses revers que dans toute sa gloire, il abdiqua en faveur de son fils, le 14 avril 1814, à Fontainebleau, et partit pour l'île d'Elbe, dont la souveraineté lui était accordée.

Le 23 mai 1814. — MM. les adjoints à la mairie, les membres composant le Conseil municipal, les membres de la Commission de la ville de Chauny et plusieurs des notables et principaux habitants de la dite ville furent réunis à l'hôtel-de-ville, sur l'invitation de M. le maire.

M. le maire a dit à l'assemblée que le séjour prolongé des troupes alliées, puis le passage de la première colonne de l'armée impériale russe dans la ville et le canton de Chauny, avaient retardé jusqu'à présent le départ des Députés chargés de porter au Roi l'adresse votée dans la séance du premier de ce mois ; que les causes de ce retard n'existant plus, la députation se disposait à remplir l'honorable mission dont elle était chargée et qu'elle n'attendait plus que l'indication du jour où Sa Majesté daignerait l'admettre ; que MM. les députés avaient rédigé l'adresse et la soumettaient à l'approbation de l'assemblée.

M. le Maire a de suite donné lecture de cette adresse dans les termes qui suivent :

A Sa Majesté Louis XVIII.

« Sire,

« La ville de Chauny, jalouse de manifester les sentimens dont elle a été constamment animée pour l'auguste famille des Bourbons, saisit avec empressement le premier moment qu'elle a de libre pour venir supplier Votre Majesté d'agréer l'hommage de son profond respect et déposer à ses pieds son serment de fidélité.

Cette ville, Sire, un des plus anciens domaines de votre Couronne, a été plusieurs fois honorée de la présence du bon roi Henry IV dont elle conserve un glorieux souvenir.

Avec quel enthousiasme elle a repris les armoiries que vos illustres ayeux lui ont accordées, portant un château sommé de trois tours chargées de l'écusson de France, avec cette antique devise si chère à nos cœurs : *Lilia Calniacis validæ sunt turribus arces.*

Depuis leur disparition, Sire, nous ne l'avons que trop senti; mais le Ciel a exaucé nos vœux en rendant Votre Majesté à notre amour et au Trône de ses ancêtres. Les lys précieux vont de nouveau nous protéger ; nos malheurs sont enfin terminés et votre règne, Sire, a déjà commencé le bonheur de la France ». Suivent les signatures des maire, adjoints et notables de la ville de Chauny.

L'assemblée ayant trouvé que les sentiments dont elle est pénétrée sont parfaitement exprimés dans cette adresse, l'a adoptée à l'unanimité, elle décide de plus qu'à l'instar des villes voisines, la députation doit être composée de quatre membres et désigne le premier adjoint, M. Gueullette, pour accompagner les trois délégués ci-dessus nommés.

Le 9 juin 1814. — Séance extraordinaire à l'occasion de la conclusion de la paix « juste et honorable » entre la France, l'Autriche, la Prusse et l'Angleterre. Il est décidé que, le 15 juin au soir, une salve de boëtes et toutes les cloches annonceront « au peuple cet évènement heureux et les cérémonies du lendemain ». 2° Le 16 au matin, salve de boëtes et sonnerie des cloches et, de quart d'heure en quart d'heure, boëtes jusqu'au moment où le cortége sera en marche pour faire la publication de la Paix générale. 3° Que MM. les membres du Conseil municipal, M. le juge de paix, son greffier et tous les fonctionnaires publics, MM. de l'Etat-major, de l'artillerie, de la garde et un détachement du même corps, les gardes nationaux, MM. les militaires en retraite, les vétérans et la brigade de la gendarmerie, tous à cheval, se rendront à l'hôtel-de-ville pour former le cortège du Corps municipal qui parcourera les places et carrefours de la ville et des faubours de Chauny ; à chacune de ces places, le Maire annoncera la Paix, le secrétaire donnera lecture des principaux articles du Traité, cette lecture sera terminée par un discours analogue à l'heureuse circonstance de la Paix générale. 4° Que le cortège se séparera au retour de cette publication pour se réunir, de nouveau, à six heures précises du soir, à l'hôtel-de-ville, pour, de là, se transporter à pied à la paroisse

Saint-Martin où sera chanté un *Te Deum* en actions de grâces. 5°
Qu'au déclin du jour il sera allumé un feu de joie sur la grand'-
place, que la façade de l'hôtel-de-ville sera illuminée, que des
danses et jeux publics auront lieu sur les promenades, qui seront
également illuminées à cet effet et, afin de veiller au bon ordre, la
gendarmerie et les agents de police circuleront pour veiller à la
tranquillité publique.

Toutes ces propositions ayant été mises aux voix ont été adoptées
par le Conseil, à l'unanimité, après quoi la séance a été levée.

Le 16 juin. — Grande fête de la Publication de la Paix générale
entre la France et les Alliés. — Voir le programme *suprà*.

Le 26 juin 1814. — Occupation de Chauny par les Prussiens.

Les notes manuscrites laissées par M. l'abbé Caron nous ren-
voyent à la *Notice historique* sur la ville de Chauny, publiée par
M. Capaumont, ancien secrétaire de la Mairie, en l'année 1840.

Voici ce qu'il dit à la suite de cette nouvelle invasion prussienne :

« Une seconde contribution de guerre de cent mille francs fut
« imposée aux habitants (de Chauny) sans motif. Indépendamment
« de cette contribution, le pays eut encore à supporter des réqui-
« sitions en tous genres et à livrer des vivres aux vingt mille
« Prussiens campés, cinq mois, devant la ville de La Fère qui ne
« se rendit point. La chute de cette brillante couronne dans le
« *fleuve des révolutions* proclame, avec l'histoire, que des gouver-
« nements militaires héréditaires ne présentent aucune chance de
« durée, etc., etc.

L'ouvrage de M. Capaumont ne nous fait connaître aucun détail
pouvant intéresser la ville de Chauny. On pourrait en trouver dans
un inventaire analytique de ses archives.

Le 27 septembre 1814. — Prestation du serment au Roi, des maire
et adjoints de Chauny et du canton, en présence du sous-préfet
« du 3° arrondissement du département de l'Aisne », de la garde
nationale et de la gendarmerie sous les armes et en grande tenue.

Ce serment était ainsi conçu : « Je jure et promets à Dieu de
garder obéissance et fidélité au Roi, de n'avoir aucune intelligence,
de n'assister à aucun Conseil, de n'entretenir aucune ligue qui serait
contraire à son autorité, et si, dans le ressort de mes fonctions ou
ailleurs, j'apprends qu'il se trame quelque chose à son préjudice,
je le ferai connaître au Roi.

Premier mars 1815. — Retour de l'île d'Elbe.

Le 17 mars 1815.— A trois heures de l'après-midi, séance relative à la *levée d'hommes* (ordonnée par le gouvernement) à désigner et faire rendre, dans les 24 heures, au chef-lieu de l'arrondissement : un homme sur trente du nombre total de ceux de la commune en état de porter les armes, muni chacun de son sac et d'un fusil de calibre ou de chasse, avec de la poudre et des balles.

M. le maire a fait mettre sous les yeux de l'assemblée les tableaux de la population de cette ville, le dépouillement en a été fait à l'instant et il en est résulté que le nombre des hommes de cette commune est de 381, dont le 30ᵐᵉ donne 12 hommes pour le contingent à fournir par la ville.

Avant de passer aux opérations subséquentes, M. le maire de la ville et M. de Frézals-Bourfaut, jaloux de donner dans cette circonstance une preuve de leur fidélité au Roi, ont fait l'offre de leurs enfants pour marcher volontairement et faire partie du contingent de la ville.

Le Conseil applaudissant à cette expression d'un dévouement aussi marqué, a engagé M. le Maire à proposer cet exemple aux hommes de cette commune devant concourir à la levée, qui avaient été assemblés par ses soins ; aucun ne s'étant offert et n'ayant pu s'accorder sur le choix à faire entre eux, le Conseil s'est vu dans l'obligation pénible de désigner les 10 hommes restant à fournir. Suivent les noms :  ?

Le 7 avril 1815. — Adresse à l'Empereur revenu de l'île d'Elbe. Sont désignés pour la porter à Paris, MM. Demory de Neuflieux, maire ; Gueullette, 1ᵉʳ adjoint ; Lelong, Pierre-François ; Leclère et Bouchereau. A l'adresse est joint un mémoire tendant à obtenir des bontés de Sa Majesté : l'établissement d'une Sous-Préfecture et d'un Tribunal dont Chauny avait été privé depuis la suppression du District.

Le 20 avril 1815. — Prestation de serment à l'Empereur par le Conseil municipal, composé de : M. Legrand, 2ᵉ adjoint, président en l'absence du maire et du 1ᵉʳ adjoint, partis en députation à Paris, MM. Hébert, Desforges, Lemaire, Roger du Tranois, Dessains, Chrétien, Rondel, Besson, Guibon, de Mory des Gravières, Cagniart, Mennessier et Lemaître.

Le serment était : « Je jure obéissance aux Constitutions de l'Empire et fidélité à l'Empereur ».

A leur retour de Paris, MM. Demory, Gueullette, Bourgeois et Leclère ont prêté ledit serment en séance du 2 mai 1815.

En séance du 6 novembre 1815. — 1° Éloge de M. de Mory de Neuflieux, décédé maire de Chauny ; 2° Nomination de M. Lemaire, inspecteur forestier, maire de la ville, et de M. Bourgeois, avocat, 1er adjoint en remplacement de M. Gueullette, démissionnaire, et de M. Leclère, notaire, 2° adjoint (Arrêté préfectoral du 4 novemb. 1815). 3° Envoi officiel d'une lettre de félicitations et d'une médaille d'or au *commandant de place prussien de Beulwitz,* avec cette inscription : « la ville de Chauny reconnaissante ». Demande au ministre de l'Intérieur *pour cet officier et pour son secrétaire, de la croix du lys ; elle leur est accordée le 25 novembre 1815 !!!*

Le 5 janvier 1815. — Installation de M. de Frézals, nommé maire par arrêté préfectoral du 31 décembre 1815, signé : marquis de Nicolaï, préfet ; baron de Théis, secrétaire général ; Macqueret, chevalier de Saint-Louis, 1er adjoint ; Besson, négociant, 2° adjoint.

Le 13 avril 1816. — Abjuration solennelle du régicide, installation et inauguration du portrait du Roi dans la salle des séances du Conseil municipal.

Le 4 mai 1817. — Messe solennelle et *Te Deum* à Saint-Martin pour célébrer l'« anniversaire de la rentrée de Sa Majesté dans ses états, à la satisfaction et pour le bonheur de son peuple. »

Etaient présents : le Conseil municipal, les militaires en retraite et les vétérans, porteurs du drapeau fleurdelisé, aux armes de la Ville, le comte Charles de Sainte-Aldegonde, inspecteur général des gardes nationales du département, etc.

Le 31 mai 1818. — Installation de M. Hébert, nommé maire par arrêté préfectoral du 27 mai précédent, signé de Nicolaï. Après avoir reçu du titulaire le serment légal au Roi, M. Macqueret a prononcé un discours dans lequel il a exposé tous les services déjà rendus à la ville par M. Hébert, nouveau maire et, après avoir fait l'éloge de ses vertus et de ses talents, il a ajouté : « C'est moi, Monsieur, qui ai eu l'honneur de provoquer votre réception et je ne puis oublier qu'il y a vingt-huit ans et plus que, dans cette même enceinte, j'ai eu celui de provoquer celle de votre honorable père, comme maire de cette ville, en 1790. Nos malheurs ont commencé à peu près à cette époque ; ils sont finis aujourd'hui ; nous n'avons plus rien à craindre, gouvernés par des Bourbons. Vive le Roi ! ». Suivent quelques lignes d'éloge de M. le secrétaire au nouveau maire et les discours du maire et du juge de paix ; puis « le cortège s'est ensuite transporté à l'Eglise pour assister à la procession du St-Sacrement, invoquer le ciel et le remercier.

De retour à la mairie on y a dressé le présent procès-verbal qui a été signé pendant que, dans toute la ville, une illumination générale et des danses publiques gratuites ordonnées par MM. les adjoints et un feu de joie allumé à 9 heures sur la place, donnaient, avec le son des cloches et des boëtes, l'assurance d'une allégresse universelle ». Suivent les signatures.

Le 7 juin 1818. — Revue générale des deux compagnies de la garde nationale, sur la place du Nord, et remise aux officiers de leurs brevets du Roi par M. le comte de Sainte-Aldegonde, inspecteur général des gardes nationales de l'Aisne. Après la revue, M. le maire a reçu le serment de MM. les Officiers : « Je jure fidélité au Roi, obéissance à sa charte constitutionnelle et aux lois du Royaume et soumission aux ordres qui me seront donnés par mes chefs pour le service ».

Le 27 septembre 1818. — Demande des anciennes médailles que Chauny a obtenues « pour prix de sa fidélité et de son dévouement à leur service ».

Le 22 mars 1820. — Service funèbre célébré pour Son Altesse Royale le duc de Berry.

Le 8 mai 1820. — Le Budget de 1820 porte, chapitre 5, dépenses
*Instruction Publique* :

44. Traitement d'un professeur de langue latine, 600 fr......    600
     Le Conseil maintient cet article à condition que ce professeur se chargera de l'éducation gratuite de deux élèves pauvres lesquels seront pris dans les écoles primaires, parmi ceux qui montreront le plus d'aptitude ; ils seront désignés par le Conseil municipal et choisis par MM. composant le jury d'Instruction qui feront préalablement subir un concours aux élèves qui lui auront été présentés.

45. Instituteurs primaires, 200 francs.....................    200
     Le conseil, vu l'établissement d'un 3me instituteur, le sieur Nocq, dont le zèle et l'activité viennent d'être récompensés par son Exc. le Ministre de l'Intérieur, désirant le faire jouir de l'indemnité accordée aux deux autres, vote à cet effet 300 francs ...............................    300

46. Institutrices :

     Une troisième institutrice, madame Guillaume, s'étant établie et méritant d'être encouragée, le Conseil vote 150 fr.    150

11 juin 1820. — Réception et prestation du serment légal au Roi, du sieur Frédéric Quéquet, chevalier de la Légion d'honneur et capitaine en retraite, nommé chef de bataillon commandant la garde nationale de Chauny.

7 octobre 1820. — Vote de 300 francs pour frais de la fête donnée à l'occasion de la naissance du duc de Bordeaux.

6 janvier 1821. — Vote de 200 francs pour l'achat du domaine de Chambord fait par les villes de France, pour S. A. R. Mgr le duc de Bordeaux.

7 février 1821. — Affaire du niveau des eaux, curage des rivières, *mémoire adressé à M. le Ministre de l'Intérieur pour la ville de Chauny, contre les prétentions de MM. les administrateurs de la Manufacture des Glaces de St-Gobain, propriétaires du Poli établi à Chauny.* (Ce mémoire est très intéressant et digne d'être reproduit en entier).

14 mai 1821. — Opposition du Conseil à l'établissement d'une fabrique de *Soude factice.*

24 mai 1821. — Passage de la duchesse de Berry à Chauny.

23 février 1822. — Nomination de M. Louis Capaumont en qualité de secrétaire-greffier de la mairie, en remplacement de M. Favereau, décédé.

12 juin 1822. — Visite du duc d'Orléans, plus tard roi des Français, en 1830.

Le 8 juin 1823. — Prix général et *bouquet provincial* du jeu de l'Arc de la ville de Chauny.

L'invitation adressée aux nobles chevaliers de l'Arc de la région est ainsi conçue :

### MESSIEURS ET CHERS CONFRÈRES,

« Acquitter notre dette en rendant le Bouquet que nous avons reçu, l'an passé, de la Compagnie de Villequier-Aumont, vous donner à tous la preuve de notre reconnaissance, en vous offrant le même accueil et les mêmes sentimens de fraternité qui nous ont été prodigués ; si vous acceptez d'embellir notre fête, et de prendre au prix qui sera tiré le 8 juin et jours suivans, la part à laquelle votre adresse vous donnera droit : voilà nos vœux !

Daignez y répondre en venant partager les plaisirs que la sincérité vous offre ; rivaux sans jalousie, nous applaudirons aux triomphes que nous n'aurons pu remporter. L'union la plus intime régnera entre nous ; le carquois de l'amitié n'est pas celui de l'amour. »

Nous avons l'honneur d'être, Messieurs et chers Confrères, etc.

Sur l'affiche nous lisons :

2° Les Compagnies arriveront en bon ordre, tambours battans et enseignes déployées. Celles qui nouvellement formées n'auraient ni tambour, ni drapeau, seront reçues de même.

3° La réception aura lieu le 7 juin, sur la Place, vis-à-vis de l'Hôtel-de-ville, depuis 4 heures après-midi jusqu'à 8, et le lende-matin depuis 6 heures du matin jusqu'à 10.

4° Les Compagnies seront tenues de déposer au Greffe l'enjeu de leurs tireurs, fixé à 1 fr. 25 c. par chacun, pour 24 coups, et leurs registres qui ne seront remis qu'après la délivrance des Prix.

5° On pourra essayer le Jeu, chacun, deux coups, jusqu'au dernier de la messe, et les cartes appartiendront aux gagnans.

6° A neuf heures un rappel sera battu, les compagnies se réuni-ront sur la Place, pour aller en ordre entendre la Messe, qui sera célébrée en l'église de St-Martin, par le Doyen ; elles figureront toutes à la Procession sur double rang, selon l'ordre de leur arrivée, excepté celles qui n'ayant ni tambour ni drapeau, marcheront les dernières.

7° La compagnie de Villequier-Aumont, en remerciement du Bouquet qu'elle a transmis à celle de Chauny, marchera immé-diatement après celle-ci.

8° De retour à l'église, les compagnies seront placées dans les bas-côtés du chœur qui leur seront réservés.

9° Les drapeaux seuls entreront dans le chœur, ainsi que les Rois et Connétables de chaque compagnie. Les tambours resteront sous le portail.

10° Les Officiers et Chevaliers iront à l'offrande avec leurs armes, dans l'ordre de la marche.

11° A l'issue de la messe, lorsque toutes les compagnies de l'Arc et celles de la Garde Nationale, qui ouvriront et fermeront la marche, auront reconduit à l'Hôtel-de-ville où elles les auront pris, M. le Maire, les Adjoints, le Conseil-Municipal, la Justice de Paix, tous les fonctionnaires civils et militaires et la Gendar-merie, invités à la cérémonie, les Connétables de chaque compagnie se rendront dans la grande salle, pour tirer au sort l'ordre du tirage du prix.

28 décembre 1827. — Installation de M. Roque (Antoine), chef de bataillon en retraite, chevalier de St-Louis, nommé 1<sup>er</sup> adjoint, en remplacement de M. Macqueret, décédé.

11 novembre 1828. — Erection de l'église Notre-Dame en succursale. M. le Maire donne lecture au Conseil de la lettre de M. le Préfet, du 21 octobre dernier, qui l'autorise à s'assembler de nouveau, sur la demande faite par les habitants de la Chaussée, pour l'érection de l'église Notre-Dame en succursale de l'église St-Martin.

Le Conseil reconnaissant la justice de cette demande, fondée sur l'impossibilité où sont les habitants d'assister au service dans une église seulement, joint son vœu à celui des habitants et, conformément à l'art. 2 de l'ordonnance royale du 25 avril 1819, il vote l'érection de l'église Notre-Dame, en succursale de l'église Saint-Martin.

Avril 1829. — Le Maire de la ville et le Commandant de la Garde Nationale de Chauny :

Monsieur,

Le maintien de l'ordre public nous ayant fait désirer voir encore la Garde Nationale appelée à y concourir ; persuadés que si le zèle qui l'animait a pu se ralentir lorsque son service était plutôt de parade que de nécessité, sa confiance en nous le ferait renaître avec la même activité à notre premier appel ; nous avons cru devoir solliciter de l'Autorité supérieure l'approbation du Contrôle de révision, légalement arrêté, tant pour remplacer les personnes décédées, changées de domicile, ou remplissant des fonctions administratives, que pour en retirer ceux exemptés par l'âge.

M. le Préfet, par son arrêté du 22 Décembre dernier, a sanctionné ce Contrôle sur lequel vous êtes porté en qualité de...

Nous ne vous retracerons pas ici les obligations civiques des compagnies de Grenadiers, Chasseurs et Pompiers de la Garde Nationale ; nous vous assurerons seulement que le service que vous serez appelé à faire sera tout entier dans l'intérêt général des habitans et parconséquent dans le vôtre.

C'est dans l'élite des Citoyens que la Garde Nationale est prise, et vous devez tenir à honneur et gloire de vous y voir compris. N'épargnez-donc aucun des moyens qui sont en votre pouvoir pour y figurer suivant le rang que vous devez y occuper.

La bonne tenue de la Garde Nationale de Chauny, son instruction et sa discipline lui ont valu une réputation qu'elle ne démentira pas : ses mots d'ordre seront toujours : *la Patrie et le Roi*. Ils sont les garans les plus sincères de son dévouement et de sa fidélité.

Recevez, Monsieur, l'assurance de notre parfaite considération et de notre confiance en vous.

*Le Commandant de la Garde Nationale,*
QUÉQUET.

*Le Maire de la Ville,*
HÉBERT.

2 novembre 1830. — Adresse au Roi Louis-Philippe. Le Conseil assisté des délégués de la Garde Nationale a arrêté que l'adresse suivante serait présentée au Roi :

< Sire,

< Nous n'avons pu résister au désir que nous avions de venir vous renouveler l'assurance de tous les sentimens de respect, de fidélité et de dévouement, que déjà, avec les habitants de Chauny, nous vous avons jurés dans une première adresse que vous avez daigné recevoir.

< Votre fermeté, votre confiance dans le courage et le patriotisme de la Garde nationale et de tous les Français, commandent aujourd'hui notre admiration et nos devoirs.

« Roi de tous les Français, par leur choix et votre mérite, mais leur père par vos sacrifices et vos bienfaits, vous prouverez, Sire, que la fidélité à remplir ses promesses fait la puissance et la gloire des Rois, comme nous prouverons que la reconnaissance et l'amour de la grande famille sont la récompense de votre justice et de votre loyauté ». Signé Hébert, Chardoillet, Guérinot, Bourgeois, Quéquet-Warnier, Deshotels, Prévost, Lemaître, Guibon, Degieux, Rabeuf, Fleury, Tronquoy et Carlier ».

25 juillet 1831. — Vote de 250 fr. pour les dépenses des fêtes qui auront lieu les 27 et 28 de ce mois, pour la célébration de l'anniversaire des journées de juillet 1830.

12 avril 1832. — Renouvellement du Conseil ; M. Hébert, maire, MM. Labart et Bouchereau, 1" et 2ᵉ adjoint. Discours de M. Hébert :

< Si je ne consultais aujourd'hui que mes intérêts particuliers, mes forces et mes moyens, je n'hésiterais pas, après 14 ans d'exercice, à quitter un poste aussi pénible que celui de la mairie ; surtout dans un instant où les ennemis du repos public font tant

d'efforts pour troubler la tranquillité, et les menaces d'une épidémie exigent tant de soins ; mais je pense qu'il y aurait lâcheté et manque de patriotisme en refusant mes services au moment du péril et ingratitude en ne répondant pas à la confiance des habitants de cette ville, sanctionnée aujourd'hui d'une manière si honorable pour moi, par le Roi et son gouvernement... ».

1ʳ mai 1832. — *Choléra*. — Il y a séance tous les jours ; Conversion du crédit ouvert pour les fêtes publiques, en secours aux malades et aux malheureux et projet pour l'établissement de pompes au faubourg de la Chaussée. Le Conseil profite de cette circonstance pour exprimer ses remerciements à M. Delacroix, élève en médecine à Paris, que son zèle a porté à interrompre le cours de ses études, pour venir donner à ses concitoyens les secours de son art. Il charge son président de faire connaître ce vote à Monsieur Delacroix.

Son attention est fixée sur un objet qui excitera sa sollicitude jusqu'à l'entière extinction de la maladie, c'est le sujet de la lettre écrite à M. le Maire, le 28 de ce mois par M. le Préfet sans cesse occupé des moyens tendant à diminuer les maux qui pèsent sur les habitants. M. le Maire propose au Conseil d'établir dans la Chaussée, où la maladie s'est plus particulièrement fait sentir, des puits artésiens afin de procurer de la bonne eau dans cette partie de la ville qui en manque entièrement.

Le Conseil, après discussion, reconnaît qu'il serait moins coûteux et plus avantageux d'établir deux pompes, placées aux endroits les plus à portée des habitants de la Chaussée.

En la Séance du 5 mai, le Maire demande à l'Intendant militaire « que les soldats en garnison à Chauny, depuis 18 mois, soient tous logés à la caserne où il y a encore de la place et que le gouvernement fournisse les lits nécessaires, attendu que la maladie qui règne en cette ville pourrait atteindre quelques-uns des militaires qui logent chez l'habitant et de là se propager dans la caserne où elle n'a pas encore paru ».

Dans la Séance du 9 mai, le Conseil, sur la proposition de l'Ingénieur des ponts et chaussées, du 26 avril dernier, fait cadenasser une des vannes du moulin du Brouage, dans l'intérêt de la salubrité, « parcequ'il est généralement reconnu et notamment par la Commission sanitaire, que la stagnation des eaux et leur défaut d'écoulement a été une des causes principales qui ont fixé la maladie dans une portion de la ville, voisine de ces eaux ». —

L'Usine, à qui appartient le moulin, proteste; mais la Préfecture maintient la décision.

Le 9 juillet 1832. — Installation du deuxième adjoint, M. Warnier (Honoré-Joseph), en remplacement de M. Bouchereau, que ses fonctions de juge de paix empêchent d'occuper ce poste.

Le 7 août 1832. — Session ordinaire. — L'allocation de 200 francs pour prix à donner aux écoles est appliquée « à réparer, autant que possible, les malheurs causés par l'épidémie ; vu que les classes n'ont pu être suivies en raison de l'épidémie qui a régné ».

Le 10 septembre 1832. — Établissement de l'enseignement mutuel à Chauny ; la direction en est confiée à M. Lefèvre, né à Chauny ; « ce jeune homme a les connaissances nécessaires pour remplir convenablement cette place. Le Conseil le présentera et le recommandera au Comité de surveillance des écoles primaires, à qui il appartient de faire le choix des instituteurs. Son traitement sera fixé à 540 francs, comme il a été dit à l'art. 64 du budget proposé pour 1833.

Le 28 septembre 1832. — Nomination de S<sup>r</sup> Adolphe Richart, fils du docteur-médecin de cette ville, et de Narcisse-Emile Groisillier, fils de M. Groisillier, propriétaire à Chauny, tous deux agés de 14 ans et natifs de Chauny, comme *Boursiers* de la ville.

Le 2 novembre 1832. — Don de 1000 francs fait à la ville de Chauny, par le Roi, en faveur des cholériques et .... fr. par M. Hély d'Oissel, président de la Commission sanitaire de Paris.

Le 6 décembre 1832. — Adresse au Roi à l'occasion de l'attentat commis contre sa personne par *Fieschi* : « Sire,

« Depuis que les Français vous ont appelé au trône, la sincérité des vœux que nous ne cessons de former pour la conservation de vos jours nous a fait ressentir avec d'autant plus d'indignation l'énormité de l'attentat auquel vous avez échappé.

« Puisse la Providence vous conserver longtemps et votre dynastie toujours pour notre bonheur et celui de nos descendants.

« Tels sont, Sire, les vœux unanimes et les espérances de tous les habitants de cette ville.

« Vous pouvez compter sur nos sentiments de reconnaissance, d'amour et de respect pour votre Majesté. »

Cette adresse, ayant reçu l'approbation du Conseil, a été signée et sera envoyée à M. le Préfet, avec prière de la faire présenter au Roi. Signatures : Hébert, maire ; Labart et Warnier, adjoints ;

Bouchereau, Flamant, Fouquet, Tétart, Bayeux, Guibon, Lavaire, Dantier, Chardoillet, Rabœuf, Lemoine, Dégieux, Chatelain et Bourgeois. (Absents pour des motifs admis par le Conseil : MM. Bourdon, Guérinot, Groisillier, Carlier et Delbet).

Le 31 décembre 1832. — Envoi d'une députation du Conseil de la ville de Chauny près du Roi, à Saint-Quentin, pour le complimenter sur l'heureuse issue de la guerre contre la Hollande.

Un de MM. les Conseillers propose, à cet effet, l'adresse suivante, qui est adoptée et signée par MM. les Conseillers :

« Sire,

« Vous venez d'embrasser vos fils ; vous allez revoir nos enfants qui sont aussi les vôtres ; compagnons de dangers et de gloire, ils vont apprendre par vous qu'ils ont bien mérité de la Patrie, du Souverain, de l'Humanité ; qu'ils vont être beaux ces jours où, comme Roi et comme Père, vous allez décerner des récompenses dues à la valeur et aux vertus guerrières ».

Le préfet avait avisé M. le Maire du passage probable du Roi dans les premiers jours de janvier 1833.

Le 1er janvier 1833. — Adjudication de 33 réverbères, pour l'éclairage de la ville et des faubourgs.

Le 6 février 1833. — M. le président rappelle au Conseil la conduite digne d'éloges que la sœur *Victoire*, de l'Hôtel-Dieu, a tenue pendant la durée de la fatale épidémie qui a désolé la ville. Persuadé que MM. les Conseillers partagent ses sentiments pour cette sœur qui s'est si courageusement dévouée au service des personnes atteintes du choléra, il propose de lui voter des remerciements et de lui donner un témoignage public de reconnaissance.

Le Conseil est unanimement d'avis que la sœur *Victoire* mérite tous les éloges et il adopte avec plaisir la proposition de M. le Président et pour établir d'une manière plus authentique ses droits à la reconnaissance publique, il arrête qu'une commission de trois membres, prise dans son sein, recueillera les principaux faits et, sur le rapport qu'on en fera, il donnera à la sœur Victoire les témoignages de satisfaction qui lui paraîtront les plus convenables.

Dans la Séance du 11 février 1833. — Le Conseil, après avoir entendu le rapport de la commission, arrête : Que M. le Maire, au nom du Conseil et des habitants, adressera à la sœur *Victoire*, dans une séance publique, les remerciements qui lui sont dus pour son dévouement et son humanité.

Que, dans la même séance, M. le Maire remettra à la sœur *Victoire* une médaille d'or, témoignage de la reconnaissance du Conseil et des habitants.

Que, pour que cette médaille soit d'autant plus la preuve des sentiments de la générosité des habitants pour la sœur Victoire, une souscription sera ouverte pour en faire les fonds.

Qu'une expédition de la délibération sera adressée à M. le Préfet pour avoir son approbation, avec prière de solliciter près du Ministre l'autorisation, pour la sœur Victoire, née *Victoire Daras* de Lesbœuf, de porter la médaille à elle accordée.

Rapport fait par M. Bourgeois, membre de la Commission :

Messieurs,

« La conduite courageuse de la sœur Victoire, les soins, les secours qu'elle a prodigués aux malades pendant toute la durée du terrible fléau qui a décimé la ville, ont dû fixer votre attention et vous avez dû vouloir récompenser par de justes éloges, par un témoignage public de gratitude, le dévouement de cette digne sœur.

La Commission que vous avez chargée de recueillir les principaux traits qui honorent la sœur Victoire, a trouvé son éloge dans toutes les bouches. L'estime générale lui est acquise.

« L'affreuse maladie qui, du fond de l'Asie, a traversé tant de contrées pour venir jusqu'à nous, qui partout a fait de nombreuses victimes, nous était annoncée avec des détails si effrayans qu'ils suffisaient pour glacer le courage. Bien que la sœur *Victoire* n'ignorât pas qu'on pouvait courir des dangers en approchant, en soignant les cholériques, elle n'hésita pas un instant à leur porter secours.

« Au moment où la femme Toupet-Joyeux ressentit, sur le rempart où elle était alors, les premiers symptômes de l'épidémie dont elle a été la première victime, le médecin et les chirurgiens étaient absens ; aussitôt que la sœur Victoire en fut avertie, elle se rendit près de la malade ; se procura un fauteuil et cette femme ne voulant pas entrer à l'hospice, elle la transporta presque seule à l'extrémité du faubourg de la Chaussée, lui donna les premiers secours, lui fit des frictions et resta près d'elle jusque vers le soir, où elle fut obligée de rentrer à l'hospice pour soigner un autre cholérique qu'on venait d'y apporter.

« Depuis lors elle ne cessa pas de s'occuper des cholériques transportés à l'hospice et, malheureusement, le nombre en fut grand ;

que de nuits passées à les secourir ! que de soins, que d'attentions
elle eut pour eux ! Les médecins ne pouvaient suffire à tout ; la
la ville, les villages les réclamaient. Elle fit souvent pour l'hospice
ce qu'ils ne pouvaient faire eux-mêmes.

« Non contente de se dévouer pour les malades de l'hospice, elle
prenait encore sur le peu de repos qu'elle avait, pour aller au dehors
porter des secours et des consolations aux indigents atteints par
l'épidémie. La fille Mennessier, femme Guérin, logée dans la maison
du Jeu de boules, la femme de Claude Duplaquet, cordier au
faubourg du Pissot, furent presqu'entièrement soignées par elle ;
beaucoup d'autres reçurent aussi ses secours, et nous aurions sans
doute, Messieurs, bien des noms à vous citer si la modestie de la
sœur n'eut fait un secret de ce que les pauvres doivent à sa charité.

« Oui, Messieurs, la sœur *Victoire* mérite tous nos éloges; elle est
digne de toute notre estime ; tous les jours, elle y ajoute de nouveaux droits ; c'est une seconde Providence pour les malades, et
nous sommes heureux d'être appelés à vous proposer de lui voter
des remerciements et de lui donner une marque publique de
reconnaissance. »

Le 16 mars. — Le Conseil décide que la médaille sera en or
et d'une valeur de 200 francs ; elle portera, d'un côté, un emblème
représentant la Bienfaisance, avec cette inscription : *Épidémie de
1832 ;* de l'autre : *La ville de Chauny reconnaissante à la sœur
Victoire Darras.* Par lettre du 25 avril suivant, M. le Préfet
annonce à la ville que le Roi a approuvé et sanctionné la délibération relative à la sœur Victoire. Et il est décidé que le jour de
la fête du Roi, l'on décernera ladite médaille, en présence des
officiers de la Garde nationale et de la 3$^{me}$ batterie du 8$^{me}$ régiment
d'artillerie, du doyen du canton et de ses vicaires. La supérieure
des religieuses de la Croix et d'autres sœurs accompagneront la
sœur Darras.

Le 26 avril 1834. — Le Conseil décide que les 150 francs destinés
à la fête de la Saint-Philippe, serviront à secourir les blessés, les
veuves et les orphelins des défenseurs de l'ordre à Lyon et à Paris,
suivant le désir du Roi, exprimé par une lettre préfectorale du 21
avril 1834, signé Renaudon.

Le 27 décembre 1834. — Grand incendie au Brouage « dix ouvriers
sont employés pendant deux jours et une nuit pour éteindre les
bois et pailles qui ne l'étaient pas entièrement et à charger les
voitures qui enlevaient les pailles éteintes ».

Le 6 février 1835. — M. Ecarnot, propriétaire à Chauny, demande un local pour ouvrir un cours gratuit de géométrie appliquée aux arts et de dessin linéaire ; on lui donne la Chambre des adjudications.

Le 13 novembre 1835. — Demande de passage du Chemin de fer de Paris à Lille, par Chauny, qui possède le vaste établissement de la Manufacture royale de Saint-Gobain et de produits chimiques, qui a, dans ses environs, cinq manufactures de sucre indigène, quatre manufactures de faïence, une fabrique de bouteilles et une de couperose... »

Le 1ᵉʳ février 1836. — Le maire demande un crédit de 72 fr. 65, pour solder la dépense qu'il a faite pour enlèvement des neiges.

Le 10 novembre 1837. — Le Conseil est d'avis qu'il y a lieu d'offrir et offre à la Société concessionnaire du Chemin de fer, un terrain suffisant pour la station et les constructions nécessaires, aux frais de la commune...

Le 12 janvier 1838. — M. Ecarnot, conseiller municipal, le 18 juin 1837, est nommé avec MM. Delanchy, Woiret, Rizaucourt, Groisillier, Guibon, Dapremont, Lacœilhe, Tronquoy, Lemaître — pour se joindre à la commission centrale qui se rendra à Paris, pour défendre les intérêts de la ville pendant la discussion des lignes de Chemin de fer.

Le 6 février 1838. — Construction de la nouvelle route de Chauny à Blérancourt.

Le 22 septembre 1838. — Nomination comme *Boursiers* de la ville, de Henry Quéquet et de Auguste Vainez, élèves : le 1ᵉʳ du petit séminaire de Noyon, le 2ᵉ du petit séminaire de Saint-Lucien, près Beauvais, tous deux de Chauny et en quatrième.

Les 9 et 10 mai 1839. — Budget. — *Dépenses*.

Traitement du Régent du collège et logement, 500 francs proposés par le Conseil ; 600 francs.

Le Conseil propose l'établissement d'une seconde école primaire communale, dirigée par un maître breveté, dans un local fourni par M. Floquet, régent du collège ; il lui sera accordé les 500 francs qui étaient attribués à ce régent, plus 100 francs pour indemnité de logement.

Distribution des prix, 50 francs.

Traitement de l'Instituteur communal, 800 francs. Pour son logement et son entretien, 250 francs.

Traitement des Institutrices : 500 francs.

Création d'une école de chant et de musique : 300 francs. Il a paru convenable au Conseil de fonder une école gratuite pour cet enseignement, à la condition que le professeur fera des élèves pour réorganiser la musique de la Garde-nationale. Il sera fait un réglement entre le maire et le professeur.

Le 22 juillet 1840. — Séance extraordinaire du Conseil municipal relative à la circonscription à établir pour la paroisse Notre-Dame.

Le Conseil est d'avis de nommer une commission qui entendra, le 26 de ce mois, les citoyens qui ont leurs habitations entre les Boucheries et le Pont-Royal.

En la Session du 1<sup>er</sup> août 1840. — Le Conseil émet le vœu suivant : Considérant que la population attachée à la paroisse Saint-Martin, jusqu'aux Boucheries, et s'élevant à 2210 habitants, comprend toute la ville de Chauny proprement dite ; que cette population est fixe et assurée, se compose généralement de bonnes maisons et de familles aisées.

Considérant qu'il n'en est pas de même de la population attachée à Notre-Dame, aussi jusqu'aux Boucheries, et s'élevant à 2502 habitants ; que cette population qui se compose, pour la plus grande partie d'ouvriers attachés soit à la navigation, soit à l'établissement des Glaces, est toute flottante, peu assurée et généralement peu aisée.

Considérant qu'il n'existe aucune raison de changer la circonscription des deux paroisses qui, depuis un temps immémorial ont pour limite respective les Boucheries.

Considérant que l'intérêt de la ville de Chauny ne réclame en aucune façon, le changement de cette circonscription ; que, d'ailleurs la presque totalité des habitants placés entre le Pont-Royal et les Boucheries, a émis le vœu de rester attachée à la paroisse Notre-Dame et que c'est un devoir pour le Conseil de respecter ce vœu.

Par tous ces motifs :

Le Conseil, à l'unanimité, estime et est d'avis que la circonscription des paroisses Saint-Martin et Notre-Dame de Chauny reste telle qu'elle a été fixée depuis un temps immémorial, c'est-à-dire que les paroisses aient pour limite respective les Boucheries.

(Envoyé à Mgr de Simony en réponse à sa lettre du 10 juillet précédent).

Le 17 octobre 1840. — Installation des maire et adjoints, MM. Hébert, Jean-Baptiste-Constant et Labart, premier adjoint ; Desforges de Vassens, deuxième adjoint.

Le 1ᵉʳ février 1841. — Résultat de la quête ordonnée par le Conseil municipal en la séance du 24 décembre 1840, en faveur des inondés du Midi : fr. 617 35.

Section du Pissot : (MM. Rabœuf, Lemaître et Delacroix) 209 fr. 05.

Section du Brouage : (MM. Tronquoy, Dégieux et Tétart) 118 fr. 05.

Section de la Chaussée : (MM. Ravin, Baudrymont et Courboin) 290 fr. 25.

Le 22 avril 1841. — Vente du terrain de l'*Obélisque* « qui ne sert qu'à faire des dépôts d'ordures ».

Le 13 mai 1841. — Sur la demande du capitaine commandant la 2ᵐᵉ batterie du 4ᵐᵉ régiment d'artillerie, le Conseil consent à donner un terrain dans la pâture du Camp-Ménard, propriété communale, à l'effet d'y établir un champ de manœuvres.

Le 12 février 1842. — Une commission, composée de MM. Fouquet, Tronquoy, Dégieux, Deshotels et Rabeuf, est nommée pour l'exécution, par économie, des plantations et des travaux à faire aux promenades. Des pétitions demandent la conservation des grands arbres. Le budget porte en dépenses 1,500 francs et il ajoute qu'il faudra encore 1,500 francs.

Le 24 février 1840. — Création d'une *caisse d'épargne* : M. Michelot en est nommé le directeur.

Le 19 mars 1842. — Nomination d'un instituteur communal en remplacement de M. Nocq, décédé.

Trois candidats se présentent: MM. Demilly, instituteur à Tergnier, Déthouy, à Lunéville et Barbier, à Audignicourt. Ce dernier obtient dix voix, les deux autres chacun deux ou trois voix seulement : il est élu.

Le 18 juin 1842. — Nomination de Louis-Constant-Omer-Alexandre Lelong, comme *boursier*, par suite de la démission du jeune Vairon. Il y avait trois concurrents : Le Riche et Lacœilhe, élèves du petit séminaire de Noyon, Lelong né à Chauny, le 16 septembre 1825.

Le 24 décembre 1842. — Mort à Paris, de M. le baron Alexandre-Etienne-Guillaume de Théïs, du château de l'Avanture d'Autreville, près Chauny.

Le 9 août 1843. — Le Conseil permet au Conseil de Fabrique de Notre-Dame d'enlever deux poutres dans les chapelles collatérales de l'église, et qui gênent la confection d'un plafond qu'on se propose d'établir au moyen d'offrandes faites par des personnes charitables.

Séance du 30 septembre 1843. — Sont nommés directeurs de la *caisse d'épargne* : MM. Delacroix, médecin ; Lacroix, directeur de la Soudière ; Guibon, notaire ; Dégieux et Tétart, propriétaires, et Michelot, juge de paix ; en dehors du Conseil, les six notables nommés sont : MM. Desforges de Vassens, aîné; Delanchy, ancien notaire ; Lelong, percepteur ; Tribalet, receveur des domaines ; Lecygne, notaire et Richart, notaire, (suivant l'ordonnance royale du 4 septembre 1843).

Le 30 septembre 1843. — Nomination de MM. Hébert, maire ; Desforges, premier adjoint et Rabeuf, deuxième adjoint.

Le 21 mai 1844. — Démission de M. Capaumont, secrétaire de la Mairie depuis le 23 février 1822 et, avant, employé à la mairie depuis 1814. Le Conseil lui accorde une pension viagère de 400 fr. En échange de sa Table des actes de l'État-civil, remontant à 1680 et des 260 exemplaires du Règlement général de police dont M. Capaumont fait l'abandon gratuit à la Ville, le Conseil lui alloue 300 francs.

Le 9 novembre 1844. — On donne une indemnité de 5 francs pour une lanterne brisée sur les promenades lorsqu'on fit danser, à l'occasion de la fête du Roi.

1845. — Mort de Madame la princesse de Salm-Dick née Constance de Théis, surnommée le *Boileau des femmes* et la *Muse de la Raison*. Elle était veuve divorcée en premières noces du *bandagiste Pipelet*.

Le 14 mai 1846. — Première proposition de l'éclairage public, au gaz, par 120 becs, à raison de 4 centimes par bec et par heure.

Le 5 août 1846. — Pavage de la place du Brouage, 1500 francs, plus 375 francs.

Le 8 août 1846. — Adresse au Roi au sujet de l'attentat du 29 juillet dernier, commis par *Henri* ; on ne donne pas le texte.

Le 19 août 1846. — Nomination de M. Auguste Delavenne, né à Chauny, le 6 septembre 1822, en remplacement de M. Quéquet Henri. Il n'eut qu'une voix de plus que son concurrent Lacœilhe, qui obtint 12 voix. Pour la première fois il est question de : « M. *Leclère*, principal de l'Institution *Saint-Charles* », ce dernier appelé comme remplaçant le Principal du collège.

Le 2 novembre 1846. — Le Conseil s'occupe de la nomination des membres devant faire partie d'une commission chargée de pourvoir aux besoins que réclame en ce moment la classe pauvre ; il nomme MM. Guibon, Delacroix, Fouquet, Dapremont, Dégieux et Leroy-Riche. Une souscription est ouverte.

La même commission s'occupe des *Inondés* de la Loire : on accorde un secours de 200 francs.

Le 11 décembre 1846. — Nomination de M. Desforges de Vassens, maire ; Rabeuf, premier adjoint et Delacour, deuxième adjoint.

Le 7 janvier 1847. — Etablissement d'un atelier de charité, sur la route de Chauny à Saint-Gobain ; un crédit de 1000 francs est affecté à cet effet.

Le 10 février 1847. — Allocation de 600 francs, prise sur les fêtes publiques, pour les pauvres de *Beaumont et de la Neuville.*

Le 12 juillet 1847. — Établissement dans toute la ville de trottoirs déclarés d'utilité publique par le Conseil municipal. — Le devis des travaux dressé par M. Gréhant, conducteur des Ponts et Chaussées, s'élevant à 9.500 fr. est accepté.

Le 30 juillet 1847. — Décret royal qui « approuve la délibération en date du 9 novembre 1846, par laquelle le Conseil municipal de la ville de Chauny a émis le vœu que la place du Brouage portât, à l'avenir, le nom de place Montpensier, en l'honneur de notre bien aimé fils le duc de Montpensier. » Signé : Louis Philippe ; secrétaire d'état : Duchâtel.

Le 7 août 1847. — Arrêté du maire qui ordonne qu'à l'avenir les marchés ou foires aux bestiaux établis à Chauny, le dernier mardi de chaque mois, auront lieu sur la place Montpensier (aujourd'hui place abbé Bouzier.)

Le 7 août 1847. — Pétition des marchands, négociants, industriels de Chauny à M. le Préfet et au gouvernement, pour l'obtention d'un Tribunal consulaire à Chauny. Approbation du Conseil municipal. En séance du 9 novembre suivant, le maire annonce au Conseil que la pétition pour obtenir un Tribunal de Commerce a été prise en considération par le Conseil général et désirant activer l'affaire décide qu'une délégation, composée de MM. Lacroix et Hébert, membre du Conseil municipal ; Duplaquet, membre du Conseil général et Marlière, manufacturier, sera envoyée à Paris, près de M. le Ministre de la Justice, pour lui exposer les intérêts de la ville et faire valoir ses droits à l'obtention d'un Tribunal de Commerce. »

Le 5 février 1848. - Vote et plan d'un presbytère dans l'ancien cimetière Saint-Martin.

Le 22 mars 1848. — Séance extraordinaire (écrite par un secrétaire extraordinaire). Présents les membres du Conseil soussignés.

M. Marlière donne lecture au Conseil d'une lettre de M. le Commissaire du Gouvernement provisoire à Laon, dont suit le contenu :

Laon, le 19 mars 1848. — République Française.

Nous, Commissaire du Gouvernement pour le département de l'Aisne, nommons le citoyen Marlière Auguste, maire de la ville de Chauny, en remplacement de M. Desforges de Vassens que nous révoquons. - Le commissaire du Gouvernement. Signé Mennesson.

Après cette lecture, le Conseil installe M. Marlière en sa qualité de maire et lui assure son concours. Fait et signé en séance à Chauny, les jour et an ci-dessus. Suivent les signatures.

Le 1$^{er}$ avril 1848. — Le Conseil appelé à voter des secours aux ouvriers et voyageurs qui sont dans l'indigence, décide : 1° que le citoyen maire pourra envoyer à l'hospice de cette ville les ouvriers indigents qui la traverseront, à la charge par la commune de payer à cet établissement une indemnité d'un franc par vingt - quatre heures de séjour, pour chaque individu.

2° Qu'un secours pécuniaire pourra également être donné par le citoyen maire aux mêmes individus et que les sommes qui seront employées à cet objet seront prises sur les dépenses imprévues portées au budget de 1848.

Le 8 avril 1848. — Séance extraordinaire relative à un emprunt de 20.000 francs, pour la création d'ateliers nationaux. Membres présents : Les citoyens Marlière, maire président, Delacroix, Rabeuf, Desforges, Guibon, Tétart, Lobbé, Delorest, Lemaitre, Lacoeilhe, Fouquet, Tronquoy, Baudrimont, Courboin, Michelot, Dapremont, Deshotels, Leroy-Riche ; membres absents (avec excuse) les citoyens Hébert et Desjieux; (sans excuse) Lacroix, Huet, Delanchy, Écarnot.

Sont également présents comme plus haut imposés aux rôles de la commune, les citoyens Lesluin, Courboin, Henry, Corneaux, Bachelet, l'abbé Leclère, Belmer, Hébert Ernest, Tétart Félix, Brinquant, Gamard, Warmont, Tribalet, Quentin-Déjieux, Dorville fils, Frazier, Ravin, Lobbé Constant, Delavenne.

Le 11 avril 1848. — Réorganisation de la Garde nationale. Le Conseil décide qu'il y aura quatre Compagnies qui seront chacune composées de 140 à 200 gardes; qu'il y aura également une Compagnie de Sapeurs-pompiers composée de 65 hommes et une subdivision de Cavalerie composée de 30 à 40 hommes.

Le 13 avril 1848. — La ville de Chauny est imposée de 3.100 fr. pour les dépenses à faire, en 1848, sur le chemin de Laon à Chauny.

Le 15 avril 1848. — Vote d'un Comptoir national pour une durée de 3 ans à partir du jour où le Comptoir commencera ses opérations. Le fonds social sera de 600.000 francs. Le projet est annulé le 16 Juin 1848.

Le 19 avril. — Changement de noms de rues. Le Conseil considérant que quelques rues de la ville portent des noms bizarres et que d'autres sont sans origine ; considérant encore que comme diverses dénominations anciennes ne s'accordent pas avec celles républicaines ; considérant, enfin, qu'il est utile de perpétuer la mémoire des citoyens de Chauny qui ont illustré le pays par leurs services et celle des personnes qui ont honoré l'humanité par des actions généreuses et philantropiques ;

Décide :

La *Place Montpensier* prendra le nom de *Place Bouzier*, en mémoire de l'abbé ANTOINE BOUZIER qui fonda deux Bourses en faveur d'étudiants, enfants de Chauny, par donation du 10 Octobre 1713.

La Place de l'hôtel de ville prendra le nom de Place de la Liberté.

La rue du Pont Royal prendra le nom : de Pont National.

Le Pont Royal prendra le nom : de Pont National.

La rue Victimée prendra le nom de Rue Tronquoy, en mémoire de Jacques Antoine Tronquoy, enfant de Chauny, Colonel, tué en Italie, en 1800.

La rue des Juifs prendra le nom de Rue Penant, en mémoire de Jean-Baptiste Penant, enfant de Chauny, Colonel.

La rue d'Orléans prendra le nom de Rue Favreau, en mémoire de Charles-François Favreau, enfant de Chauny, Général de division sous la République.

Le 6 juin 1848. — Le Conseil municipal demande que, sur les dix centimes laissés à la disposition de M. le Préfet de l'Aisne, par la délibération du Conseil général, qui a voté un impôt extraordinaire de vingt centimes à franc, pour subvenir à des travaux de charité, il soit alloué, à la ville de Chauny, une somme de deux mille francs destinée aux travaux de terrassement commencés au moyen des avances faites provisoirement par plusieurs habitants de la ville.

Cette demande est fondée : 1° Sur la nécessité d'assurer du travail et des moyens d'existence à quatre cents ouvriers environ qui sont maintenant inoccupès, par suite du chômage des usines et de la stagnation de la navigation sur le canal et des travaux de construction dans la ville de Chauny. 2° Et sur l'impossibilité où se trouve la ville de subvenir aux dépenses dont il s'agit.

Le 1<sup>er</sup> juillet 1848. — Le Conseil réuni entend la lecture du rapport fait par le commandant du détachement qui s'est rendu à Paris, pour combattre les insurgés. Comme témoignage de sa reconnaissance et voulant perpétuer dans la commune le souvenir de l'acte de patriotisme des Gardes nationaux, qui, au premier bruit de l'insurrection de Paris, ont volé au secours de nos frères, décide :

Seront inscrits sur le registre des délibérations les noms des braves citoyens qui, le 25 juin, se sont portés spontanément sur la Capitale, pour partager les fatigues et les dangers des défenseurs de l'ordre, de la société et de la République : Biswang ; Debrigode ; Lavachery ; Candel ; Lamotte ; Duru ; Berton ; Ravaux ; Perrot ; Morlet ; Vignon ; Baudrimont ; Valette ; Paté ; Leroy Jules fils ; Dubois ; Marlière ; Goudemant ; Lambotte ; Lacœilhe ; Baucard ; Savary ; Hébert Ernest ; Hébert Alfred ; Delanchy ; Labart ; Magois ; Leclère ; Cazain ; Pierre ; Visbecq ; Boucher ; Bonster ; Vermand ; Collet ; Bégard ; Prémont ; Brunette, marchand couturier ; Tribalet ; Fouquet ; Toupet ; Delettre ; Féra ; Leblanc ; Alisard ; Béguin ; Berton ; Poirson ; Capaumont ; Rettéré ; Soutil ; Baudrimont, Lecomte ; Marlin ; Gaillard ; Bertoux ; Lézé ; Grouzelle ; Cagniart ; Lepage ; Taillez ; Lefèvre ; Sarrazin ; Goguet ; Davroux ; Courboin ; Guérin ; Warnet ; Frazier ; Quennevat ; Dutemps ; Momble ; Sézille ; Helque ; Paquet ; Brochard ; Courboin ; Pudepièce ; Gronier ; Hermant ; Thierry ; Berrière ; Eloi ; Guyon ; Fossier ; Blondeau ; Suret ; Marchandise ; Mannier ; Pierron ; Delahaye ; Mérot ; Debionne.

Rabœuf, premier adjoint délégué, président du Conseil municipal.

Le 23 juillet 1848. — Elections municipales ; sont élus à la majorité des voix et placés par ordre des voix obtenues :

| Noms | Age | Voix | Noms | Age | Voix |
|---|---|---|---|---|---|
| Hébert Ernest. . . . | 38 | 724 | Desportes J.-Bapt. . | 37 | 457 |
| Lacroix Ant. Arthur. | 38 | 682 | Bourgeois Abel . . . | 57 | 453 |
| Fouquet Charles. . . | 52 | 642 | Rabeuf Charles . . . | 35 | 453 |
| Delacroix Ch. Gerv.. | 40 | 620 | Parnoix P.-F. . . . . | 55 | 446 |
| Delanchy Louis . . . | 42 | 615 | Guibon Henry. . . . | 47 | 439 |
| Tétart Jules. . . . . | 40 | 590 | Delorest Charles. . . | 35 | 392 |
| Leroy-Riche. . . . . | 52 | 585 | Tailliez P.-F. . . . . | 52 | 389 |
| Michelot, père. . . . | 58 | 581 | Dapremont Stanis. . | 47 | 384 |

| | | | | | |
|---|---|---|---|---|---|
| Huet François. . . . | 33 | 553 | Dupuis Pierre Franç. | 35 | 377 |
| Lefèvre St-Edme . . | 42 | 494 | Fouquet St-Ildefonse. | 58 | 376 |
| Carlier François. . . | 35 | 487 | Evrard Charles . . . | 40 | 375 |
| Desforges Aimé . . . | 61 | 464 | | | |

Le 24 août 1843. — M. Hébert Ernest, nommé maire par lettre préfectorale du 19 août précédent, est installé en cette qualité. Adjoints : Rabeuf et Delacroix.

Le 28 août 1848. — Le Conseil presse la Compagnie du chemin de fer d'exécuter les travaux du débarcadère, pour occuper les 200 ouvriers sans ouvrage et dans la plus grande détresse, par suite de la crise commerciale et industrielle.

Le 2 octobre 1848. — Nomination du jeune Lacœilhe né à Chauny, le 18 avril 1832, en qualité de Boursier. Il avait pour concurrent le jeune Eugène Allongé, aussi de Chauny, élève du séminaire de Laon. (Allongé n'eut que 4 voix et Lacœilhe 22 voix).

Le 2 octobre 1848. — Le Conseil demande une large part aux *trois millions* accordés aux communes par le gouvernement pour les chemins vicinaux, pour organiser les travaux de Charité « car dans le tableau arrêté par la commission cantonale, le nombre des indigents, vieillards et invalides qui ont besoin de secours, cette année, dans la ville, s'élève à 295, et celui des ouvriers valides sans ouvrage est de 400 environ, en ce moment. Pendant l'hiver 1847-48, 1.281 individus ont eu besoin d'être secourus et le chiffre devra être plus élevé cette année, en raison des circonstances. Pour adoucir ces maux, les habitants n'ont jusqu'ici rien demandé au Gouvernement, mais ils sont à bout de sacrifices.

Le 17 décembre 1848. — Dépenses faites pour la plantation de l'arbre de la Liberté : 406 fr. 50, seulement.

Le 18 décembre 1848. — Un drapeau est offert en don patriotique par l'Assemblée Nationale, aux communes de France.

Distribution gratuite de drapeaux aux communes qui en feront la demande.

Le 7 février 1849. — Interdiction de mendicité. Considérant que toutes les communes du canton, à l'exception de Beaumont et de La Neuville, se sont engagées à nourrir leurs pauvres, le Conseil vote une somme de 300 francs pour être remis au Comité cantonal, dès que les mesures seront prises pour empêcher la mendicité dans le Canton.

Le 24 février 1849. — Nouvelle pétition pour obtenir la création à Chauny d'un Tribunal de commerce. En séance du 5 avril 1849, le Conseil nomme six députés pour se rendre dans ce but à Paris, près de M. le Ministre de la Justice ; ce sont : MM. Lacroix, Carlier, Dapremont, Delorest, Desportes et Lefèvre, et M. Hébert qui est à Paris.

Le Tribunal est accordé. Il coûtera 119.400 francs.

Le 11 juillet 1849. — Le président expose que l'épidémie qui règne en cette ville depuis six semaines, a fait un grand nombre de victimes parmi la classe la moins aisée de la population : que la commune et le bureau de bienfaisance se sont épuisés en sacrifices de toutes sortes pour venir au secours des indigents ; que le choléra et la suette sévissent avec une grande intensité. Le Conseil demande un secours de mille francs au Ministre de l'agriculture et du commerce pour être employés à secourir les familles.

Le 5 juillet 1849. — *Prix de Vertu* décerné, en séance publique de l'Académie Française, à *Angélique Tourneux*, âgée de 70 ans, née à Chauny, en 1779 et demeurant à Paris, rue Saint-André des Arts, n° 77.

« Sa vie a été un long dévouement, dit le rapporteur. Entrée à l'âge de 25 ans au service d'une jeune fille qui se maria à un joueur et se trouva bientôt ruinée, elle la servit sans gages et ne la quitta que pour chercher ailleurs, par son travail, de quoi la secourir et l'aider à vivre ainsi qu'un enfant qu'elle avait.

« Placée plus tard, à Paris, auprès d'une de ses tantes, femme méchante, qui avait une fille malade et la maltraitait, elle consacra tous ses efforts et le produit de son travail au soulagement de sa jeune cousine et parvint à la guérir. Sans autres ressources que son travail, elle a soutenu, pendant longues années, la fille d'une de ses amies, que celle-ci lui avait recommandée en mourant et qui restait sans secours, avec un enfant infirme.

« Toujours pauvre et déjà fort âgée, elle a recueilli et gardé pendant dix mois une vieille femme malade dont le caractère aigri par les infirmités la faisait beaucoup souffrir. Elle a partagé avec elle son lit de sangle et vendu, pour la nourrir, une partie de ses meubles.

« Tous ces actes, d'une admirable charité, sont attestés avec des détails que confirme le témoignage de M. le Maire du II<sup>e</sup> arrondissement de Paris.

« L'Académie a décerné à *Angélique Tourneux* une médaille de *mille francs.*

Le 23 août 1849. — Inauguration du chemin de Fer. Adresse du Conseil à M. le Président de la République.

Le Conseil municipal de la ville de Chauny à M. le Président de la République :

Monsieur le Président,

L'inauguration du chemin de fer de Creil à St-Quentin pour la partie comprise entre Chauny et Noyon, doit avoir lieu vers la fin de septembre prochain, époque à laquelle les travaux seront terminés.

La ville de Chauny se propose de prendre toutes les mesures convenables afin que cette cérémonie ait un caractère sérieux et solennel.

Votre présence ici, Monsieur le Président, dans une circonstance pareille, donnerait à cette fête le plus grand éclat et fournirait aux habitants de ce pays l'occasion de vous offrir l'hommage de leur vive sympathie et de vous exprimer leur admiration pour le nom glorieux que vous portez.

Le Conseil municipal, organe des vœux de la population, vous prie donc, M. le Président, de vouloir bien assister à cette inauguration.

Une députation prise dans son sein et composée de MM. Hébert, Lacroix, Desforges de Vassens, Delanchy, Rabeuf et Fouquet (Ildefonse) est chargée de vous présenter cette invitation.

Les soussignés ont l'honneur d'être avec les sentiments les plus respectueux et les plus dévoués,
Monsieur le Président,
Vos très humbles et très obéissants serviteurs.

Le Conseil décide en outre que des invitations seront faites aux Autorités, aux Représentants du peuple et aux membres du Conseil général du département, à Mgr l'Évêque, à MM. les maires et commandants de la Garde Nationale et des chefs-lieux de canton, aux administrateurs de la Manufacture des Glaces et aux Gardes Nationales des villes et communes voisines.

Il vote 1500 fr. pour les frais de la fête.— Par lettre du 4 octobre 1849, le Président exprime le regret de ne pouvoir assister à l'inauguration du chemin de fer.

1<sup>er</sup> septembre 1849. — Vote de remerciement à M. Rougeot, de la Société St-Vincent de Paul, demeurant à Paris, envoyé par M. le Ministre de l'agriculture et du commerce pour donner des soins aux cholériques. « Il a rempli sa mission avec autant d'intelligence que de dévouement ; sa sollicitude pour les malades a été des plus grandes et il s'est conduit, dans toutes les occasions, avec des sentiments que la charité la plus vraie pouvait seule inspirer ; l'intérêt qu'il a montré pour ce pays a égalé son zèle ; en effet, il a sollicité et obtenu de M. le Ministre de l'agriculture et du commerce le paiement d'une somme de cent quatre-vingts francs cinq centimes, montant de ses frais et de ceux de son collègue pendant leur séjour en cette ville et il a envoyé cette somme à M. le Président, avec une lettre en date du 25 août dernier, déposée sur le bureau et dont les termes donnent l'idée la plus favorable de la délicatesse de son auteur.

Le 14 octobre 1849. — Nomination de MM. Rabeuf, premier adjoint et Delanchy, deuxième adjoint, en remplacement de MM. Leroy-Riche et Carlier démissionnaires.

Le 13 décembre 1849. — Pétition du Conseil pour obtenir en faveur de la Sœur *Victoire* de l'hospice, la croix de la Légion d'honneur pour le zèle, le dévouement et les soins empressés qu'elle a prodigués aux malades atteints du choléra, pendant les mois de juin, juillet, août 1849. M. Leroy Riche est chargé du rapport.

Le 18 février 1850. — Expropriation de l'hôtel de la Poste aux chevaux, pour cause d'utilité publique, pour l'établissement du Tribunal de commerce, de la halle aux grains et de l'école communale des filles.

En cette session, on vote 50 francs pour les voyageurs indigents qui passent à la mairie.

Le 19 août 1850. — Vote de 1.000 francs pour les fêtes de la Saint-Momble.

Le 9 novembre 1850. — Le Conseil signale au Gouvernement la fâcheuse position des victimes de l'inondation du mois d'août dernier, dans la ville de Chauny : presque tous les inondés sont de pauvres jardiniers. Les pertes ne s'élèvent pas à moins de 46,036 fr. 75.

Le 21 mai 1851. — Vœux que 200 hommes de cavalerie ou d'infanterie soient envoyés à Chauny pour y tenir garnison.

Le 31 mai 1851. — Commission de surveillance des travaux du Tribunal de commerce, MM. Fouquet, Vict, et Ildefonse Desforges, Guibon, Lefévre et Delorest.

Le 26 août 1851. — Demande d'un vicaire à St-Martin, 200 francs sont alloués. (L'abbé Lambert est désigné pour remplir ces fonctions).

Le 12 octobre 1851. — Proposition d'une cérémonie pour la pose de la première pierre du Tribunal de commerce.

Le 19 mars 1852. — Décès de Mme Vve Mannier-Nique, proprié·
taire à Chauny ; testament par lequel elle donne et lègue :

Au Bureau de bienfaisance, 2030 fr. pour être distribués aux pauvres dans l'hiver qui suivra sa mort ; 6000 francs à l'hospice de
Chauny ou plutôt à l'hôpital des enfants ; à St-Martin 10,000 francs ;
Notre-Dame, 10,000 ; Bureau de bienfaisance, Hôtel-Dieu, 10,000
francs, etc.

Approbation du Conseil municipal.

Le 7 août 1852 — Décret du 24 juillet communiqué au Conseil
municipal, relatif à la nomination du Maire et de ses adjoints.

Le 12 septembre 1852. — Renouvellement du Conseil.

Le 2 décembre 1852. — M. le Président donne connaissance d'une
circulaire de M. le Préfet de l'Aisne, en date du 30 novembre dernier, relative à la proclamation de l'Empire et par laquelle, conformément au vœu exprimé par Sa Majesté, l'Empereur Napoléon III,
il engage le Conseil à célébrer par des actes de bienfaisance, son
avènement au trône.

Le Conseil voulant s'associer à cette généreuse pensée, vote une
somme de cinq cents francs, pour être distribuée en secours aux
indigents de la ville ainsi qu'en effets d'habillements aux enfants des
écoles communales.

Conseil du 2 décembre 1852 :

Rabeuf, premier adjoint, Delanchy, Dapremont, Delacroix, Par-
noix, Lemaître, Leroy-Riche, Desforges, Quentin, Lefèvre, Evrard,
Leclère, Choisy, Capaumont (présents) : Hébert, Lacroix, Couty,
Guibon, Delorest, Fouquet, Tétart, Desportes, Voiret.

Le 16 mars 1853. — Gréhant Henri-François, né à Laon, le 2
avril 1833, est nommé *Boursier* de la ville, en remplacement de
M. Delavenne.

Le 14 juin 1853. — Fêtes, 2,200 francs (budget).

Le 28 février 1854. — Autorisation comme congrégation religieuse,
hospitalière et enseignante des RELIGIEUSES DE LA CROIX. Avis
favorable.

Le 23 novembre 1854. — Rétablissement de l'examen présidé par
un officier de l'Université étranger à la localité, en présence de 3
membres du Conseil.

Le 2 décembre 1854. — Aqueduc sur l'emplacement de la Noëlle,
dite des Boucheries, pour recevoir les eaux ménagères et pluviales
qui iraient se déverser, pour une partie, sous le Pont des Bou-

cheries et, pour l'autre, sous celui de l'Arquebuse. (Pétition par les soussignés de construire à leurs frais ; accordé. (Signé de : Vve Parnois, Beaufils, Dorville, Duru, Bégard fils, Vve Voyeux, Desportes, Mannier-Riche, Labart, Evrad, Hénocque et Gamard Auguste.

Le 20 juin 1855. — L'éclairage au gaz est décidé. Adjudication le 16 mars 1855 ; 133 becs seront placés dans les rues principales de la ville ; 3 rues auront des lanternes à l'huile.

Le 4 août 1855. — Suivant le désir de l'Empereur qui a voulu que les sommes annuellement employées par l'Etat à célébrer le 15 août, fussent consacrées, cette annnée, à soulager les familles des militaires morts en Orient, tout en recommandant que la part des pauvres ne soit pas oubliée, le Conseil heureux de trouver cette occasion de payer son tribut de sympathie et d'admiration à nos héroïques soldats, vote une somme de trois cents francs.

Le 13 août 1855. - Prestation du serment « Je jure obéissance à la Constitution et fidélité à l'Empereur.

La 14<sup>e</sup> batterie du 9<sup>e</sup> d'artillerie a occupé la caserne, du 28 avril au 18 juin.

Le 30 août 1855. — Grand concours de Musiques décidé le 26 juillet, à l'occasion de la Foire.

Les entrepreneurs des travaux du Palais de justice étaient MM. Grandjean et Francastel.

Le 16 octobre 1855. — Considérant que cette année est la troisième où le manque des récoltes a maintenu le prix du blé à un prix élevé et en attendant l'introduction des blés étrangers, le Conseil décide qu'à partir du *premier novembre prochain*, les boulangers de la ville pourront fournir, sur des bons nominatifs délivrés par la commission aux ouvriers reconnus nécessiteux, le pain à raison de 40 centimes le kilogramme, le surplus de ce prix devant être acquitté par la ville. Le Conseil autorise le maire à emprunter jusqu'à concurrence de 10,000 fr. à 5 0/0, par actions de 100 fr. remboursables en 5 ans, à partir du premier juillet 1857, au-fur et à-mesure des besoins, les sommes nécessaires.

Le 8 novembre 1855. — Rues des Écluses et des Tinus (ouverture). Le Conseil vote un subside pour les frais des illuminations faites pour célébrer la prise de Sébastopol.

La dépense totale du Palais de justice est de 138,228 fr. 96 centimes, pour les travaux supplémentaires 36,222 fr. 45 centimes, voir le rapport du 28 mai 1856 ; honoraires de l'architecte, 7,111 fr. 06, — de l'inspecteur, 875 fr. Total général 146,205 fr. 02.

Le traité entre la ville et M. Legru, directeur de la société du gaz, est accepté et adopté le 15 juin 1857.

Décembre 1855. — L'hiver exceptionnel de 1855-56 sévit d'une façon terrible. La misère est grande partout ; aussi le Gouvernement, qui avait voté dix millions en faveur des indigents, ordonne-t-il d'en faire une prompte distribution. Chauny obtient 1,500 fr. — Sur la somme de 4,300 fr. donnée par Mgr l'Évêque, pour tout le diocèse, Chauny eut 130 fr.

MM. les Conseillers municipaux firent une quête à domicile et recueillirent 3,964 fr. dont voici le détail :

MM. Delanchy et Millon (rues Selaine et Hamoise) 41 souscriptions : 834 fr. 50.

MM. Delacour et Quentin (rues Victimée, des Cailloux, place Bouzier et place de l'Hôtel-de-Ville) 63 souscriptions : 476 fr.

MM. Leroy-Riche, Rabœuf, Leclère Ed., Voiret et Lemaitre (Faubourg du Pissot et Senicourt) 60 souscriptions : 426 fr. 50.

MM. Tétart, Evrard et Desportes (rue du Pont-Royal) 45 souscriptions : 516 fr.

MM. Choisy, Parnoix et Delacroix (rues de Noyon et de l'Arquebuse) 51 souscriptions : 394 fr.

MM. Desforges de Vassens et Capaumont (Faubourg du Brouage depuis la place Bouzier) 46 souscriptions : 296 fr.

MM. Guibon et Dapremont (rue de la Chaussée jusqu'au chemin de fer et le Bailly) 30 souscriptions : 447 fr. 50.

MM. Delorest et Debrenne (du chemin de fer au canal, chemin latéral et Port) 65 souscriptions : 369 fr. 50.

M. Couty (quartier dit de la Citadelle et faubourg de Soissons) 42 souscriptions : 204 fr.

Souscription de la Manufacture des Glaces et Produits chimiques : 600 fr.

Souscription de M. Hébert, maire : 300 fr.

Montant de la quête faite dans les églises de la ville, à l'occasion du Salut solennel de la proclamation de l'Immaculée Conception : 204 fr. 30.

---

Dans les villages du canton, MM. les maires, délégués du Comité temporaire de Bienfaisance et les curés firent également la tournée de charité et recueillirent :

| Communes | Population | Industrie | Souscription | | Allocation du Gouvernem[t] |
|---|---|---|---|---|---|
| Chauny . . . . . . . . | 6.290 | Glacerie-Soudière Sucrerie | 3.964 | | 1.500 |
| Abbécourt. . . . . . | 630 | Agriculture | 150 | | |
| Amigny-Rouy. . . . | 1.370 | » | 189 | 20 | |
| Autreville . . . . . . | 317 | Agriculture et Faïencerie | 79 | | |
| Beaumont. . . . . . | 593 | Agriculture | 239 | | 916 24 |
| Béthancourt. . . . . | 564 | » | 385 | 50 | |
| Caillouël. . . . . . . | 575 | » | 374 | 50 | |
| Caumont . . . . . . | 552 | » | 226 | 20 | |
| Commenchon . . . . | 301 | » | 70 | | |
| Condren. . . . . . . | 381 | » | 42 | | |
| Frières-Faillouël. . . | 1.600 | » | 4.205 | | 1.200 |
| Guivry . . . . . . . | 528 | » | 158 | 50 | |
| Marest-Dampcourt. . | 636 | » | 370 | | |
| Neuflieux. . . . . . | 117 | » | » » | | |
| Neuville-en-Beine (La). | 552 | » | 203 | | 720 |
| Ognes. . . . . . . . | 442 | » | 125 | 50 | |
| Sinceny. . . . . . . | 1.821 | Sucrerie et Faïencerie | 470 | | |
| Ugny-le-Gay . . . . | 473 | Sucrerie ; Culture | 321 | 50 | 100 |
| Villequier. . . . . . | 985 | Culture | 705 | | |
| Viry-Noureuil. . . . | 1.570 | » | 463 | | |

Le 31 mai 1856 et 20 août 1857. — Ouverture de la rue Saint-Martin (7 mètres de large).

Le 7 novembre 1856. — Transformation de l'ancien cimetière Saint-Martin en place publique dite de Saint-Martin.

Le 20 Mars 1857. — Enlèvement de la terrasse qui sépare les maisons Dapremont et Devaux, sur une longueur de 12 mètres, de manière à mettre le terrain faisant partie du rempart, de niveau avec le trottoir de la rue du Pont-Royal, et à reporter l'escalier à 12 mètres de l'alignement des maisons faisant face à la rue du Pont-Royal. Les travaux aux frais des pétitionnaires.

Le 19 novembre 1857. — Nomination de M. Dapremont, directeur de la Caisse d'Epargne, en remplacement de M. Leclère, démissionnaire.

Foire de Saint-Momble de 1857. — Concert donné par la musique du 9<sup>e</sup> régiment d'artilerie de La Fère. Chef : M. Blanc, sous-lieutenant.

Budget 1858. — Section 5. Instruction publique :

Instituteur primaire, traitement : 1550 fr. ; logement : 270 fr.

Institutrice : 1200 fr. ; Ecole de dessin : 600 fr. ; fournitures de classes et de prix : 400 fr. ; fêtes publiques : 4000 fr. ; dépenses imprévues : 500 francs.

Le 12 Juin 1858. — Orage qui détruit toute la toiture de l'église Notre-Dame. Le Conseil vote 2128 francs.

Le 10 Novembre. — Fête de Saint-Momble. — Ballon Godard ; Illuminations de M. Bied, entrepreneur de fêtes à Paris — Vote d'un crédit supplémentaire de 884 francs.

Le 25 novembre 1858. — Visite de LL, MM l'Empereur et l'Impératrice.

Vote d'un crédit de 2500 francs « pour recevoir dignement LL, MM Impériales. »

Ce même jour, 25 novembre, la sœur VICTOIRE, religieuse de l'Hôtel-Dieu de Chauny, obtient de l'impératrice Eugénie, la grâce d'un commerçant de cette ville condamné à une longue réclusion.

Le 6 Janvier 1859. — Projet d'ouverture du Boulevard Napoléon III. Une commission composée de MM. Delacroix, Devienne, Dapremont, Lemaitre et Millon, est nommée à cette effet. Elle dépose son rapport en session de Juin 1859. La voie nouvelle s'appellera Boulevard Napoléon III.

Le 23 Juillet 1859. — Adresse du conseil municipal. — Guerre d'Italie.

Le Conseil, à l'unanimité, vote l'adresse ci-après transcrite.

Le Conseil municipal de la ville de Chauny, à Sa majesté Napoléon III, Empereur des Français.

Sire :

La paix est signée ! et l'on ne sait ce que l'on doit admirer du courage et du génie militaires de Sa Majesté dans la lutte, ou de sa magnanimité et de son abnégation après la victoire ! Cette glorieuse et courte campagne qui met désormais l'Europe et le monde à l'abri de menaçantes éventualités, prouvera une fois de plus la Force, la Grandeur de la France et l'énergie de sa jeune Armée, comme elle montrera quelle confiance doivent inspirer la sagesse et la modération de votre Majesté.

Sire,

Le Conseil municipal de la ville de Chauny, interprête fidèle des sentiments unanimes de la population, est heureux de déposer aux pieds de Votre Majesté l'expression de ses sentiments avec l'hommage de son plus entier dévouement et de sa fidélité à votre dynastie.

Nous avons l'honneur d'être, Sire, de Votre Majesté, les très humbles et très obéissants serviteurs et fidèles sujets.

Ont signé :

M. Hébert, chevalier de la Légion d'honneur, député, questeur au Corps législatif, maire ; MM. Rabeuf ; Delanchy ; Desforges de Vassens ; Tétart ; Debrenne ; Delorest ; Dapremont ; Lemaître ; Capaumont ; Voiret ; Quentin ; Evrard ; Delacourt. — Absents de la séance : MM. Delacroix ; Couty ; Desportes ; Guibon ; Choisy ; Millon.

Gare (établissement de la nouvelle) en face du nouveau boulevard.

M. Rabeuf s'oblige à céder à la Compagnie du Chemin de fer du Nord, moyennant le prix de 1 franc par mètre carré, un terrain d'une contenance de 7.000 mètres environ, nécessaire pour l'élargissement de la Gare. Autorisation (Extrait du traité).

Le 26 août 1859. — Chemin de fer de Chauny à Saint-Gobain. (Avis favorable).

Le 12 septembre. — Dépenses pour les fêtes données à l'occasion des victoires d'Italie (Montebello, Magenta et Solférino).

Du 15 août 1859. — On a payé la somme de 5.893 francs 20 ; (on avait voté 4,000 francs.

Le 12 septembre 1859. — Société de Secours mutuels reconnue *d'utilité publique*.

En la même séance, le Conseil vote 350 francs pour solder les dépenses de la fête du *baptème des cloches* de l'Eglise Saint-Martin, qui avait eu lieu le 5 juin 1859.

L'Empereur et l'Impératrice Eugénie avaient accepté d'être les parrains des nouvelles cloches et, à cet effet, ils avaient désigné les autorités municipales pour les représenter à cette cérémonie, présidée par Monseigneur l'Evêque de Soissons.

Monsieur le Préfet du département y assistait *officiellement*.

Le 14 novembre 1859. — Décret impérial qui déclare *d'utilité publique* dans la ville de Chauny, suivant les alignements tracés en rouge sur le plan, annexé audit décret : 1° l'ouverture du boulevard Napoléon III ; 2° l'ouverture de plusieurs rues ; 3° la suppression partielle de plusieurs rues, chemins et promenades et de quelques cours d'eau.

Le Conseil décide que les terrains provenant de la suppression du rempart seront vendus aux riverains, au prix de 10 francs le mètre carré.

Le 27 juillet 1860. — Distribution de médailles d'honneur décernées au nom de l'Empereur, par le Ministre de l'Intérieur, aux sieurs Villefroy et Ducellier et d'un livret de la caisse des retraites pour la vieillesse contenant l'inscription d'une somme de fr. 25, accordé au sieur Pasquet Joseph, pour avoir fait preuve de dévouement en sauvant, au péril de sa vie, des personnes qui étaient sur le point de se noyer.

Le 27 juillet 1860. — Projet de reconstruction du CLOCHER DE NOTRE-DAME, de Chauny.

Les plans et devis présentés le 3 janvier 1860 par M. de Joly, architecte du corps législatif, portent une dépense de 26,000 fr.

La fabrique donne 2,000 francs ; la ville vote 19,000 ou 20,000 francs et l'on demande au gouvernement 5000 francs.

Le 1ᵉʳ août 1861. — Adjudication. — Autorisation préfectorale de mettre en adjudication. Allocation d'une somme de 3,000 fr. pour les travaux de la ville : on l'applique au clocher Notre-Dame, 12 mars 1864).

Le 14 juillet 1860. — Réélection de M. Hébert, maire. (Décret impérial du). Liste du Conseil municipal :

Desforges de Vassens, Aimé ; Delanchy ; Raheuf Ch. ; Millon ; Debrenne ; Delacroix ; Lemaître ; Desportes ; Delorest ; Couty ; Quentin ; Vallette Emile ; Tétart Louis ; Guibon ; Voiret ; Delacour ; Dapremont ; Michelot ; Capaumont ; Evrard ; Romain et de Baillancourt.

Chacun d'eux s'est levé et a prononcé le serment suivant :

« Je jure obéissance à la Constitution et fidélité à l'Empereur. »

Le 11 octobre 1860. — Nomination de M. Ch. Chincholle, comme *boursier* de la ville, en remplacement de M. Gréhan (17 voix). Il avait pour concurrent, Léon Lecercle, fils du contrôleur des contributions indirectes, qui eut 4 voix.

Ch. Chincholle est né à Amiens, le 16 juillet 1843.

Le 16 février 1861. — Plantation de marronniers au lieu de peupliers de Canada portés au plan, à un mètre de la bordure du trottoir du Boulevard et à 6 mètres environ l'un de l'autre.

Le 23 mai 1861. — Ch. André, né à Chauny, le 14 mars 1842, *boursier* de la Ville, est admis à l'Ecole polytechnique. (Vœu du Conseil municipal).

Le 23 mai 1861. — Vœu en faveur du chemin de fer de Chauny à St-Gobain.

Le 2 juin 1861. — Pension viagère de 400 francs, accordée à M. Barbier, instituteur, qui est depuis « 20 ans à l'école communale gratuite, s'y est toujours distingué par son zèle, sa grande aptitude, une capacité et un dévouement au-dessus de tout éloge ; il a rendu de loyaux et éminents services à la commune, en donnant à

son école une  direction hors ligne qui lui a mérité les éloges de tous
ses chefs. » Extrait des délib., approuvées le 26 septembre 1861.

Le 2 juin 1861. — Demande  d'une seconde  brigade de gendarmerie à pied « pour le service de la gare, de la ville et du canton ».

Le 2 juin 1861. — Le Conseil  décide qu'un  vicaire spécial devra
désormais être attaché à la paroisse St-Martin  et qu'un  traitement
annuel de 600 francs lui sera donné.

Il ne sera plus attaché à la paroisse de Caumont.

Le 29 juillet 1861. — Première visite à Chauny, de Mgr Christophe
évêque de  Soissons.

Le Conseil est d'avis  que la garde nationale soit en  bataille sur la
place de l'hôtel de ville pour l'arrivée de Mgr de Soissons et que le
Conseil  municipal  auquel s'adjoindront  MM. les  officiers de la
garde nationale et les membres des autres corps tels que Conseil de
fabrique,  membres  du Bureau de bienfaisance  et d'administration
de l'hospice, lui soit présenté dans la cour du Presbytère (Extrait de
la séance du 22 juillet 1861).

Le 22 juillet 1861. — Souscription faite à  Chauny pour les incendiés de  Senicourt (Répartition de la). Il est  donné à MM. Gaule,
1011 fr. ; Leclère fils, 622 fr. 50 ;  Leclère père, 415 fr. ;  Dapremont,
467 fr.; Nattier 280.

Total égal au produit de la souscription 2795 fr. 50.

La caisse municipale donne aux incendiés 200 fr.

A Chemin-Lemaître 90 fr. ; Doffémont 45 fr. 55; Leclère, 38 fr. 55 ;
Gaule-Devaux, 25 fr. 90.

Le 19 août 1861. — Emprunt de 55,000 fr. nécessaires  à *l'acquisition des maisons, situées sur la place, des sieurs Lesluin, Favereau
et Lafosse*, à l'appropriation de la Place et aux travaux nécessités soit
pour l'agrandissement de la  Place, soit pour  la reconstruction de
l'Hôtel de Ville.

L'emprunt  sera  remboursable en  25 ans et  par annuités  de
3878 fr. 38. Le Conseil vote, en conséquence, une imposition extraordinaire de 5 centimes sur les 4 contributions directes, à partir
de 1862.

Noms des plus haut imposés : MM. Lelong fils, Lesluin, Voyeux,
Brunette, Leroy, Mortreux, Courboin, Bachelet, Delafosse, Etévé,
Payart Elisée, Flament, Picart, Godard,  Bayeux, Brancourt,
Letendre de Tourville, Roux, Dufresne, Lebègue, Lobbé et Bau-
card.

Le 18 janvier 1862. — Le Conseil d'État substitue à la première
combinaison d'emprunt une  imposition extraordinaire de 18 centi-

mes sur les 4 contributions, pour l'année 1862 et un emprunt de 43,000 fr. remboursable en 20 ans, au moyen d'une imposition extraordinaire de 5 centimes, à partir de 1863. (Adopté). Voir plus loin, 27 mai 1863.

Le 18 janvier 1862. — Rétablissement du service d'Aumônier de l'hospice, par la Commission administrative dudit hospice, avec un traitement de 300 fr. à partir de 1862 et approuvé par le Conseil municipal.

Il est stipulé que le service doit se faire par le vicaire de la paroisse St-Martin.

Le 25 février 1862. — Réception provisoire des travaux du Boulevard Napoléon III. (Approbation du procès-verbal).

Le 25 février. – Demande d'une AGENCE AUX GRAINS à Chauny; elle se tiendrait le vendredi de chaque semaine.

Le 6 août 1862. — *Etablissement d'une salle d'Asile communale* sur l'emplacement partiel de l'ancien Hôtel-Dieu.

Demande d'une subvention de 12,000 fr. (Évaluation de la dépense 55,000 fr.)

Le 2 avril 1863. – Avis du secours accordé de 12,000 fr.

En 1865, mois de mai. — On vote 56,181 fr. pour les frais de la construction à faire de la salle d'asile.

Vote d'un emprunt de 180,000 fr. à 5 0/0, remboursable en 12 ans, par annuités de 15,000 fr. Le tout devant solder les frais de construction de la salle d'Asile et de l'Hôtel de Ville.

Le 21 août. — Cinq candidats pour une bourse de l'abbé Bouzier, MM. Hutin, Hamchart, Bourgain, Godard et Duplaquet; le premier a obtenu 11 voix, le deuxième 6, le troisième 4, le quatrième 3, et le cinquième 2.

Le 22 novembre 1862. — Nomination de M. Hutin Philippe comme BOURSIER de la ville, en remplacement de M. Dapremont.

Le 27 février 1863. — Proposition et non acceptation d'établissement d'un bureau spécial télégraphique, celui de la gare ayant paru suffisant.

Le 27 février 1863. – Réception définitive des travaux du Boulevard de la Gare.

Le 27 février 1863. — Reconstruction du portail et du clocher de Notre-Dame. De 29,835 fr., premier projet, on est arrivé, par suite des exigences du Conseil des édifices diocésains, à un second projet montant à fr. 34,000. Entrepreneur Girardin.

Le 27 mai 1863. — Le jury d'expropriation décide que les indemnités à payer aux propriétaires et locataires des maisons que la ville, par décret du 15 juin 1862, a été autorisée à acquérir pour agrandir la place et la cour de l'Hôtel de Ville, seront attribuées :

Aux sieurs Lafosse, 10,000 ; Lesluin, 20,000 ; Favereau, 31,600 ; Leoult, locataire de la maison Lesluin, 12,000.

Le 5 juin, on décide la démolition des maisons Favereau et Lesluin.

Le 8 novembre 1863. — Avis favorable pour la création d'une usine produisant des PATES A PAPIER, sur le Boulevard, fondée par MM. Dufresne, Malézieux, du Rieux et C^ie.

Sous la condition que les propriétaires s'engagent à employer tous les moyens indiqués par la science, pour éviter toute émanation malsaine, fétide ou incommode, toute évaporation.

Une explosion eut lieu dans cette usine le 25 juin 1864. Sept ou huit personnes y trouvèrent la mort ; l'une des victimes étant l'inventeur du procédé de fabrication, celle-ci dut être abandonnée.

Le 22 mai 1864. — Première visite de Mgr Dours évêque de Soissons. « Le Conseil décide que la Garde nationale prendra les armes à cette occasion et que les autorités de la ville seront présentées à Sa Grandeur ».

Le 13 juin 1864. — Rejet de la demande d'augmentation de traitement de M. Couvrot, instituteur.

Ouverture du Boulevard Napoléon.

Le 13 août 1864. — Création d'un CONSEIL DE PRUD'HOMMES composé de 10 ou 12 hommes, pour la ville et le canton.

Le 13 août 1864. — Traitement de 600 fr. alloué au vicaire spécial de N.-D., comme à celui de St-Martin.

Le 9 août 1864. — Concours de pompes pour la foire de 1864.

Le 21 novembre 1864. — Percement de la rue Ste-Eugénie qui devra être ouverte en 1865.

Le 31 décembre 1864. — Démission de M. Lelong, receveur municipal « que le conseil remercie, à l'unanimité, de ses longs et loyaux services, dans ses « fonctions qu'il a remplies avec autant de zèle que d'intégrité ».

Le 22 mai 1865. — Le jeune Delacourt, fils de l'agent Voyer, candidat à l'école polytechnique, demande une bourse et le trousseau. (Avis favorable du Conseil).

Le 22 mai 1865. — Donation d'un immeuble à la ville, par M. Duclert, curé-doyen, à charge d'une rente viagère de 100 fr.

Le Conseil :

Vu l'acte de donation par lequel M. Duclert, curé-doyen, abandonne à la ville une maison acquise par lui et dont l'emplacement pourra servir postérieurement à l'agrandissement de l'église paroissiale St-Martin qui, déjà, est insuffisahte, par suite de l'accroissement continu de la population.

Considérant que la condition imposée par le donateur, de lui servir une rente annuelle et viagère de cent francs, n'est nullement onéreuse par la ville qui, dans un temps très rapproché, eut été dans l'obligation d'acquérir l'immeuble présentement donné, pour l'agrandissement indispensable de son église,

Accepte avec reconnaissance l'abandon fait au profit de la ville par M. Duclert, aux conditions imposées par le donateur et autorise M. le maire à remplir toutes les formalités nécessaires pour faire approuver cette donation par les autorités compétentes.

Le Conseil, à l'unanimité, vote des remerciements à M. Duclert qu'il désire voir par de longues années encore, diriger l'Eglise de Chauny et prie M. le maire d'être son interprète près de son bien aimé et vénéré Pasteur, pour lui faire agréer l'expression vive et sincère de sa gratitude et de sa reconnaissance.

Le 18 septembre 1855. — Installation du maire et des adjoints, MM. Hébert, Rabœuf et Delanchy. Le 7 août précédent avait eu lieu l'installation des membres du nouveau Conseil municipal nommé le 26 du même mois : MM. Delanchy, Desforges, Delacroix, Hébert, Tétart, Couty, Voiret, Debrenne, Rabœuf, Delacour, Delorest, Michelot, Guibon, Lemaître, Dapremont, Quentin, Romain, Demarquet, Evrard Charles, Visbecq, Sarrazin et Leroy Emile.

Le 18 septembre 1865. — Legs de douze mille francs fait à l'hospice par Mme Vve Chardoillet, propriétaire à Chauny : avis favorable du Conseil municipal « Le Conseil, à l'unanimité, s'empresse, en cette circonstance, de se réunir à MM. les membres de la Commission administrative de l'hospice, afin d'adresser l'expression de ses remerciements à Mme Chardoillet, pour cet acte de générosité en faveur des pauvres vieillards de Chauny et prie M. le maire d'être son interprète auprès de cette dame, en lui transmettant une copie de la présente délibération. »

Le 18 septembre 1865. — Il est donné lecture d'une lettre de M. le Préfet, en date du 17 août, demandant l'envoi au chef-lieu du Département de tous les papiers de l'ancien Bailliage de Chauny, déposés aux archives de cette ville.

Le Conseil délègue deux de ses membres, MM. Delacroix et Michelot, pour assister à la remise de ces papiers entre les mains de M. Matton, archiviste du département.

Le 18 septembre 1865. — Subvention de 300 fr. à la Société d'arboriculture et de pomologie de Chauny pour servir à l'acquisition de médailles à distribuer aux lauréats, lors de l'exposition organisée par cette société, à l'occasion des fêtes de la Foire.

Le 17 octobre 1865. — Nomination, comme BOURSIER, de M. Arthur Dongé, né à Bichancourt-Marizelles, le 13 avril 1851, fils du secrétaire de la mairie. Il avait pour concurrents : MM. Chevallier, Bourgain, Ponchelet, Capette et Faidherbe.

Le 31 mai 1866. — Réclamation, signée par plus de 300 commerçants habitants de la ville, contre la société coopérative dite *Economat* de la Manufacture des Glaces.

Le Conseil tout en exprimant son vif désir de voir maintenir, comme par le passé, la bonne harmonie entre l'administration des Glaces et les habitants de la ville, harmonie qui, depuis plusieurs années, a tant contribué à la prospérité de tous et qu'il lui paraît si utile de conserver,

Persuadé que MM. les Administrateurs, animés des mêmes sentiments, n'ont eu pour but, en autorisant la création de la société dont il s'agit, que d'assurer et d'augmenter autant que possible le bien être de leurs ouvriers, sans nuire toutefois aux intérêts des marchands de la ville, si ces derniers leur fournissaient les mêmes avantages et se soumettaient aux mêmes conditions,

Autorise M. le maire à s'entendre avec MM. les Administrateurs pour aviser aux moyens d'atteindre au but d'Egalité et de Liberté pour tous.

En 1866. — Une subvention est accordée à la Société d'*Arboriculture de Chauny*.

Le 16 juin 1866. — Acceptation de la donation faite par Mlle Debruyère, du presbytère de Notre-Dame, moyennant une rente annuelle et viagère de 900 fr., « laquelle maison et dépendances sises à Chauny, en la rue du Bailly, derrière l'église Notre-Dame, occupées par le curé desservant de cette paroisse, devront désormais être affectées à cette destination.

Le 4 août 1866. — Approbation préfectorale de l'arrêté de M. le maire, du 25 juillet précédent, relatif à la *création d'une agence* à Chauny, pour la vente des grains, farines et autres denrées, sur échantillon.

Ouverture le 1ᵉʳ novembre 1866, de cette agence dans un des bâtiments de la halle aux blés.

Le 2 septembre. — Grande fête de la St-Momble. Il a fait mauvais temps et le feu d'artifices a été tiré le lendemain, lundi, 3 septembre.

Le 28 septembre 1866. — Création d'une BIBLIOTHÈQUE SCHOLAIRE communale qui sera provisoirement placée dans les bâtiments de l'école des garçons.

400 fr. sont votés à cet effet.

Le 27 novembre 1866. — *Démission de M. Rabœuf*, premier adjoint ; il est remplacé par M. Delacroix, nommé par décret impérial du 10 novembre.

Le 27 novembre 1866. — Projet de reconstruction du *théâtre* ; l'ancien qui se trouvait à l'entrée de la rue neuve de St-Martin, tombant en ruines. Le Conseil vote 17,000 fr., plus 13,580 fr. pour décorations. On achète la maison Capaumont pour loger le concierge du théâtre.

Le 11 mars 1867. — Vote d'une somme de 60 fr. pour permettre à l'instituteur communal de visiter l'exposition universelle.

Proposition de M. Journel, chef d'institution, pour la création d'un collège communal.

Le 2 Juin 1867. — Changement du jour du MARCHÉ AUX MOUTONS au premier lundi de chaque mois.

Le 24 juin 1867. — Agrandissement et régularisation de la place du Parvis de Notre-Dame.

Le 3 août 1867. — Prolongement de la rue des Navoirs. Projet d'échange avec l'usine de Folembray. (Projet abandonné depuis). Mairie provisoire. Appropriation des bureaux. Devis du cahier des charges.

Le 9 octobre 1867. — Loges de la foire. Adjudication au sieur Gruit. Vote d'un emprunt de 10.000 fr. pour paiement.

Eglise Saint-Martin. Projet d'agrandissement et reconstruction d'une chapelle annexe.

Le 22 mai 1868. — Don par la Cie de St-Gobain de trois glaces qui seront placées dans le foyer du Théâtre nouvellement approprié.

Le 22 mai 1868. La sœur Ste-Sophie, des dames de La Croix, est désignée comme directrice de l'Asile communal nouvellement construit.

Le 7 octobre 1868. — Admission gratuite de tous les enfants de la ville dans les écoles communales.

Le 27 novembre. — Acquisition d'une horloge à placer à l'Eglise Notre-Dame.

Le 28 février 1869. — Don d'un ouvrage de M. Nestor Gréhant, ancien boursier de la ville, ayant pour sujet l'HÉMATOLOGIE et PHYSIQUE MÉDICALE.

Le 3 novembre 1869. — Ouverture du boulevard et de la rue du Rempart. Approbation du décompte de la dépense s'élevant à 84,055 fr. 32.

Le 3 décembre 1869. — Pour la salle d'Asile, le décompte des dépenses approuvées s'élève à 61.831 fr.

Le 23 mai 1870. — Exposé de la situation financière de la ville, fait par M. Hébert, maire.

Le 23 juillet 1870. — Lettre préfectorale qui invite les maires des communes du département à organiser des comités, pour recueillir des subsides en faveur des militaires appelés à l'activité et des familles nécessiteuses.

Le Conseil décide de se constituer tout entier en comité et de créer des AMBULANCES pour les militaires blessés à la guerre ; les directeurs de l'école communale et de l'Institution Saint-Charles offrent les sommes destinées à l'achat de leurs prix ; une quête faite dans la Compagnie de pompiers produit, pour les ambulances, 101 fr.; M. Menu, supérieur de Saint-Charles, offre 100 lits au comité des ambulances ; les médecins offrent leurs soins.

Le 8 août 1870.— Le Conseil se constitue en permanence, en raison des évènements.

Le 7 septembre 1870. — Le Conseil adopte une adresse aux habitants de Chauny ainsi conçue : Habitants de Chauny, la garde mobile quitte Chauny, la garde nationale sédentaire aura donc seule la mission de maintenir l'ordre et la tranquillité. Pour obtenir ce résultat, le concours de tous est indispensable, mais nul ne doit agir isolément et sans ordre de l'autorité qui n'accepterait, en aucun cas, la responsabilité de faits qu'elle n'aurait pu prévoir. »

Le Conseil prend les dispositions suivantes :

1° Tous les jours, à 10 h. du matin, le Conseil municipal se réunira au lieu ordinaire de ses séances.

2° Tous les jours également, de 1 h. à 6 h. de relevée, une commission composée de cinq membres du Conseil municipal siégera à la mairie.

1<sup>re</sup> série désignée pour demain, 8 septembre : MM. Desforges, Voiret, Couty, Delacourt et Delorest.

2ᵉ série désignée pour le 9 septembre : MM. Michelot, Debrenne, Demarquet, Leroy et Rabœuf.

3ᵉ série désignée pour le 10 septembre : MM. Romain, Dapremont, Sarrazin, Lemaître et Warmont.

4ᵉ série désignée pour le 11 septembre : MM. Quentin, Desportes, Charles Evrard, Joncourt et Brunette et ainsi de suite, chaque série se succédant suivant l'ordre sus-désigné.

Le 9 septembre 1870. — Le crédit de 6,000 francs voté pour les fêtes publiques est affecté à des travaux donnés aux ouvriers sans ouvrage.

Le 10 septembre 1870. — Désarmement de la Garde Nationale et envoi des fusils à Paris. Les troupes allemandes approchent.

Le 10 septembre 1870. — Adresse à M. le Ministre de l'Intérieur, au sujet d'une dépêche télégraphique par laquelle le maire et les adjoints seraient révoqués et remplacés par MM. Bacquet-Lamy, Brunette et Voyeux : A Monsieur le Ministre de l'Intérieur.

Le Conseil municipal et les habitants de Chauny :

Considérant qu'une dépêche télégraphique publiée et sans signature, mais paraissant émaner du Ministère de l'Intérieur, est venue jeter le trouble au milieu de la population de Chauny, en lui annonçant la révocation de l'administration municipale actuelle ;

Considérant que, dans les circonstances critiques où nous nous trouvons, la population sent unanimement le besoin d'avoir à sa tête des administrateurs qui lui inspirent le calme et la confiance ;

Considérant d'ailleurs que les personnes désignées en cette dépêche déclarent spontanément ne vouloir assumer en rien la responsabilité qui leur incomberait ;

Par ces motifs, les conseillers municipaux et les habitants de la ville soussignés prient instamment M. le Ministre de l'Intérieur de surseoir à tout remplacement, dans l'administration municipale actuelle, jusqu'à ce que les circonstances permettent au suffrage universel de s'exprimer librement.

Le Conseil élu quelques mois avant, était composé de : MM. Delanchy, Desforges, Delacourt, Hébert, Voiret, Couty, Delacourt, Delorest, Michelot, Debrenne, Demarquet, Leroy-Millon, Rabœuf, Romain, Dapremont, Sarrazin, Lemaître, Warmont, Quentin, Desportes, Charles Evrard, Joncourt et Brunette, qui, le 23 août 1870, ont, chacun, prononcé le serment suivant : Je jure obéissance à la Constitution et fidélité à l'Empire.

Le 12 septembre 1870. — 2ᵉ Le Conseil décide qu'il sera fait appel à la garde nationale et à tous les hommes de bonne volonté, pour organiser un secours permanent, à l'effet de maintenir l'ordre et la sécurité dans la ville.

Un membre du Conseil municipal fera partie de chaque poste.

M. le maire expose au Conseil municipal que, dans l'après-midi d'hier, le commandant de l'avant-garde Prussienne l'a requis de faire remettre immédiatement toutes les armes et munitions de guerre et de chasse ; que pendant que ce désarmement s'effectuerait, le commandant l'a prévenu qu'il venait de faire couper la voie du chemin de fer et les fils télégraphiques ; qu'il avait obtenu du chef de gare sa parole d'honneur que ni le télégraphe ni la voie ferrée ne seraient rétablis, mais que cette garantie ne lui suffisait pas et qu'il rendrait la ville tout entière responsable des conséquences qui pourraient en résulter pour elle, si l'on ne se conformait pas à cet ordre.

MM. les ingénieurs de la Compagnie du chemin de fer du Nord étant venus s'assurer de l'exactitude des faits ci-dessus énoncés, M. le maire les leur a confirmés, les engageant à laisser les choses dans l'état où elles se trouvaient.

Le Conseil approuve en tous points la conduite de M. le maire.

Fait en séance, les jour, mois et an que dessus. Suivent les signatures.

Le 20 septembre 1870. — Proclamation du Préfet de l'Aisne aux habitants du département.

Le 20 septembre 1870. — Dissolution des Conseils municipaux (décret daté de Tours).

Le 20 septembre 1870. — Arrêté préfectoral qui autorise les huit membres de l'ancien Conseil municipal, premiers inscrits sur la liste, à faire partie de la Commission municipale, avec les quatre membres restant : MM. Bacquet-Lamy, Vignon, Lefèvre et Levesque.

Sont élus conformément à l'arrêté préfectoral, à la majorité : Président, M. Rabœuf ; secrétaire, M. Leroy-Millon.

Les autres membres sont : MM. Bacquet, Couty, Debrenne, Delacour, Delorest, Lemaître, Levesque, Romain, Sarrazin et Voiret.

Le 22 septembre 1870. — Il est donné connaissance au Conseil que, dans la journée d'hier, un détachement de troupes françaises armées est venu à la gare de Chauny pour rétablir la voie ferrée et le télégraphe, au nom du gouvernement de la défense nationale.

Le 22 septembre 1870. — Nomination de la commission municipale composée, suivant l'arrêté préfectoral, des trois premiers conseillers municipaux portés au tableau ou, sur leur refus, des membres inscrits à la suite.

MM. Delanchy, Desforges, Hébert et Couty ne voulant pas accepter de faire partie de la commission, les trois qui, d'après l'ordre du tableau, font partie de la commission sont : MM. Delacroix, Voiret et Delacourt. Un seul des trois membres signe le procès-verbal d'installation du 23 septembre 1870, avec MM. Bacquet-Lamy, Vignon, Levesque et Lefèvre, membres d'office de la commission municipale provisoire.

Le 25 septembre. — Elections municipales.

Le 25 septembre 1870. — Le commandant de Place écrit au maire de Chauny pour lui demander tout le sel disponible à Chauny.

M. le Directeur de la Soudière qui a été appelé, déclare pouvoir mettre 1500 kilogrammes de sel à la disposition de la ville.

Le Conseil remercie M. le Directeur de son offre.

Le 28 septembre 1870. — Sur la demande sage et juste de M. Couvrot, au nom de nombreuses familles, la commission a cru devoir autoriser l'entrée des enfants aux écoles publiques, dès l'âge de 6 ans au lieu de 7 ans, comme cela se pratiquait précédemment. Cette demande est signée de MM. Lefèvre et Vignon.

Le 3 octobre 1870.— La décision est rapportée par la commission municipale et les enfants âgés de moins de 7 ans et qui, contrairement aux mesures antérieures, ont été admis dans les écoles communales, seront réintégrés dans les salles d'asile.

Le 6 octobre 1870. — Création du Comité de Secours aux blessés, composé de : MM. Rabeuf, président de la Commission municipale, Lacroix, ancien membre du Conseil d'arrondissement ; Pignon, juge de paix ; Debrenne ; Dapremont, membre de la Commission de l'hospice et Bourgeois, receveur municipal.

Émission de papier monnaie et création de bons, pour une somme de 30,000 fr. ; 2500 bons de deux fr. ; 2000 bons de cinq fr. et 1000 bons de dix fr.

Le 11 octobre 1870. — La commission décide que la précédente délibération sera notifiée, dès demain, à l'instituteur communal et aux directrices des écoles et asile, avec ordre de l'exécuter avant la fin de cette semaine. M. Warmont, l'un de ses membres, est délégué pour veiller à l'exécution de la mesure prise par la susdite délibération.

Le 18 octobre 1870. — M. Romain est adjoint à M. Warmont pour assurer l'exécution de la décision prise par la Commission, relative aux enfants de 7 ans.

Le 31 octobre 1870. — Contribution de guerre de 41,500 fr. imposée au canton de Chauny, payable en 3 jours, sous peine de poursuites militaires. (Extrait d'un ordre du général prussien à Laon). Chauny est redevable de 18,570 fr. Chauny fait un emprunt remboursable en deux ans, avec intérêts à 5 0/0 l'an.

Le 20 novembre 1870. — Passage de troupes prussiennes.

Le 12 décembre 1870. — Mort de M. Rabeuf.

Avant de s'occuper des questions qui font l'objet de la réunion du 12 décembre, la Commission rend hommage à la mémoire de M. Rabeuf, son président, qui vient de lui être enlevé par une mort aussi prématurée qu'imprévue.

Conseiller municipal depuis plus de 30 ans et, pendant 20 années, premier adjoint au maire de notre ville, il avait acquis une connaissance parfaite des affaires administratives.

A cette expérience, M. Rabeuf joignait une intelligence des plus vives et un profond amour pour le pays.

Aussi, avant d'être appelé par notre vote à la présidence de la Commission municipale, le sentiment public l'avait-il acclamé hautement pour prendre la direction des affaires de la ville.

La mission qu'eut a remplir M. Rabeuf fut des plus pénibles et des plus délicates.

Outre les complications qu'entraîne nécessairement dans la vie municipale, toute commotion politique, il eut à partager avec nous la douleur de voir envahir notre ville par des troupes ennemies et à faire face aux difficultés de l'occupation.

C'est dans ces circonstances surtout que tous purent reconnaître ce que possédait de ressources et de tact intelligent l'esprit de M Rabeuf et ce que son cœur renfermait de sentiments généreux.

Il ne s'épargna aucune peine, soit physique soit morale, pour alléger autant que possible le fardeau de l'invasion et l'on peut dire que la fatigue et les émotions qu'il eut à supporter ne furent pas étrangères aux accidents qui déterminèrent sa mort. Mais il eut la satisfaction de voir en plusieurs circonstances ses efforts couronnés de succès.

Grâce à son intervention, des réquisitions importantes imposées à notre ville furent ou annulées ou diminuées considérablement.

Grâce à lui, un imprudent père de famille, sur le point d'être passé par les armes ennemies, put être rendu à sa femme et à ses enfants.

La Commission municipale répond donc au vœu unanime du pays en proclamant les qualités éminentes qui distinguaient la personne de M. Rabeuf et en insérant dans les archives de la ville, le témoignage de sa plus vive et de sa plus sincère reconnaissance.

Une expédition de la présente délibération sera transmise à Mme Rabeuf et à ses enfants, par la Commission en corps ou par une délégation.

Le 19 décembre suivant, MM. Voiret, Delacour, Leroy et Romain sont délégués pour porter à Mme Rabeuf, « les regrets que la Commission municipale, toute entière, éprouve de la perte douloureuse qu'elle a faite, en la personne de M. Rabeuf, son très aimé Président.

Signé : Voiret, Couty, Delacour, Delorest, Debrenne, Leroy, Romain, Lemaître et Quentin.

Le 13 décembre 1870. — Formation d'un comité spécial pour organiser une souscription en faveur des ouvriers sans travail et nécessiteux.

Le 19 décembre. — Distribution aux pauvres, des foins réquisitionnés par les Prussiens et qui étaient partis sans les emporter.

Le 8 janvier 1871. — Contrôle en grand du charbon dans le port de Chauny. On fait organiser le service de police. (Patrouilles pendant la nuit). On stimule le zèle de MM. les officiers et gardes nationaux.

Le 23 janvier 1871. — Amende de 16601 fr. imposée par les Prussiens, pour rupture du fil télégraphique vers Senicourt.

Le 25 janvier. — Le capitaine prussien demande deux otages qui partent pour La Fère : MM. Delacourt et Quentin s'offrent spontanément pour remplacer MM. Couty et Leroy, empêchés pour cause de santé.

Le 26 janvier vers onze heures. — Un détachement des troupes allemandes arrive devant la mairie pour prendre deux otages en garantie du paiement des impôts mis à la charge de la ville et sur lesquels il n'a encore été rien touché.

Ont été désignés par le vote : MM. Jules Guérin, en remplacement de son frère et M. Duplaquet-Tavernier, en remplacement de M. Lemaître-Tavernier.

A La Fère, ils sont relâchés le 2 février 1871, après la promesse du versement de l'amende que les autorités Prussiennes n'ont pas voulu diminuer.

Elections à l'Assemblée nationale, reculées pour le canton de Chauny au 9 février.

Le 8 février 1871. — Emprunt de 35.000 francs, remboursable en 5 ans.

Le 12 février 1871. — Arrivée d'un détachement ennemi demandant le paiement intégral d'une somme de cent seize mille cent cinquante et un francs quarante centimes, formant, au moyen des versements déjà effectués, l'ensemble des contributions de 1870, y compris une amende de 25 0/0 motivée par le retard apporté dans le paiement ou la livraison, comme otages, de MM. Hébert, ancien maire, Voiret et Delacour.

MM. Hébert, Joncourt et Leroy se sont mis à la disposition de l'officier ennemi et sont partis pour La Fère.

Le 14 février 1871.— Emprunt de 150,000 francs.

Le 15 février 1871. — On apprend que MM. Hébert, Leroy et Joncourt jusqu'alors retenus à La Fère comme otages, sont sur le point d'être dirigés sur la Prusse.

A cette nouvelle, il est décidé qu'avant d'aller à Laon voir les chefs Allemands, MM. Romain, Usiglio et Delacroix s'arrêteront à La Fère pour retarder, s'il était possible, le départ des ôtages, moyennant le versement d'un à-compte de 50.000 francs.

Les délégués se sont effectivement présentés à La Fère devant le commandant de place, avant le départ des otages ; mais malgré l'offre qu'ils ont faite de verser immédiatement ladite somme entre ses mains, il n'a voulu accorder aucun sursis au départ qu'il avait ordonné et ils ont eu la douleur d'assister à ce départ.

Il accorde huit jours à la ville avant de sévir.

Le 18 février 1871. — Nouvel emprunt de 50.000 francs, ce qui fait 200 000 francs. Le Conseil d'Administration des Glaces, par l'organe de son directeur, M. Usiglio, souscrit pour 100.000 francs, avec intérêts à 5 0/0. La commission envoie une lettre de remerciements au Conseil d'Administration, et vote par acclamation à M. Usiglio dont l'intervention a été si précieuse et si dévouée, des remercîments unanimes.

MM. Usiglio, Delacroix et Romain sont délégués pour porter l'argent à Laon.

Le 7 mars 1871. — Peste bovine.

Prix de voyage des Otages.

Enlèvement de MM. Hébert, Leroy et Joncourt à La Fère, vers Coblentz. Frais d'hôtel et de chemin de fer, 621 fr. 60.

Le 13 mars 1871. — Relevé général des réquisitions et dommages causés par les troupes et autorités allemandes, 298.000 fr. 28 centimes, 14 mois avant le passage des troupes allemandes.

Le 28 mars 1871. — La Commission municipale, après avoir pris connaissance de la circulaire du gouvernement Français à Versailles, en date du 19 mars courant, vote, à l'unanimité, l'adresse suivante :

La Commission municipale de la ville de Chauny,

Dans les circonstances critiques et douloureuses où se trouve actuellement la France, proteste, à l'unanimité, de son respect pour le suffrage universel et pour le gouvernement qui en est issu, et lui promet son concours actif et dévoué. Signé : Debrenne, Delacour, Delorest, Leroy-Milon, Romain, Sarrazin-Tailliez, Lemaître, Quentin, Warmont et Joncourt.

Le 12 avril. — Epidémie de la ville : « la Commission décide qu'il y a lieu d'informer M. le commandant des troupes allemandes en garnison à Chauny, que la variole continuant à sévir dans la ville, la municipalité éprouve beaucoup de difficultés pour loger le bataillon imposé à la ville et lui demande, en conséquence, de vouloir bien ou faire diminuer l'effectif de la garnison ou faire détacher une ou deux compagnies dans les villages voisins.

Le 20 avril 1871. — Dissolution des Commissions municipales.

Le 30 avril et 7 mai 1871. — Elections municipales, sont élus : MM. Carlier-Michel, Delacroix, Joncourt, Leroy-Milon, Warmont, Sarrazin-Taillez, Delacour, Brunette, Carré, Mittelette, Delorest, Journel, Quentin, Romain, Debrenne, Usiglio, Lemaître, Guérin, Dapremont, Targy, Derozier et Hue.

Le 22 mai. — Sont élus en remplacement de MM. Delanchy et Devaux, démissionnaires : MM. Voiret et Voyeux.

Le même jour, 22 mai, installation de M. Delacroix, maire, et de MM. Romain, premier adjoint et Journel, deuxième adjoint.

Le 20 Juin 1871. — Elévation des bourses de l'abbé Bouzier de 1250 fr. à 1500 fr., chacune.

Le 24 juin 1871. — M. le maire annonce au Conseil qu'un service religieux sera célébré mercredi prochain, à 10 h. du matin, dans l'Eglise St-Martin, à l'intention des victimes de la guerre et il propose de déléguer spécialement plusieurs membres pour y assister.

Le Conseil adoptant la proposition de M. le maire, délègue aussitôt : MM. Romain, Journel, Sarrazin, Delacour, Targy et Voiret.

Tous les membres du Conseil sont invités à se joindre à MM. les délégués.

Le 2 juillet 1871. - Elections générales.

Le 16 août 1871. — Création d'une troisième bourse de 1500 fr. sur la fondation de l'abbé Bouzier.

Le 12 septembre 1871. — Le drapeau municipal est replacé à la porte de la mairie.

Le 29 septembre 1871. — Nomination de MM. Déricq et Ponchelet comme Boursiers de la ville. Il y avait 6 candidats, MM. Minard, Rabeuf, Déricq, né à Chauny le 18 septembre 1854, Lesage, Bourguin et Ponchelet, né à Chauny le 10 novembre 1852.

Le 8 octobre 1871. — Renouvellement des Conseils généraux et d'arrondissement.

Le 6 novembre 1871. -- M. le docteur Warmont, membre du conseil, émet la proposition suivante :

Messieurs,

Je vous propose de féliciter et de remercier M. le maire de la forme exquise qu'il a employée pour exprimer les sentiments de profonde estime et d'affection qui nous unissaient à notre cher collègue Usiglio.

Je vous propose de consigner aux procès verbaux des séances, l'expression de nos regrets unanimes que le premier magistrat de la ville a su traduire d'une façon si fidèle et si éloquente.

Je vous propose, enfin, d'adresser à Mme Usiglio, une copie de notre délibération, qu'elle puisse conserver comme un pieux témoignage de la part que nous prenons à sa douleur.

Le Conseil, à l'unanimité, adopte la proposition de M. Warmont et décide que le discours prononcé par M. Delacroix, sur la tombe de M. Usiglio, membre du Conseil municipal décédé, sera transcrit sur le registre des procès-verbaux des séances et qu'une copie de la présente délibération sera transmise à Mme Vve Usiglio. (Suit le discours). MM. Delacroix, Journel, Leroy, Warmont et Carré sont délégués.

Le 3 février 1872. — Souscription pour la libération du territoire français. Formation d'un comité.

Le 17 novembre 1872. — Prières publiques pour l'assemblée nationale auxquelles le Conseil assiste en corps, accompagné des fonctionnaires de l'ordre administratif et judiciaire auxquels des lettres de convocation ont été adressées à cet effet ».

Le 12 février 1873. — Appropriation et plantation des promenades, de la place Bouzier. Vote d'un crédit de 3000 fr.

Séance du 12 septembre 1873.

Membres présents : MM. Delanchy, Delacroix, Hébert, Voiret, Delacour, Delorest, Michelot, Debrenne, Démarquet, Leroy, Romain, Dapremont, Sarrazin, Lemaître, docteur Warmont, Quentin, Desportes, Ch. Evrard, Joncourt et Brunette.

1° Le Conseil décide que les arbres qui se trouvent sur la partie des anciens remparts longeant le jardin de M. Hébert seront abattus ; que le terrain sera abaissé au niveau de l'autre partie de la place Bouzier et que les terres seront répandues sur cette même place.

Il invite, en conséquence, la Commission spéciale chargée de l'étude de ce projet, à le mettre immédiatement à exécution.

Le 13 février 1873. — Projet de *Bouquet provincial*, le lundi. On vote 700 francs, en la séance du 19 mars 1873.

Lundi de juin, Bouquet Provincial.

Le 16 avril 1873. – Le Conseil municipal réuni extraordinairement par autorisation préfectorale du 31 mars dernier, pour se prononcer sur la question de délimitation en litige entre les deux Conseils de Fabrique de Chauny se déclare incompétent. En la session de mai, la question fut de nouveau agitée et le 21 mai le Conseil fut d'avis qu'il y avait lieu de laisser aux deux paroisses leurs anciennes limites, c'est-à-dire l'ancienne ruelle des Boucheries, aujourd'hui remplacée en partie par un aqueduc couvert, la rue Sainte-Eugénie ou rue de l'Hospice, le lit ou l'ancien lit du fossé ou cours-d'eau appelé la rivierette, lequel traverse le chemin de fer et aboutit au contre-fossé du canal.

Il y avait 19 membres présents.

9 voix pour Notre-Dame.

7 voix pour Saint-Martin.

3 bulletins blancs pour ceux qui se désintéressaient de la question.

Le 23 juin 1873. · Bureau Télégraphique Municipal.

Le 2 août 1873. — Invitation de M. le Supérieur de l'Institution Saint-Charles à M. le Maire et aux membres du Conseil municipal, à présider la distribution des prix. Le Conseil accepte l'invitation.

Le 2 août 1873: — Election d'un Conseiller général en remplacement de M. Lacroix, décédé.

Le 17 septembre 1873. — Nomination de Ch. Rogier né à Chauny le 3 juin 1860, comme Boursier.

Le 5 novembre. — Création d'une 2° foire dite de mars, autorisée par décision du Conseil général de l'Aisne, en date du 20 août 1873. Elle se tiendra les 1ᵉʳ mercredi, jeudi et vendredi de mars de chaque année. Le conseil vote 1500 francs pour participer aux dépenses, à l'occasion de l'ouverture de la 2° foire de mars de 1874.

Le 10 Décembre 1873. — Donation par Mme veuve Lacroix, de Sinceny, d'une somme de 63.200 fr. Décision du Conseil municipal qui vote, à l'unanimité des assistants, des remerciements à Mme

Vve Lacroix, et la célébration d'un service religieux à l'église
St-Martin, pour le repos de l'âme de M. Arthur Lacroix, fils de la
donatrice.

Le 12 février 1874. — Installation de M. Journel, maire, en remplacement de M. Delacroix, démissionnaire.

Dimanche 22 novembre 1874. — Elections municipales : sont élus
MM. Joncourt, Journel, Delacroix, Brunette, Carré, Targy, Guérin,
Lelong, Bacquet, Sarrazin, Leroy, Mittelette, Delacour, Delorest,
Hébert, Quentin, Debresne, Godard, Hue, Baquet, Héry et Rogier.

Le 12 janvier 1875. — Nomination de M. Curé Léon, né à Chauny
le 31 mars 1858, comme BOURSIER de la ville. Il avait pour concurrents : MM. Buscain, Dupuis, Piot.

Le 6 février 1875. — Nomination de MM. Carré et Quentin,
adjoints, par décret du Président de la République, du 25 janvier
précédent.

Le 23 février 1875. – ABATTOIR PUBLIC. — Construction d'un
abattoir public et du PRESBYTÈRE de Notre-Dame.

Vote d'un crédit de 90,000 francs pour l'abattoir et de 16,000 francs
pour le presbytère.

Le 17 mai 1875. — Comice agricole et concours agricole de l'arrondissement de Laon, (vote de 600 fr.)

Le 30 juin 1875. — Inondés du Midi (vote de 1000 fr.). Quête.

Le dimanche 7 novembre 1875. -- Messe pour l'Assemblée Nationale. « La musique municipale sera invitée à prêter son concours en
cette circonstance. »

Le 5 septembre 1875. — CONCOURS DE MUSIQUES : vote de 3,500
francs pour médailles, réception du jury, vin d'honneur, illuminations, feu d'artifice, orchestre et bal, etc.

Le 9 novembre 1875. — Emprunt de 80,000 fr. pour construction
d'un abattoir (voté), concurremment avec les 30,000 fr. provenant
d'une aliénation de rentes sur l'Etat.

Le 9 septembre 1876. — Nomination de M. Piot (Anatole), seul
candidat *boursier*, né à Chauny, en remplacement de M. Délicq.

Les Dimanches 6 et 13 janvier 1878. — Elections municipales.
Sont élus : MM. Journel, maire ; Carré et Quentin, adjoints ;
Delacroix ; Bacquet-Dubois ; Amédée Evrard ; Targy ; Pousset ;
Leroy-Millon ; Chevrin Paul ; Lecomte-Lebègue ; Brunette ;
Guérin-Dapremont ; Chevallier ; Voyeux ; Hue ; Hutin ; Sarrazin ;
Bacquet-Lamy ; Courboin Paul ; Picaud et Joncourt.

Le 9 février 1877. -- Acceptation du programme dressé au sujet du concours d'architectes qui doit avoir lieu pour la reconstruction de l'Hôtel de Ville.

Le 7 mai 1877. — Concession gratuite d'un terrain au cimetière, aux sœurs de St-Vincent-de-Paul placées à la Manufacture des Glaces.

Le 10 novembre 1877. — Réserve d'un terrain au cimetière pour la sépulture des prêtres des deux paroisses.

(Séance du 20 janvier 1878) — M.Hébert,absent,s'excuse par lettre du 17 de ce mois.

Le 8 février 1878. — Réception des travaux du presbytère N.-D. « qui ont été convenablement exécutés ».

Le 27 février 1878. — Vote de 200 fr., à distribuer indistinctement entre les victimes appartenant aux deux nations belligérantes.

Nomination de Amédée Bugnicourt comme BOURSIER de la ville, en remplacement de M. Rogier. Né à Chauny le 4 février 1862 ; il avait pour concurrent M. De Mussan.

Le 14 décembre 1878. — Achat du PRESBYTÈRE St-MARTIN pour 24,000 fr. ; propriété de M. Hébert.

Le 25 avril 1879. — Vote de la RECONSTRUCTION de l'HÔTEL DE VILLE et d'un MARCHÉ-COUVERT etc., à la majorité de 18 voix contre 2 non et un bulletin blanc.

En conséquence, le Conseil, à la majorité de dix-huit voix sur vingt et un votants, déclare adopter les conclusions du rapport de la commission des finances, et décide:

1° La reconstruction de l'Hôtel-de-Ville sur l'emplacement que l'ancien édifice occupe actuellement, reconstruction dont la dépense, y compris l'acquisition de la maison Dubreuil, les frais d'ameublement et les honoraires de l'architecte, est évaluée à trois cent soixante cinq mille fr., ci 365,000 fr.

2° L'établissement d'un plan général de la ville avec nivellement, dont la dépense est évaluée à 10,000 fr.

3° L'acquisition et l'appropriation de la maison servant de presbytère pour la paroisse St-Martin ; acquisition et appropriation qui sont évaluées à 40,000 fr.

4° Acquisition de l'ANCIENNE CASERNE, établissement d'un MARCHÉ-COUVERT sur son emplacement et l'ouverture d'une voie de raccordement avec le boulevard de la Gare, acquisition et travaux, y compris l'acquisition des immeubles nécessaires à l'ouverture de la dite voie, évalués à cent cinquante mille francs,ci . . . .  150.000

Total de la dépense,  cinq cent  soixante-cinq mille francs, ci . . . . . . . . . . . . . . . . . . . . . . . . . . .  565.000

Et pour faire face au paiement de cette somme de 565.000 francs le Conseil décide :

1° Que les dispositions du décret du 6 août 1878, en ce qu'elles concernent la réalisation d'un emprunt de trois cent cinquante mille francs, seraient rapportées ;

Qu'un emprunt de cinq cent soixante cinq mille francs sera fait par la ville au Crédit Foncier, remboursable en cinquante années, à partir de 1881, au taux de cinq francs quarante-six centimes, ce qui fera des annuités de trente mille huit cent quarante-neuf francs.

Le Conseil autorise, en outre, M. le Maire à remplir les formalités nécessaires, tant pour se faire autoriser à contracter l'emprunt présentement voté, que pour en opérer la réalisation.

Le 7 juin 1879. – Examen des projets de la construction de l'Hôtel de Ville mise au concours ; il y en avait douze ; le jury nommé par le Conseil pour le jugement du concours était composé de MM. les ingénieurs en chef du département, des Ponts et Chaussées et de la Compagnie du Nord ; de M. Laforêt, ancien ingénieur de la Compagnie de Saint-Gobain ; de M. l'inspecteur général des monuments historiques ; de M. Davioud, inspecteur général honoraire des travaux de la ville de Paris. Le projet intitulé *alea* a été classé le premier et par conséquent adopté. Il est de M. Reboul, architecte.

Expropriation du *Café de l'Hôtel de Ville* : 15.000 fr. au locataire et 30.000 au propriétaire Dubreuil.

Le 12 mars 1880. — Pose de la première pierre de l'Hôtel-de-Ville.

Le 10 Avril 1880. — M. Courboin, au nom de la Commission des fêtes, fait le rapport suivant :

La Commission des fêtes s'est réunie hier sous la présidence de M. Carré, pour s'entendre sur les dispositions à prendre en vue des fêtes du mois d'août 1880. Un projet a été adopté, sauf l'avis du Conseil dont la convocation était rapprochée.

Pour une ville comme Chauny, la liste des divertissements n'est pas inépuisable, c'est d'eux sans doute qu'on a dit : « plus ça change, plus c'est la même chose ».

Le public est-il las ? ou bien a-t-il vieilli ? Je ne sais, mais le gonflement d'un ballon le laisse parfaitement froid ; les sonneries du cor sont sans écho ; les hommes volants, c'est bien usé. On ne peut pas toujours s'attendre au bon vouloir des saltimbanques. Encore fait-on des mécontents.

Ces divers points éliminés, la Commission avait songé à organiser un concours de musiques. Tout le monde a encore le souvenir de celui de 1875 ; mais justement à cause de cela, on a pensé qu'il était trop tôt pour le recommencer.

L'idée est venue alors d'un concours de pompes à incendie. Ce n'est certes pas un spectacle sans attrait, mais le dernier concours de ce genre a eu lieu en 1864 ; le souvenir s'en est à peu près perdu, enfin, on est sûr par là, d'amener pour nos fêtes une affluence considérable...

Mais le point capital et pour lequel la Commission des fêtes désire l'avis du Conseil, c'est la question des dépenses. Le crédit alloué aux fêtes de 1880 est de quatre mille francs, dont trois mille francs employés régulièrement pour le feu d'artifice, illuminations, etc ; les mille francs de surplus étant consacrés spécialement aux fêtes de jour. Si l'on en croit le dossier de 1864, les dépenses nécessitées pour le concours des pompes ont atteint deux mille fr., c'est-à-dire qu'aux mille francs des fêtes de jour nous devons ajouter mille francs pour parfaire.

Adopté en son ensemble, soit pour le concours de pompes un crédit supplémentaire porté à 3.389 fr. (Les dépenses ont été de 6.964 fr. 15).

Le 24 mai 1880. — Acceptation du legs de quatre mille francs fait par M. Desforges de Vassens ; le revenu en sera partagé entre les deux écoles pour donner, comme il le faisait de son vivant, des prix aux enfants au moment de leur examen. M. de Vassens est mort le 6 août 1875.

(Le legs est réduit à 3,604 fr. 50 à cause des frais.)

Le 19 juin 1880. — Vote de 1000 francs pour la fête nationale du 14 juillet. Les dépenses ont atteint le chiffre de 1,685 fr. 60.

Le 1ᵉʳ août 1880. — Election du Conseil général.

Le 19 février 1881. — Installation du maire, M. Journel, nommé par lettre Présidentielle du 7 février dernier. Adjoint M. Carré.

L'an 1881, le 12 août, M. Jules Grévy, étant Président de la République Française ;

M. Sébline, préfet du département de l'Aisne ;

M. Kléber Journel, maire de la ville de Chauny ;

M. Henri-Victor-Arsène Carré, adjoint au maire ;

MM. Joncourt, Lecomte-Lebègue, Carré, Hutin, Bacquet-Dubois, Voyeux-Lepage, Targy, Delacroix, Evrard , Journel, Chevallier, Brunette, Bacquet-Lamy, Leroy-Millon, Guérin-Dapremont, Chevrin, Courboin, Picaud, Pousset, Hue, Carpentier-Cordier, Briquet-Guérin et Bugnicourt, conseillers municipaux ;

M. Jules Reboul, architecte, rue Bonaparte, n° 19, à Paris, chargé de la direction des travaux ;

MM. Gillet frères, entrepreneurs de travaux publics, demeurant à Saint-Quentin, adjudicataires des dits travaux ;

A été posée la première pierre de l'Hôtel de Ville de Chauny, dont l'adjudication a été prononcée au profit de MM. Gillet, frères, susnommés, le 21 août 1880 et approuvée par M. le Préfet, le 24 du même mois.

Assistaient à l'opération et ont signé le procès-verbal, M. Journel, maire,

MM. Joncourt, Lecomte, Carré, Hutin, Bacquet - Dubois, Targy, Evrard, Brunette, Chevrin, Courboin, Picaud, Pousset, Hue, Carpentier et Bugnicourt,

Absents excusés : MM. Voyeux, Chevallier, Bacquet-Lamy, Leroy-Millon, et Briquet ; absents non excusés : MM. Delacroix, Guérin et Picaud.

Etaient présents, en outre, MM. Reboul, architecte et Gillet, entrepreneurs qui ont signé également.

Le 21 septembre 1881. — Nomination de deux BOURSIERS. Sont élus Obled et Pérez fils, le premier né à Chauny le 8 juillet 1863, le deuxième né à Famart (Nord).

Le 30 avril 1882. — Élection, par le Conseil, du maire et des adjoints. Sont élus : MM. Journel, maire ; Carré Henri, premier adjoint ; Edouard Joncourt, deuxième adjoint.

Le 18 septembre 1882. — Nomination de Prévost Alfred, né à Laon, le 16 décembre 1864, comme BOURSIER de Chauny.

Récapitulation des projets présentés pour la reconstruction de de l'Hôtel de Ville.

1<sup>er</sup> projet de 1862, dont le devis de 155,200 francs.

2° projet de 1868, dont le devis s'élevant à 260,000 francs et dernier projet avaient été votés en 1869.

3° projet fait en 1872 (projet Touchard).

Appropriation des anciennes casernes pour l'installation d'un Hôtel de Ville et d'une école de garçons : 250,000 francs.

4° projet (projet de M. Gaillandre) dont le devis est de 175,000 francs. Il porte la date de 1875.

Le 18 Septembre 1882. — Le Conseil décide que lorsque les travaux du Marché-Couvert seront complètement terminés, le Conseil examinera s'il y a lieu d'organiser quelques réjouissances publiques, à l'occasion de l'achèvement de cet édifice et de l'Hôtel de Ville.

Le 18 septembre 1882. — La prise de possession de l'Hôtel de ville, nouvellement construit, est fixée au samedi 23 septembre courant.

Le 24 septembre 1882. — Inauguration de l'Hôtel de Ville « qui sera purement et simplement ouvert au public le dimanche 24 septembre. Il n'y aura pas de fête à l'occasion de cette inauguration. »

Le 7 novembre 1882. — Choix d'un terrain appartenant à M. Hébert, pour l'agrandissement du cimetière.

Le 7 novembre 1882. — Proposition d'établissement d'une distribution publique d'eau de source.

Le 25 janvier 1883. — Communication d'une lettre du ministère des beaux-arts annonçant que deux statues sont données pour décorer l'Hôtel de ville.

Le 12 avril 1883. — Arrêté préfectoral qui autorise la ville à contracter un emprunt de quatre-vingt-dix mille francs au *Crédit Foncier*, proposé en séance du 25 janvier 1883, remboursables en 30 ans, à cause de l'agrandissement du cimetière et de l'exécution de différents travaux de voirie.

Le 11 décembre 1883. — Installation d'une horloge et d'un paratonnerre à l'Hôtel de ville.

Le 11 décembre 1883. — Abandon d'une cloche de l'ancien Hôtel de ville à la paroisse Notre-Dame.

Le 15 janvier 1884. — Paul Bacquet, né à Chauny le 17 octobre 1867, est nommé *boursier*, de la ville (par 21 voix). Il avait un seul concurrent, M. Devant. La bourse de l'abbé Bouzier lui est votée en séance du 9 décembre suivant, à l'unanimité des voix (moins une).

Le 19 février 1884. — M. Picaud est chargé de réunir tous les documents relatifs à la guerre franco-allemande de 1870-1871 et d'établir un rapport.

Le 19 février 1884. — Erection d'une statue à Henri-Martin dans la ville de St-Quentin. Souscription de la ville de Chauny : deux cents francs.

Le 19 février 1884. — Vote d'une souscription de 200 francs pour l'érection d'une statue à Alexandre Dumas.

Le 4 et 11 mai 1884. — Elections municipales. Sont élus : MM. Joncourt, Bacquet-Dubois, Brunette, Lecomte-Lebègue, Targy, Dapremont, Briquet, Voyeux, Carpentier, Hue, Carré, Chevrin, Chevalier, Evrard-Amédée, Bugnicourt, Leroy-Millon, Lamy-Radet, Tétart Félix, Courboin Paul, Guérin Jules, Picaud, Esselin et Obled.

Le 18 mai 1884. — Election du maire, M. Brunette ; adjoints, M. Joncourt, premier adjoint, M. Dapremont, deuxième adjoint.

Le 21 juin 1884. — Communication des dispositions testamentaires de M. Courboin, Momble-Jean-Marie, qui fait un legs important à la ville, au bureau de bienfaisance et à l'hospice, mais réservant l'usufruit des biens légués à une parente, une autre personne.

Le 21 juin 1884. — Communication d'une lettre de M. l'abbé Caron, annonçant la création de la Société académique de Chauny.

Le 20 août 1884. — Abandon à la ville, par M. Hébert, d'un caveau pour établir un dépositoire public au Cimetière.

Le 8 novembre 1884. — Vote d'un crédit pour acquisition de vingt exemplaires de l'ouvrage « Célébrités du départemant de l'Aisne », par M. Davroux, de Saint-Gobain.

Cet ouvrage a été édité chez M. Moureau, imprimeur à Saint-Quentin, en 1885, un volume in-12.

Le 8 novembre 1884. — La Commission des fêtes établit le compte général des dépenses :

1° Foire de mars,                    89 fr. 25.
2° Fête Nationale du 14 juillet, 1618 fr. 40.
3° Fête de la Saint-Momble,      7658 fr. 50, concours de musiques.

Total. . . . . 9366 fr. 15.

Approuvé.

Le 9 décembre 1884. — La bourse de la fondation Bouzier est enlevée à M. Bacquet.

Le 3 janvier 1885. — M. Berthault est nommé boursier de la fondation Bouzier par 18 voix, sur 22 votants.

Le 27 mai 1885. — La ville est actuellement grevée de 3 emprunts contractés : le premier en 1876, le deuxième en 1880, le troisième en 1883. L'emprunt de 1876 s'élève à 80.000 fr. il a eu pour objet la construction de l'abattoir.

L'emprunt de 1880 s'élève à 565.500 fr. pour la reconstruction de l'Hôtel-de-Ville, etc.

L'amortissement de l'emprunt en capital et intérêts exige une annuité de 28,642 fr. 10, à partir de 1880, jusqu'en 1931.

L'emprunt de 1883 s'élève à 90.000 fr. applicables pour 15.000 fr. à l'agrandissement du cimetière ; pour 32.400 fr. à l'appropriation des abords du marché-couvert et pour 42.600 fr. à divers travaux de voirie. L'emprunt a été fait au Crédit Foncier.

Le 19 août 1885. — Communication des dispositions testamentaires de madame Hébert. Par son testament olographe, madame Hébert lègue en nue propriété pour y réunir l'usufruit après le décès de M. Hébert, son mari, à divers établissements de la ville de Chauny, les sommes ci-dessous :

1° A l'Hospice de Chauny, dix mille francs pour la fondation d'un lit en faveur d'un vieillard indigent de cette ville.

2° A la Fabrique de Saint-Martin, cinq mille francs pour la fondation de services religieux en mémoire de la testatrice et de son mari. (L'autorisation pour accepter ce legs est refusée par M. le Préfet).

3° A la ville de Chauny, mille francs, dont le revenu annuel sera employé à la distribution de vêtements et autres secours aux enfants de l'Asile, aujourd'hui ÉCOLE MATERNELLE (Avis favorable).

Le 22 septembre 1885.    Bourse Bouzier : Léon, né à Chauny, le 7 juin 1872, est nommé BOURSIER à l'unanimité (18 voix).

Le 14 novembre 1885. — Vote de la construction d'une ÉCOLE PRIMAIRE et d'une ÉCOLE PRIMAIRE SUPÉRIEURE, avec externat seulement. Emprunt de 200.000 fr. à la caisse des Écoles.

Le 14 novembre 1885. ·· Vote d'une souscription de 50 francs, pour l'érection d'un monument aux soldats tués pendant la guerre de 1870-1871.

Le 9 février 1886. — Communication d'une lettre du Ministère des beaux-arts, annonçant l'attribution à titre de dépôt, pour la décoration de l'Hôtel de ville, de plusieurs ouvrages d'art.

Le 8 mai 1886. — Acceptation du legs de madame Hébert.

Le 8 mai 1886. — Legs de Mlle Moreau, donnant la somme nécessaire pour constituer une rente perpétuelle de 400 francs en faveur des orphelins élevés à l'Hospice.

Cette rente devra être employée soit pour placer ces enfants en apprentissage, soit pour les placer dans des orphelinats, soit pour les conserver plus longtemps dans l'Hospice, si, en sortant de cette maison, ces enfants ne trouvaient pas d'asile dans leur famille.

Le 12 juin 1886. — Legs fait à la caisse des Écoles, au Bureau de bienfaisance et à l'Hospice, par M. Carlier-Michel, ancien marchand de nouveautés à Chauny. — Acceptation.

Le 9 août 1886. — Souscription de la ville pour l'Institut Pasteur.

| | |
|---|---|
| Vote.. ...... ............ | 100 fr. |
| Souscriptions des Conseillers | 105 |
| Souscriptions à domicile..... | 861 fr. 15 |
| Total........ | 1.066 fr. 15 |

Le 9 août 1886. — Projet de construction des écoles de garçons.

Le 9 août 1886. — Abandon du terrain où sont inhumés au cimetière de Chauny, les Mobiles tués à la catastrophe de Laon, et M. Barbier, agent de police.

Le 19 août 1886. — La bourse est retirée à M. Berthault, boursier de la fondation Bouzier.

Le 22 septembre 1886. — M. Léon, né à Chauny, le 7 juin 1872, est nommé BOURSIER de la fondation Bouzier, par 18 voix, à l'unanimité.

Le 27 novembre 1886. — Avis favorable à l'acceptation par la fabrique de Saint-Martin, du legs de madame Hébert.

Le 27 novembre 1886. — Nouveau vote du Conseil, réitérant tous ses votes antérieurs, et décidant à l'unanimité des membres présents, qu'il y a lieu de poursuivre la réalisation du projet de construction d'une école primaire élémentaire de garçons et d'installation d'une école primaire supérieure, conformément aux plans et devis actuellement soumis à l'approbation de l'autorité supérieure.

MM. Joncourt, Dapremont, Bacquet, Lecomte, Briquet, Guérin, Voyeux, Carpentier, Hue, Carré, Chevrin, Chevallier, Evrard, Bugnicourt, Bacquet-Lamy, Esselin, et Obled.

Le 11 février 1888. — Cession à bail du MOULIN DU BROUAGE à la ville, par la Compagnie de Saint-Gobain.

Le 20 mai 1888. — M. Brunette est renommé maire et MM. Joncourt et Dapremont, adjoints.

Le 13 Juin 1888. — Donation de 100 francs de rente au nom de M. et Madame Joncourt-Dague, pour être attribués, chaque année, à un élève des écoles communales.

Le 13 décembre 1888. — M. Habar est nommé BOURSIER de la fondation Bouzier, à la majorité des voix.

Le 11 février 1889. — Acceptation du legs que M. Tourier a fait à l'Hospice d'une somme de 11,000 francs en nue propriété.

Le 11 février 1889. — Réserve d'un terrain au cimetière spécialement affecté aux concessions sur lesquelles il devra être construit des chapelles.

Le 13 mai 1889. — Souscription de 25 francs, votée pour l'érection d'un monument à Châteaudun, en mémoire de la défense héroïque de cette ville, en l'année 1870.

Ici se termine la période centenaire de la vie administrative de la ville de Chauny, dont M. l'abbé Caron, de bonne mémoire, avait projeté de faire l'histoire abrégée.

Pour compléter ce travail, un peu sommaire, il avait l'intention d'y joindre une analyse des registres de la Police, des audiences de la Justice de Paix, ainsi que de ceux du Tribunal de Commerce.

Une mort prématurée a empêché l'abbé Caron de nous donner ce nouveau travail ; mais ce qu'il n'a point fait d'autres pourront l'entreprendre ; la voie est tracée ; ils pourront rédiger ainsi dans une étendue convenable, un résumé satisfaisant de cette revue historique de Chauny.

Notre cher défunt avait mis à part et réservé plusieurs documents intéressants dont la publication, dans leur ordre chronologique, pouvait retarder la marche assez rapide qu'il avait adoptée dans le cours de son travail. Celui-ci étant arrivé à son terme, nous croyons devoir relater, à sa suite, ces documents historiques sous le titre d'appendice, à l'effet de compléter le travail de M. l'abbé Caron. •

# APPENDICE

## CHANSONS

A l'occasion de la Fête donnée, à Chauny, au passage de la
Bannière du département de l'Aisne, le vendredi 23 Juillet 1790 [1]

AIR : *de la marche de Vaussaillon.*

*A la Garde Nationale*

O Nation ! ô liberté !
O douce loi de l'égalité !
O Juste Roi ! sous vos drapeaux
Nous coulerons les jours les plus beaux.
O Nation ! etc., en *chorus.*

Malgré le rang, tout le monde est égal :
Soldats, Sergents, Officiers, Général ;
    Et nous marchons,
      Nous courons,
      Nous vôlons,
    Pour défendre nos lois,
    Et le meilleur des Rois.      O Nation ! etc.

Jadis, par force. on voyait au combat,
Traîner, sans cœur, un esclave soldat :
    Mais aujourd'hui,
      A-l'envi,
      Tous ici,
    De l'enfant au vieillard,
    Viennent sous l'étendard.      O Nation ! etc.

Aux yeux d'un brave et libre Citoyen,
Mille ennemis, les dangers ne font rien.
    Pour son honneur,
      Son bonheur,
      Plein de cœur,
    Tout bon Soldat Français
    Combat pour vivre en paix.     O Nation ! etc.

(1) Bulletin, tome IV, p. 48.

Nargue aux Romains, ces Rois de l'Univers,
Un seul César les jeta dans les fers.
    Notre bon Roi,
      Par la loi,
      Sur sa foi ;
    Louis, plein d'équité,
    Nous rend la liberté.      O Nation ! etc.

Peuples voisins, n'en soyez point jaloux ;
Nous ne voulons jamais régner sur vous :
    Tous nos efforts,
      Nos ressorts,
      Nos accords,
    Nos désirs, tous nos vœux
    Sont, chez nous, d'être heureux.  O Nation ! etc.

### A l'Assemblée Nationale.

    Sénat auguste, Aigles divins,
    Vous plânez au-dessus des humains ;
    Vous portez votre vol aux Cieux,
    Pour y prendre les lois des dieux.
Quand vos Décrets régneront parmi nous ;
Nous jouirons du bonheur le plus doux :
    Nous vous louerons,
      Bénirons,
      Aimerons.
    Nos Arrière-neveux
    Seront bien plus heureux.  Sénat Auguste, etc.

### A M. De la Fayette

    Le Général, fils du Dieu Mars,
    Et de Pallas, aux fiers regards ;
    Sur ses traits brille la splendeur ;
    La bravoure enflamme son cœur ;
    De l'Aquilon il a l'activité,
    Et de Minerve il a la majesté ;

Partout prudent,
Vigilant,
Pénétrant,
Il se fait admirer,
Craindre, aimer, adorer.          Le Général, etc.

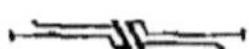

*A Messieurs du Régiment d'Orléans, Cavalerie, et à la Garde*

*Nationale de Chauny.*

Vive Orléans, vive Chauny,
Au signe de l'union, réunis.
Nous sommes tous vaillants soldats
Pour voler ensemble aux combats,
Notre Cité n'a plus d'autre rempart,
Que tous nos cœurs sous un même étendard.
Ventre-saint-gris,
Nous eût dit
Notre HENRY,
J'aime ces braves gens;
Ah! voici mes enfants.     Vive Orléans, etc.

*A Messieurs Hébert, Maire de Chauny, et le Commandant de la*

*Garde Nationale de la même Ville, son fils.*

Levons-nous tous, mes chers amis,
D'un bon père embrassons le bon fils;
D'Ulysse voici le portrait,
Et de son fils voilà les traits.
De Télémaque il a la probité;
Son air aimable et grand, mais sans fierté,
Et son humeur,
Sa douceur,
La candeur,
Sans mépris, sans hauteur,
Lui gagnent tous les cœurs.

Levons-nous, etc. FIN

# CHANSON

Sur la même Fête de Chauny, par un Cavalier du Régiment d'Orléans.

——▶—✶—◀——

Air : *Mon père était pot.*

Nous voici grand nombre d'amis
Qu'un même esprit rassemble ;
Au plaisir d'être réunis,
Messieurs, buvons ensemble,
    Le verre à la main
    Chantons en refrain
  La devise chérie,
    De vive la Loi,
    De vive le Roi,
  Et vive la Patrie.

✳

Si toujours nos Chefs ont été
Garans de la victoire,
Hébert et David et Morgné
Assurent notre gloire.
    Amis d'Orléans,
    Joignons nos accens.
  Dans ce jour plein de charmes :
    Disons, à-la-fois :
    Vive un si bon choix ;
  Vivent nos Frères-d'armes.

✳

Contre cette fraternité
Je crains moins la cabale,
Que pour une même beauté
Quelque flamme rivale.
    Mais, point d'embarras ;

    Car en pareil cas,
  Voilà comme on s'accorde :
    L'un devient mari,
    L'autre reste ami,
  Et vive la concorde.

✳

Pour cimenter notre union,
S'il est besoin d'un pacte,
D'après la Constitution,
Il faut en former l'acte ;
    Et dans ce beau jour,
    Que pour nous l'Amour
  Le dresse..., et voilà comme
    Nous serons actifs,
    Nos tendrons passifs
  Vivent les Droits de l'homme.

✳

Vraiment, dans ce temps orageux
Pour mener douce vie,
Il faut auprès de deux beaux yeux
Voter pour la Patrie.
    Pour sentir l'amour,
    Quel plus beau séjour.
  Que ce riant pays !
    Que d'objets charmans !
    Que de braves gens !
  Ma-foi, vive Chauny.    FIN

# COLLÈGE DE CHAUNY

## Département de l'Aisne

*Sous la direction des Cit. CAURA et DESMOULIN.*

Distance de Paris, 25 lieues ; route de Senlis, Compiègne et Noyon.
On peut arriver à Chauny en un seul jour.

Les citoyens Caura et Desmoulin nommés par la municipalité de
Chauny, chefs du Collège établi dans cette ville, ont fait tous
deux leurs études à Paris. Avant la révolution, le citoyen Caura
étoit professeur en l'Université de Paris, au Collège du Plessis, rue
St-Jacques ; et le citoyen Desmoulin a été employé en qualité d'instituteur pour les hautes classes, dans les meilleurs Collèges de la
même Université. Depuis la révolution, ils étoient chacun à la tête
d'une pension, à Paris, lorsqu'appelés par les vœux de leurs compatriotes, et sensibles à ce témoignage flatteur de la confiance qu'on
avoit en eux, ils ont cru devoir en marquer leur reconnoissance par
l'acceptation de la place qui leur étoit offerte. Tous deux du même
âge (42 ans), de la même ville (Chauny), écoliers et instituteurs
ensemble, l'estime et l'amitié les ont toujours unis sincèrement.
Leur intention est d'établir dans le Collège qui leur est confié,
l'ordre et la discipline la plus exacte, d'inspirer à leurs élèves
l'amour de la *religion*, et de former en même temps leur esprit et
leur cœur.

Les citoyens Caura et Desmoulin sont, depuis vingt ans, chargés
de l'Éducation publique. L'expérience qu'ils ont acquise en ce genre,
ne peut qu'inspirer la confiance ; et ils chercheront à la mériter de
plus en plus, en redoublant tous les jours d'activité et de zèle.

## PROSPECTUS

Religion, Logique, Morale et Métaphysique, Littérature, Lan-
gues Grecque, Latine et Française, Géographie, Mythologie,
Histoire ancienne et moderne, Histoire naturelle, Arithmétique,
Algèbre, Géométrie appliquée au commerce, à l'arpentage et au

toisé, en un mot, ce qui dans les Mathématiques est nécessaire pour être admis à l'école Polytechnique, Ecriture, Lecture, etc. ; tel est l'objet des études de la jeunesse confiée aux soins des citoyens Caura et Desmoulin.


## RELIGION

L'étude de la Religion commencera et finira avec l'Education. Cette étude sera toujours dirigée de manière que les élèves puissent acquérir une connoissance suffisamment approfondie de la morale et des dogmes. On aura soin de mettre entre les mains des jeunes gens les livres les plus capables de leur donner des principes solides, et de leur inspirer le goût des vertus chrétiennes. Il y aura principalement les dimanches, des instructions dont chaque élève sera tenu de faire l'analyse.


## DISTRIBUTION DES ÉLÈVES
## EN DIFFÉRENTES CLASSES.

Les élèves seront partagés en cinq classes.

Dans la première où se trouveront les pensionnaires les plus jeunes, on enseignera la lecture et l'écriture, et on y ajoutera les autres instructions que comporte leur âge.

Dans la seconde, les élèves étudieront les éléments de la Langue française, de la Géographie, de l'Histoire, et, lorsqu'ils seront en état de faire l'application des principes de leur langue, ils joindront à leurs études précédentes, celle de la Grammaire latine et l'explication des auteurs.

Dans la troisième classe, ils continueront de se fortifier dans l'intelligence du latin, et commenceront l'étude de la Langue grecque et de la prosodie latine.

Dans ces deux dernières classes, pour exercer la mémoire des enfants, on leur fera apprendre par cœur, d'abord la Grammaire de Lhomond et les Fables de Lafontaine, ensuite la Mythologie, la Géographie, l'Histoire, et les auteurs qu'ils auront expliqués.

La quatrième classe est destinée à perfectionner les élèves dans la connoissance de la Poésie tant latine que française. On ne négligera point l'étude des orateurs anciens : on continuera les leçons de grec ; et dans le cours de l'année, on fera traduire aux jeunes gens les

Fables d'Esope et des morceaux choisis dans les ouvrages de Plutarque.

La cinquième classe est consacrée à la littérature. Elle remplace ce que l'on appeloit autrefois Rhétorique. Les élèves apprendront alors ce que les orateurs et les poëtes tant grecs, que latins et français, nous ont laissé de plus remarquable en tout genre. On les exercera aussi à la prononciation et à la déclamation..... Leçons plus étendues d'Histoire et de Géographie.

## MATHÉMATIQUES, HISTOIRE NATURELLE, LOGIQUE, ETC

Ces différents objets formeront des cours particuliers. On aura soin de mettre tellement à profit les facultés des élèves, qu'ils en retirent tout l'avantage possible.

## ARTS D'AGRÉMENTS

Les leçons de Dessin, de Musique, de Danse, etc., etc., ne se donneront que pendant les récréations.

## CONGÉS ET VACANCES

Les congés auront lieu tous les jeudis de chaque semaine.

Les vacances commenceront le premier Fructidor, et se termineront le premier Vendémiaire. Pendant ce temps, les élèves auront la liberté de se rendre dans leur famille. On leur donnera de quoi travailler chez eux. Ceux qui resteront seront occupés d'une manière utile. Le temps des vacances ne sera point déduit du prix de la pension.

## ÉMULATION

Pour exciter l'émulation des enfants, il y aura, tous les ans, avant les vacances, une distribution de prix, précédée d'un exercice public, auquel les parents seront invités.

Telle est la marche que les citoyens Caura et Desmoulin ont cru devoir adopter sous un gouvernement protecteur des études et des mœurs. Leur plus grand désir est de se rendre utiles à la société par les principes vrais et solides qu'ils se proposent de donner à leurs élèves. Pénétrés d'admiration pour les Rollin, les Coffin, et tant d'autres professeurs célèbres, ils s'estimeront heureux de pouvoir suivre les traces de ces grands maîtres en fait d'éducation publique.

Des dames attachées à la maison donneront aux enfants les soins maternels, et surveilleront leur santé.

On aura pour les plus jeunes les ménagements et l'attention que demande leur âge....., les exercices et les récréations seront réglés de manière à faciliter le développement des facultés physiques et morales des enfants.

La maison (ancien couvent des Minimes) (1) est située en bon air, près des remparts et des plus belles promenades qu'on puisse trouver dans aucune ville voisine. Elle a de vastes dortoirs, un agréable jardin et deux grandes cours, où les enfans, dans les récréations, pourront se livrer aux amusements qui leur conviennent.

Le prix de la pension alimentaire est de 450 fr., y compris le blanchissage. Les quartiers seront toujours payés d'avance.

(1) Aujourd'hui Caserne de Gendarmerie.

# HYMNE

Pour la Fête de l'Être suprême [1]

AIR : *Allons enfants de la Patrie.*

Qu'en ce moment chacun s'enflamme
    Pour chanter la Divinité,
C'est elle qui donne à notre âme
    L'espoir de l'immortalité. *(bis)*
    C'est la source de la Gloire,
    C'est le principe de tout bien.
    Sans elle, l'homme n'est plus rien,
    Il lui doit succès et victoire.
Adorons l'Eternel, et respectons ses lois.
Aimons *(bis)* l'Etre immortel, qui nous rend tous nos droits.

    Père tendre, père adorable,
    Il veille sur tous ses enfants ;
Si la peine est pour le coupable,
    Il sçait venger les innocents. *(bis)*
    Et pour protéger la faiblesse,
    La soustraire à l'oppression,
    Il recommande l'union,
    La fraternité, la tendresse ;
Adorons l'Eternel, et respectons ses lois.
Aimons *(bis)* l'Etre immortel, qui nous rend tous nos droits.

    L'athée en vain dans son délire,
    Insulte à la Divinité,
Il voit dans tout ce qui respire
    Qu'il est un Dieu plein de bonté. *(bis)*
    C'est lui qui nous régit en Maître,
    De la Nature il fit les lois.
    C'est lui qui terrasse les Rois,
    Et qui nous découvre le traître.
Adorons l'Eternel, et respectons ses lois.
Aimons *(bis)* l'Etre immortel, qui nous rend tous nos droits.

[1] Bulletin, tome IV, p. 103

Au haut du Ciel ce Dieu réside,
    Il gouverne tout l'Univers,
Sur tous les êtres il préside,
        Il est l'objet de nos concerts. *(bis)*
        Respectons sa Majesté sainte,
        Et demandons-lui le bonheur.
        Que le peuple françois vainqueur,
        Porte au loin la Mort et la Crainte.
Adorons l'Eternel, et respectons ses lois.
Aimons *(bis)* l'Etre immortel, qui nous rend tous nos droits.

Quand des cohortes ennemies,
    Menacent notre liberté,
Le sacrifice de nos vies
        Honore la divinité, *(bis)*
        La Mort vaut mieux que l'esclavage ;
        Le François libre est immortel ;
        Et dans le sein de l'Eternel,
        Il trouve le repos du Sage.
Adorons l'Eternel, et respectons ses lois.
Aimons *(bis)* l'Etre immortel, qui nous rend tous nos droits.


## INVOCATION


Être suprême, ta puissance
    Doit diriger nos bras vengeurs,
Soutiens et protèges, la France,
        Combats avec ses défenseurs *(bis)*
        Arme d'un courage héroïque
        Un peuple de frères, d'amis,
        Qu'il triomphe des ennemis
        Et sauve ainsi la République.
Adorons l'Eternel, et respectons ses lois.
Aimons *(bis)* l'Etre immortel, qui nous rend tous nos droits.

# HYMNE RELIGIEUSE ET PATRIOTIQUE

Faite pour être chantée dans les Fêtes et dans les Cérémonies
nationales.

Air : *Allons enfants de la Patrie*

Être infini que l'homme adore
Sous des noms, des cultes divers,
Entends d'un peuple qui t'implore
    Les vœux et les pieux concerts ! (*bis*)
    Que toute la terre fléchisse
    Devant ta sainte volonté.
    Nous espérons en ta bonté,
    Même en redoutant ta justice.
Brises partout les fers de la captivité.
Dieu bon ! (*bis*) donne aux mortels la paix, la liberté.

En faisant l'homme à ton image
    Tu le fis libre comme toi,
Vouloir le mettre en esclavage,
    C'est être rebelle à ta loi. (*bis*)
    Dieu vengeur ! défends ton ouvrage
    Des entreprises des tyrans.
    Tous les hommes sont tes enfants ;
    Toi seul mérites leurs hommages.
Brises partout les fers de la captivivité.
Dieu bon (*bis*) donnes aux mortels la paix, la liberté.

Approchez, enfants de tout âge
    Jeunes filles, vieux aussi ;
Venez présenter votre hommage
    Au Dieu qui nous rassemble ici. (*bis*)
    D'une bouche innocente et pure,
    Demandez lui que ses bienfaits
    S'étendent sur tous les Français.
    Comme sur toute la nature.
Brises partout les fers de la captivité.
Dieu bon (*bis*) donne aux mortels la paix, la liberté.

Dieu Créateur, suprême essence,
Le Ciel, plein de ta majesté,
Le Ciel atteste ta puissance ;
La terre atteste ta bonté. (*bis*)
Des astres les disques sublimes
Roulent sous tes pieds glorieux,
Et les éclairs de tes cent yeux,
Percent les plus profonds abîmes.
Brises partout les fers de la captivité.
Dieu bon ! (*bis*) donne aux mortels la paix, la liberté.

## LOI DU MAXIMUM

Le 29 septembre 1793, le Conseil fait publier la loi qui assujettit au maximum les denrées de première nécessité.

Voici le tableau qui lui fut envoyé par le district : (1)

### DÉPARTEMENT DE L'AISNE

# DISTRICT DE CHAUNY

*TABLEAU du Maximum des denrées de 1re nécessité, formé en vertu du Décret de la Convention Nationale du 29 Septembre 1793 (vieux style).*

| DÉSIGNATION des DENRÉES | LEUR ESPÈCE | Poids ou mesures auxquels elles se vendent | Prix fixé jusqu'au premier Septembre 1794 |
|---|---|---|---|
| | | | liv. s. d. |
| Viande fraîche | Bœuf, ou Vache grasse, veau et mouton | la livre | 7 9 |
| Porc | . . . . | id. | 10 6 |
| Viande salée | Lard | id. | 19 » |
| Beurre | . . . . | id. | 19 » |
| Œufs | . . . . | le quarteron | 18 9 |
| Huile | à brûler | la livre | 17 9 |
| Huile | douce | id. | 1 11 » |
| Bétail | Vache grasse | de 190 livres | 111 8 » |
| | Veau de 6 mois | de 160 livres | 100 16 » |
| | » de 15 jours | de 30 livres | 14 2 9 |
| | Mouton gras | la paire | 32 4 » |
| Poisson salé | Morue blanche | la livre | 9 9 |
| | Morue grise | id. | 7 9 |
| | Harangs | au cent | 7 2 » |
| Vin | Bourgogne | la bouteille | 1 9 » |
| | Champagne | id. | 1 3 » |
| | Soissonnois | id. | 9 6 |
| | Laon | id. | 13 3 |
| Eau-de-vie | . . . . | la velte | 13 1 6 |
| Sucre | . . . . | la livre | 1 13 » |

(1) Bulletin, tome IV, p. 83.

| DÉSIGNATION des DENRÉES | LEUR ESPÈCE | Poids ou mesures auxquels elles se vendent | Prix fixé jusqu'au premier Septembre prochain |
|---|---|---|---|
| | | | liv. s. d. |
| Miel | . . . . | la livre | 1 » » |
| Papier blanc | à écolier | la main | 7 9 |
| | Bœuf fort | la livre | 1 16 6 |
| | Vache, en croute | id. | 1 13 9 |
| Cuirs | id. corroyé | id. | 2 1 9 |
| | Veau, corroyé | id. | 2 15 6 |
| | Cheval, en croute | id. | 1 6 6 |
| | Bœuf, passé en hongrie | id. | 1 5 6 |
| Peaux | de mouton blanche | au cent | 264 9 » |
| | d'agneaux en laine | id. | 103 6 9 |
| | en barre | le quintal | 31 » » |
| | carillon | le cent | 40 11 3 |
| | cloux | la livre | 13 6 |
| | à charrue | la douzaine | 32 » » |
| Fers | cloux à lattes | le cent | 1 18 3 |
| | cloux au cent | la livre | 13 6 |
| | verges arrondies | le quintal | 42 4 6 |
| | id. ordinaires | id. | 36 2 3 |
| | bandages percés | id. | 37 3 6 |
| Plomb | à giboyer | la livre | 11 9 |
| Acier | . . . . | id. | 1 2 » |
| Chanvre | . . . . | id. | 13 9 |
| Vinaigre | . . | la velte | 2 10 9 |
| Cidre | . . . . | id. | 1 9 » |
| Bierre | . . . . | id. | 1 4 6 |
| Charbon | de bois | la vanne | 1 16 9 |
| | de terre | la raziere | 4 13 3 |
| | charme, 3 pieds et demi | la corde | 26 2 6 |
| | chêne et hêtre | id. | 22 9 » |
| Bois à brûler | fagots de 20 pouces de tour, sur 3 pieds et demi de long | au cent | 7 7 » |
| | fagots id. | la pièce | 2 9 |
| | de charbon | la corde | 7 3 » |
| | de cuisine | id. | 18 3 6 |
| Chandelle | . . . . | la livre | 1 » » |
| Lin | . . . . | id. | 1 13 6 |

| DÉSIGNATION des DENRÉES | LEUR ESPÈCE | Poids ou mesures auxquels elles se vendent | Prix fixé jusqu'au premier Septembre prochain |
|---|---|---|---|
| | | | liv. s. d. |
| Laine | première qualité | la livre | 1 10 » |
| id. | seconde qualité | id. | 1 5 9 |
| Bas | bas drapé pour homme | la paire | 5 6 9 |
| | bas de Chaumont id. | id. | 6 4 » |
| | bas ordinaires | id. | 4 4 » |
| Chaussons | première grandeur | id. | 1 9 » |
| | deuxième grandeur | id. | 1 4 » |
| | troisième grandeur | id. | 16 9 |
| Bonnets | de laine | la pièce | 3 12 » |
| Etoffes | Tricot écru | l'aune | 3 11 9 |
| | Tricot blanchi | id. | 4 13 6 |
| | Tricot frisé | id. | 4 6 » |
| | Tricot bleu | id. | 5 13 6 |
| | Tricot rouge | id. | 5 2 » |
| | Tordoir de bernay | id. | 5 5 9 |
| | Aumal et blicourt | id. | 2 9 » |
| | Tiretaine, 7 douzièmes | id. | 2 » » |
| | Tiretaine bleue | id. | 2 8 » |
| | molleton de Lille de 2 tiers et 3 quarts | id. | 2 16 9 |
| | Razié, 5 huitièmes | id. | 2 11 6 |
| | Razié rayé, 2 tiers | id. | 2 13 6 |
| | Molleton blanc de Beauvais, de 7 douzièmes | id. | 5 11 6 |
| | Molleton blanc d'une demi aune | id. | 6 6 9 |
| | id.   de Lyon, de 5 douzièmes | id. | 6 14 9 |
| | Saint-Nicolas, 5 huitièmes | id. | 5 9 6 |
| | Saumière blanche | id. | 2 15 6 |
| | Minorque noir, 5 douzièmes | id. | 5 7 9 |
| | Prunelle en laine, 5 douzièmes | id. | 5 13 6 |
| | Satin-turc     id. | id. | 7 10 9 |
| | Panne poil, 3 huitièmes | id. | 9 1 6 |
| | id.   écarlate | id. | 11 3 6 |
| | id.   laine, 3 huitièmes | id. | 5 » » |
| | id.   bleu foncé | id. | 5 16 » |
| | Flanelle rayée de Rouen, de 2 tiers à 3 quarts | id. | 4 15 9 |

| DÉSIGNATION des DENRÉES | LEUR ESPÈCE | Poids ou mesures auxquels elles se vendent | Prix fixé jusqu'au premier Septembre prochain |
|---|---|---|---|
| | | | liv. s. d. |
| Etoffes | Drap de Châteauroux, 4 q. | l'aune | 13 10 » |
| | id.   vert bouteille mélangé | id. | 16 11 6 |
| | id.   écarlate | id. | 22 13 6 |
| | Drap d'Elbeuf, 5 quarts | id. | 25 13 6 |
| | Ratine, 5 quarts | id. | 23 15 9 |
| | Flanelle de Rheims lisse | id. | 1 16 9 |
| | id.   croisée | id. | 2 12 6 |
| | id.   de vestipoline blanche | id. | 3 17 9 |
| | En voile, 1re qualité | id. | 4 12 9 |
| | Drap de Vire | id. | 10 18 » |
| | Cadis d'Agnent | id. | 8 10 » |
| | Drap de Sedan bleu teint en laine | id. | 40 » » |
| | Drap, 1re qualité, teint en fil | id. | 33 12 » |
| | id.   blanc | id. | 30 13 6 |
| | id.   écarlate | id. | 50 » » |
| | id.   bleu | id. | 30 13 6 |
| | Drap d'Elbeuf, bleu national | id. | 29 17 6 |
| | Ratine, 4 quarts | id. | 16 15 9 |
| | Ratine, 5 quarts | id. | 24 13 6 |
| | Drap de Silésie mêlé | id. | 7 12 » |
| | Drap de Silésie écarlate | id. | 10 18 9 |
| | id.   bleu et blanc | id. | 8 16 » |
| | Espagnolette d'ernetal | id. | 9 15 9 |
| | Beige de 5 quarts | id. | 19 6 9 |
| | Castorine, 5 quarts | id. | 27 2 6 |
| | Calmouit, 5 huitièmes | id. | 10 18 » |
| | Ras de castor, demi aulne | id. | 5 8 9 |
| | id.   bleu national | id. | 6 6 9 |
| | id.   écarlate | id. | 8 6 9 |
| | Ras de Maroc | id. | 3 6 » |
| | Casimir | id. | 12 4 9 |
| | Siamoise 4 quarts, mélangée | id. | 5 1 6 |
| Couvertures | Six points | la pièce | 34 13 6 |
| | Cinq points | id. | 28 9 » |
| | Quatre points | id. | 23 2 6 |
| | Trois points | id. | 19 2 6 |

| DÉSIGNATION des DENRÉES | LEUR ESPÈCE | Poids ou mesures auxquels elles se vendent | Prix fixé jusqu'au premier Septembre prochain |
|---|---|---|---|
| | | | liv. s. d. |
| Toiles | Du païs, en écru, 4 quarts de 16 à 18, première qualité | l'aune | 2 14 » |
| | IIme qualité | id. | 1 18 9 |
| | IIIme qualité | id. | 1 16 9 |
| | basse qualité | id. | 1 3 6 |
| | en fil de lin de Flandre | id. | 4 4 9 |
| | de 4 quarts | id. | 5 6 9 |
| | en écru, 7 huitièmes | id. | 3 » » |
| | IIme qualité | id. | 1 18 » |
| | De 2 tiers et 3 quarts | id. | 2 11 6 |
| | Demi fil de lin et demi fil de coton, 7 huitièmes de large | id. | 5 1 6 |
| Treillis | De 2 tiers | id. | 1 19 9 |
| | De 3 quarts | id. | 2 » 6 |
| | De 7 huitièmes | id. | 2 9 6 |
| | De cinq huitièmes | id. | 1 11 6 |
| Coutil | Blanc, de 2 tiers | id. | 3 9 6 |
| Matières | première servant aux Fabriques le fil pour la toile, première qualité | la livre | 1 14 9 |
| Mine | de Plomb | id. | » 9 6 |
| Sabots | Ire grandeur | la paire | » 17 » |
| | IIme grandeur | id. | » 13 6 |
| | IIIme gandeur | id. | » 9 » |
| Souliers | Ire grandeur | id. | 6 14 6 |
| | IIme grandeur | id. | 5 9 » |
| | IIIme grandeur | id. | 3 13 6 |
| Colza et trabet | . . . . . | le quartel | 3 13 » |
| Savon noir | . . . . . | la livre | » 10 9 |
| Potasse | . . . . . | id. | » 10 » |
| Toiles de coton et fil | Blanche, de 7 huitièmes | l'aune | 6 13 6 |
| | id. fil de couleur, de 5 huitièmes | id. | 4 10 • |
| | Cotonnière bleue, d'une demi aulne | id. | 3 5 6 |
| | Cotonnière en rouge, 7 huitièmes | id. | 3 14 » |
| | Siamoise Flambée, 9 huitièmes | id. | 5 10 9 |
| | id. Flambée, 5 huitièmes | id. | 3 6 9 |

| DÉSIGNATION des DENRÉES | LEUR ESPÈCE | Poids ou mesures auxquels elles se vendent | Prix fixé jusqu'au premier Septembre prochain |
|---|---|---|---|
| | | | liv. s. d. |
| Toiles de coton et fil | Siamoise, 3 quarts, rouge | l'aune | 3 17 » |
| | id.     5 quarts, bleue et rouge | id. | 4  2 6 |
| | id.     Flambée rouge, de 5 quarts | id. | 7 13 6 |
| | id.     de coton des Indes rouge, de 5 huitièmes | id. | 7  5 6 |
| Bas de coton | Ire grandeur | la paire | 7  5 9 |
| | IIme grandeur | id. | 4 18 » |
| BONNETS de COTON | . . . . | la pièce | 3  4 » |

*EXTRAIT du Registre des Délibérations du Conseil-Permanent du District de Chauny.*

---

## SÉANCE Publique du onzième jour du deuxième mois
### *l'an deuxième de la République, une et indivisible*

Le Conseil-Permanent du District de Chauny, après un sévère examen du projet de tableau du *maximum* des Denrées et Marchandises de première nécessité, établi en conséquence du Décret du 29 Septembre dernier (*vieux stile*,) que lui a présenté sa commission *ad-hoc.*

Considérant, que le premier tableau dressé et envoyé aux Municipalités chef-lieux de Canton, était rempli d'inexactitudes.

Que ces inexactitudes provenaient du peu de véracité des déclarations faites devant les Municipalités par les Marchands.

Que l'opération de ses Commissaires dans les Cantons, a singulièrement confirmé la fausseté du premier tableau.

Après avoir entendu le substitut du Procureur-Syndic.

Raporte son arrêté du vingt-trosième jour du deuxième mois, adoptif du tableau du *maximum* des Denrées.

Arrête que celui qui lui est présenté par sa commission, sera le seul suivi dans le District de Chauny.

Et qu'en conséquence, il sera Imprimé au nombre de trois cents exemplaires *in-quarto* et même nombre en *placard*, pour être envoyé à toutes les Municipalités à l'effet de le faire proclamer aussitôt sa réception.

Fait à Chauny, en séance publique, lesdits jour et an.

*Signé :* C.-L. MAQUAIRE, *Président ;*
P.-M. BOURDON, J.-P. VALISSANT, J.-P. PLAI-
GNARD, J.-B. CHALAN, *Administrateurs ;*
et J.-F.-J. COCHEFERT, *Substitut du Procureur-Syndic.*

*Contre-Signé :*
R. SOYE, *Secrétaire.*

# DISCOURS

*Prononcé par le Représentant du Peuple* PÉRARD, *dans la Société populaire Régénérée de* CHAUNY, *Département de l'Aisne, le 22 Vendémiaire, l'an troisième de la République, une et indivisible.*

CITOYENS FRÈRES ET AMIS,

Le renouvellement des Autorités est, dans ce Département, l'objet seul de ma mission ; mon devoir, mon désir est de les composer tellement, qu'elles garantissent à jamais et la Révolution et ses principes.

La Révolution ! c'est le bonheur de tous les Français.

Les principes qui la soutiennent, sont évidemment, sont nécessairement la réunion, l'action de toutes les vertus.

On n'est point Républicain, *si l'on n'est pas honnête homme*, on n'est point l'honnête homme d'une République, si l'on n'est pas ferme, impartial, sans passion (autre que celle du bien public), sans intérêt personnel, ami des mœurs et du bon ordre.

C'est donc, frères et amis, *dans cette classe de citoyens*, que je vais chercher *des hommes* pour administrer vos intérêts. Je désire que vous m'évitiez les dangers de la *séduction*, défendez ma conscience de l'atteinte des charlatans (il en est en politique, comme en médecine), tâchez que je ne sois entouré que par des gens de bien, songez qu'il y va de votre tranquillité, de vos fortunes, de votre gloire révolutionnaire. Surveillez tout ce qui m'approchera, que le crime soit par vous et par vos soins, banni de mon asile.

Je vous rendrai compte de ma volonté, je rendrai compte à la République des entourages que vous m'aurez donnés ; que la lumière éclate, que la vertu soit à l'aise, que le vice soit comprimé, que la République soit aimée, que le peuple soit heureux. Je vous apporte la force et la bonne foi, donnez-moi en échange, la confiance et la vérité.

*Le Représentant du Peuple :* PERARD.

## *RÉPONSE DU PRÉSIDENT*

CITOYEN REPRÉSENTANT,

Au milieu des factions que la malveillance se plait à élever de toutes parts, la Convention vous a choisi pour étouffer les souffles empoisonnés, qui pouvaient nous en faire partager les dangers. A peine connu, la renommée a fait éclater les avantages de ce choix précieux : votre douceur, la pureté de vos principes et votre amour pour la justice. Le discours que vous venez de prononcer est un nouveau témoignage pour nous, cet ensemble de vertus est digne d'un Républicain et d'un Représentant d'une grande nation, il est digne aussi de la mission importante dont vous êtes chargé, elle a pour objet d'extirper de toutes les autorités constituées, ces êtres perfides qui, sous le masque d'un caractère qu'ils n'ont jamais eu, embrasent la République du feu impur qui les dévore. Ces êtres qui sont incapables de la servir, elle a pour objet de les remplacer par des hommes *probes, vertueux, instruits et inébranlables dans les principes de la révolution.* Vous l'avez dit, citoyen Représentant, vous n'avez pas sur les localités, les connaissances nécessaires pour opérer un si grand bien ; mais ajoutez un mot, et il n'est pas un de nous qui ne s'empresse, qui ne se fasse un devoir même de préparer la voie qui doit la diriger ; par là vous mettrez la Société à même de donner à la République un véritable témoignage de son amour pour elle, par-là vous atteindrez au but de la loi et au vôtre, par là enfin, vous établirez une nouvelle barrière contre nos ennemis et nous prouverons à tous les tyrans de la terre, que c'est en vain qu'ils s'efforcent à vouloir nous faire reprendre les fers que nous avons brisés, et que, dussions nous périr mille fois, jamais ils ne serviront qu'à les humilier, à les enchaîner eux-mêmes ou à les exterminer.

# EXTRAIT

*Du registre des arrêtés de la Société populaire et régénérée de la Commune de Chauny.*

Séance du 22 Vendémiaire, troisième année Républicaine.

Sur la proposition d'un membre, la Société arrête :

Que le discours du Représentant du peuple PÉRARD, et la réponse de son Président, seront imprimés, et qu'ils seront envoyés à toutes les autorités constituées et Sociétés Populaires du Département.

BOURGEOIS, *Président ;*

D. GUILLAUME ; M. GUILLAUME ; LAMY, *Secrétaires.*

# VENTE DES BIENS
## *dits* NATIONAUX

Sous ce titre nous réunissons diverses notes recueillies par M. l'abbé Caron, aux archives du département de l'Aisne, et qui sont relatives à la vente forcée des biens appartenant depuis long-temps à divers établissements ou communautés religieux et dont ils ont été expropriés sans indemnité préalable, en vertu de décrets de la convention nationale des 14 mai et 16 juillet 1790.

Ces notes sont loin de donner la liste complète des biens vendus ; il eût fallu que M. l'abbé Caron fît des recherches plus étendues pour arriver à un relevé complet de ces aliénations ; mais il pourra y être suppléé plus tard.

### Abbaye de Saint-Bertin, de Saint-Omer
#### à Caumont, canton de Chauny

42 setiers, ou environ, de terre (10 hectares 16 ares), en dix pièces et 8 setiers 18 verges (2 hectares 2 ares) de pré ou environ, en huit pièces, dont le prix total est de 6.100 livres, ci . . . . . . 6.100 liv.

Acquéreurs :

| | liv. | s. | d. |
|---|---|---|---|
| Rigot, Jean-Baptiste, pour . . . . . . . . . | 1756 | 16 | 9 |
| Desmarest, Louis, laboureur, pour . . . | 438 | »» | 9 |
| Lemaire, Louis-Dominique, laboureur, p. | 1301 | 14 | 2 |
| Lecomte-Bouvet, pour . . . . . . . . . . | 650 | 17 | 1 |
| Crapet, Jean-Louis, pour . . . . . . . . | 650 | 17 | 1 |
| Chambert, Louis, pour . . . . . . . . . | 650 | 17 | 1 |
| Lefèvre, Claude-Martin, pour . . . . . . | 650 | 17 | 1 |

### Abbaye du Calvaire
#### à La Fère

Biens situés à Beautor et à Fargniers :
78 setiers 59 verges 1/2 (27 hectares 3 ares) de terres, en 36 pièces,

dont le prix total d'adjudication est de 28.800 liv. ci . . 28.800 liv.

Acquéreurs :

Lutryt, Félix-Jean-Bapt., ci-devant commissaire des guerres, demeurant à La Fère, pour. . . . . . . . . . . . . . . . . . . . . 19290 14 »

Frizon, Jean-François, notaire et procureur à La Fère, pour. . . . . . . . . . . . 5486 03 »

Maréchal, Charles, demeurant à La Fère, p. 2560 03 »

Dupuis, Pierre, laboureur à La Fère et Pierre Carlier, acquéreur de 4 setiers (1 hect. 37 ares 32 cent ) moyennant la somme de. . 1463 »» »

Biens situés à Danisy, Charmes, La Fère et Beautor :

173 setiers de terres (59 hectares 40 ares) en 69 pièces, dont 166 setiers (57 hectares) en 66 pièces, au terroir de Danisy et 7 setiers (2 hectares 40 ares), en 3 pièces, au terroir de Charmes, 3 faulx 48 verges (1 hect. 49 ares) en 2 pièces et une pièce de 9 faulx (8 hectares 86 ares), près de La Fère, moyennant. . . . . . . 60.900 liv.

Acquéreurs des 173 setiers de terre :

Flament, Ives-Aimé-Joseph, maître de la poste aux chevaux, pour . . . . . . . . . . 30450 »» »

Failly, Michel-Antoine, cultivateur à La Fère, pour. . . . . . . . . . . . . . . . . 5075 »» »

Huille, Jean, bourrelier à La Fère, pour . 5075 »» »

Labarre, maître en chirurgie à La Fère, p. 2537 10 »

Oger, Jean-Louis, cultivateur à Danisy, p. 5075 »» »

Briquet, Jean-Pierre, cultivateur à Danisy, pour. . . . . . . . . . . . . . . . . 5075 »» »

Fay, Marie-Louise-Gabrielle, veuve de Desfossés, à Danisy, pour . . . . . . . . 6766 13 4

Doffémont, notaire demeurant à La Fère, p. 845 16 8

---

## Abbaye de Sainte-Croix
### à Chauny

Le couvent de Sainte-Croix, de Chauny, bâtiments, cours, jardins en dépendant, ensemble deux petites maisons faisant face à la rue d'Orléans, ont été vendus pour le prix total de 13,200 ci.   13.200 liv.

Acquéreurs :

liv.   s   d.

Hébert, Jean-Baptiste, pour. . . . . . . .   4321 » »  »
Duvanet, Gaspard, pour. . . . . . . . . .   2879 » »  »
Demangeot, Jean-Baptiste, pour. . . . .   6000 » »  »

61 setiers 1/2 de terre (14 hect. 87 ares 68 cent.) en 34 pièces, savoir :

21 setiers (5 hect. 8 ares) en 11 pièces, sur le territoire de Chauny ;

26 setiers (6 hectares 29 ares) en 11 pièces, au terroir d'Abbécourt ;

18 setiers 3/4 (4 hect. 53 ares 42 cent.) en 10 pièces, au terroir d'Ognes ;

3 setiers (72 ares 57 cent ) en 2 pièces, au terroir de Neuflieux, Vendus à :

Debry, Jean-Baptiste, laboureur à Abbécourt et Radet, Charles, laboureur à Chauny, moyennant dix-sept mille cent livres, ci . . . . . . . . . . . . . . .   17.100 liv.

Une pièce de terre de 3 quarterons (18 ares) et un setier neuf verges (28 ares 38 cent.) en 2 pièces, à Commenchon, vendues à Dupond, pour . . . . . . . . . .   155 liv.

3 maucaudées de terre (1 hect. 39 ares 60 cent.) au Bailly, terroir de Chauny, vendues à Grenier, Jean-Charles, jardinier à Chauny, pour . . . . . . . . . .   1.000 liv.

Un marché de 9 setiers 7 verges 1/2 de terres (2 hect. 22 ares) et 2 setiers 8 verges (52 ares 10 cent.) de prés, vendus à veuve Félix Maréchal, pour. . . . . . . . .   910 liv.

---

## Abbaye de Saint Éloy-Fontaine
### à Commenchon

60 setiers 9 verges de terres, en deux pièces (14 hect. 56 ares) dont le prix total est de. . . . . . . . . . . . . . . . . . . .   24.200 liv.

Acquéreurs :                              liv.   s.   d.

Lesluin, Pierre-Georges, pour . . . . . .   12100 » »  »
Bernot, Jean, pour. . . . . . . . . . . .   2466 » »  »
Pacoux, François, pour . . . . . . . . .   2466 » »  »
Darsonville, Nicolas, vinaigrier . . . . .   2818 » »  »
Darsonville, Pierre-Marie, pour . . . . .   4350 » »  »

3 setiers 3 quarterons (90 ares 60 cent.) de terre, au
terroir de Caumont, vendus à Grégoire, Charles, tourneur à Chauny et Bayard, Pierre-Louis, jardinier à
Villette, pour. . . . . . . . . . . . . . . . . . . . . . . . . . . . . .          405 liv.

26 setiers 27 verges (6 hect. 41 ares 50 cent.) de terre,
au terroir de Chauny, vendus à Muizon, Eustache-
Nicolas, pour. . . . . . . . . . . . . . . . . . . . . . . . . . . .          9.000 liv.

106 setiers 56 verges (25 hect. 87 ares 40 cent.) de
terre, en 8 pièces, au terroir de Chauny, vendus à
Maire Joseph-Ferdinand, demeurant à Holnon, pour. .          33.200 liv.

31 setiers 1/2 (7 hect. 62 ares) de terre, en 5 pièces et
une autre pièce en pré, vendues à Dunet, Joachim,
charpentier, à Sinceny, pour 12.000 livres, ci. . . . . .          12.000 liv.

3 setiers 3/4 (90 ares 75 centiares) de terre, en trois
pièces au terroir de Chauny ; 18 setiers (2 hectares 41 ares
90 centiares) de terre, en trois pièces ; et 6 setiers 1/2 de
prés, au terroir d'Ognes, vendus à Cagniard Jean-Claude,
marchand de grains à Chauny, pour 4,375 livres, ci . . .          4.375 liv.

80 setiers 37 verges 1/2 (19 hectares 53 ares 65 centiares) de terre, en 8 pièces, dont 70 setiers (16 hectares
93 ares) en terre et le restant en prés, vendus à Muizon
Eustache-Nicolas, demeurant à Paris, pour 20.200 livres,
ci . . . . . . . . . . . . . . .   . . . . . . . . . . . . . . . .          20.200 liv.

200 setiers de terre et prés (48 hectares 38 ares) en
38 pièces, sur Chauny, vendus à Jean-Baptiste-Constant
Herbert, maître particulier des Eaux et Forêts, et
Madame Cœurderoi, pour 34.200 livres, ci. . . . . . .          34.200 liv.

10 setiers 41 verges (2 hectares 61 ares) de terres,
en huit pièces, au terroir d'Ognes, vendus à Baudrimont
Nicolas, laboureur à Ognes, et Delavierre, Charles,
aubergiste à Chauny, moyennant . . . . . . . . . . .          3.025 liv.

N. — Dans les comptes du Receveur de l'Abbaye de Saint-Eloy-
Fontaine, pour les années 1738 et 1739, on lit ce qui suit :

Le sieur Nicolas Le Sot de la Panneterie, maître de la Blanchis-
serie royale du Pissot, faubourg de Chauny, jouit de 32 setiers
24 verges (7 hect. 85 ares 46 cent.) de terres labourables et de la
moitié de 3 setiers 28 verges (85 ares 62 cent.) de prés, à la rede-
vance, par chacun an, au jour de Saint-Remy, par bail passé devant
Gueullette, notaire à Chauny, du 27 mars 1750, de cinquante setiers
de bled (3 hect. 25 lit.), dont 5 de froment pur et 15 setiers (67 lit. 50)
d'avoine et un chapon.

## Abbaye de Saint-Nicolas-aux-Bois

### Mense Abbatiale

15 setiers 42 verges (5 hectares 15 ares) de terre, en
7 pièces et plusieurs autres pièces de terres et prés,
désignés au bail reçu par Mitant, notaire à Saint-Nicolas-
aux-Bois, le 12 février 1748, *aliénés* à la Municipalité de
Laon, par décret du 23 janvier 1791, (17 mars 1791)
moyennant le prix total de 14.100 livres, ci . . . . . . . 14.100 liv.

Acquéreurs :

|  | liv. | s. | d. |
|---|---|---|---|
| Leriche Jean - Claude, laboureur à Far-<br>gniers, pour . . . . . . . . . . . . . . | 2600 | » . | » |
| Dauthuile Antoine-Philbert, laboureur au<br>même lieu, pour. . . . . . . . . . . . | 2500 | » » | » |
| Magnier Jean-Baptiste, curé de Fargniers,<br>pour . . . . . . . . . . . . . . . . | 9000 | » » | » |

59 setiers 20 verges (20 hectares 33 ares de terre et
6 faulx 63 verges (27 ares 3 centiares) de prés, moyennant un prix total de 21.800 livres, ci . . . . . . . . . 21 800 liv.

Acquéreurs :

|  | liv. | s. | d. |
|---|---|---|---|
| Jadas Pierre-Louis, laboureur à Fargniers,<br>pour . . . . . . . . . . . . . . . . | 1922 | 11 | » |
| Fontaine Pierre-Louis-Joseph, demeurant<br>à La Fère, pour. . . . . . . . . . . . . | 11903 | 14 | 6 |
| Joly Claude, demeurant à Fargniers, pour. | 4007 | 03 | 5 |
| Derouvroy Charles-Romuald, pour. . . . | 906 | 03 | 2 |
| Dupuy Pierre, pour. . . . . . . . . . | 2401 | 06 | 2 |
| Leroy César-François, pour . . . . . . . | 403 | 18 | 4 |
| Hénot Montain, cultivateur à Fargniers, p. | 165 | 07 | 6 |

80 setiers (27 hectares 46 ares) environ de terre et 10
faulx et 14 verges (4 hectares 35 ares) de prés, au terrroir
de Fargniers et autres circonvoisins, vendus pour un
prix total de 38,100 livres, ci . . . . . . . . . . . . . 38.100 liv.

Acquéreurs :

|  | liv. | s. | d. |
|---|---|---|---|
| Dupuis Pierre, laboureur à La Fère, p . | 1604 | 04 | » |
| Balemont Joseph, pour . . . . . . . . | 1203 | 03 | » |
| Wargnier Adrien, pour. . . . . . . . . | 4612 | 02 | 3 |

Guillaume Claude, maire de Chauny, pour   9224 04 9
Coquart Pierre-Louis, pour . . . . . . .   2406 08 6
Hénot-Montain, de Fargniers, pour . . .   200 10 »
Fabre François, trésorier, ci-devant à La
Fère, pour. . . . . . . . . . . . . . . .  18047 06 3
Romuald de Rouvroy, pour . . . . . . .   802 01 3

58 setiers 48 verges (19 hectares 93 ares) de terre, plus
4 faulx 30 verges de prés (1 hectare 84 ares 51 centiares)
sur Fargniers, pour un prix total de 18.500 livres, ci. .  18.500 liv.

Acquéreurs :

|  | liv. | s. | d. |
|---|---|---|---|
| Jadas Pierre-Louis, pour . . . . . . . . | 1925 | 08 | 06 |
| Derouvroy Charles-Romuald, pour. . . | 2539 | 16 | » |
| Chapentier Pierre, pour. . . . . . . . . | 1260 | 02 | 11 |
| Balemont Joseph, pour. . . . . . . . . | 495 | 19 | 16 |
| Fontaine Pierre-Louis-Joseph, pour. . . | 12279 | 01 | 01 |

45 setiers 30 verges (15 hectares 57 ares 73 centiares)
de terres et 7 faulx de prés (3 hectares 6 ares 37 centiares),
sur Fargniers et Tergnier, vendus pour un prix total
de 20.400 livres, ci . . . . . . . . . . . . . . . . .  20.400 liv.

Acquéreurs :

|  | liv. | s. | d. |
|---|---|---|---|
| Derouvroy Charles-Romuald, pour. . . . | 15408 | 17 | 9 |
| Balemont Jean-Joseph, pour. . . . . . . | 847 | 11 | » |
| Belloy Nicolas, pour. . . . . . .  . . . . | 1506 | 15 | » |
| Toussaint Pierre-Louis, pour. . . . . . . | 733 | 07 | 5 |
| Thirel Jean-François, pour . . . . . . . | 1506 | 15 | » |

350 setiers 54 verges (120 hectares 38 ares 67 centiares)
de terres en 59 pièces, aux terroirs de Travecy, Beautor
et circonvoisins, et 34 faulx 4 verges 1/2 (14 hectares
60 ares 86 centiares) de prés, en 5 pièces, aux prairies
de La Fère et Travecy, vendus moyennant un prix
total de 104.200 livres, ci . . . . . . . . . . . . . . .  104.200 liv.

Acquéreurs :

Quennouelle Montain, laboureur à Tra-
vecy, pour 1/24 et la part afférente au citoyen  liv.  s.  d.
Quiche, moyennant. . . . . . . . . . . .  9716 16 06
Béthune Camille, demeurant à Travecy,
pour 1/6, moyennant . . . . . . . . . . .  15840 05 01

Pompierre  Louis - Stanislas - Xavier -
Labbé, pour 1/3, moyennant . .   . . . . 30056 09 01
  Gilbat, pour 3 12, moyennant. . . . . . 8363 14 08
  Carlier Jean , de Travecy , pour 1/24 ,
moyennant. . . . . . . . . . . . . . . 4510 14 13
  Nicolet Quentin, de Travecy, pour . . . 1071 17 10
  Plus Quentin, de Travecy; Frayon Louis-
Charles, de Travecy; Frayon Jean-Baptiste;
Prémont Jean-Charles; Poulle Charles-
Joseph; Dimbastien Simon ; Duchesne
Jean-François; Cailleau Jean ; Quennouelle
Joseph; Léger François ; Delaidde François ;
David Ambroise ; Dupuis François ; Deui-
zart Joseph ; Cardot Nicolas; Tardieu Jean ;
Foulon François, tous de Travecy, chacun
pour une pareille somme de. . . . . . . 1071 17 10
  Cordier Antoine, négociant à St-Quentin
pour. . . . . . . . . . . . . . . . . . . 483 08 09
  Dufeu Jean-Baptiste ; Morat Jacques ;
Prévost Jean-Charles , tous de Travecy.
Détalle Honoré - Firmin , de La Fère ;
Cholet Jean, de La Fère ; Dufeu Joseph ;
Prévost Barthélemy ; Prémont François-
Eloy ; Laporte Jean-François ; Tupigny
Jean-Baptiste ; Delalieu Marc ; Foulon
François ; Carlier Eloi ; veuve Delaidde,
tous de Travecy, chacun pour une même
somme de . . . . . . . . . . . . . . . 1071 17 10

  49 setiers 8 verges (15 hectares 45  ares  60  centiares)
de terre et une faulx 60 verges (68 ares 65  centiares)
de pré, vendus moyennant un prix total de 12.200 livres,
ci . . . . . . . . . . . . . . . . . . . . . . . . . 12.200 liv.

    Acquéreurs :

|  | liv. | s. | d. |
|---|---|---|---|
| Balemont Joseph, pour. . . . . . . . | 2752 | 06 | 08 |
| De Rouvroy Charles-Romuald, pour . . | 433 | 15 | 10 |
| Carpentier Pierre, de Farguiers, pour. . | 643 | 04 | 03 |
| Seguin. . . . . . . . . . . . . . . | 478 | 13 | 01 |
| Hénot Jean-Pierre, pour. . . . . . . . | 239 | 06 | 08 |
| Morial, trésorier de la guerre, à La Fère, pour. . . . . . . . . . . . . . . | 7652 | 13 | 08 |

### Même Abbaye de Saint-Nicolas-aux-Bois

#### Mense conventuelle

Un marché de terres situées à Sinceny, appelé le « Marché de la Graviloise », contenant 17 setiers (5 hect. 83 ares 61 cent.) compris le pré Saint-Nicolas, à présent en terre labourable, vendu moyennant 4.400 livres, ci . . . . . . . . . . . . . . . . .    4.400 liv.

Acquéreurs : Bayeux, Cagniard et Grégoire.

Un marché de terres appelé « le Marché du Bouleau » contenant 122 setiers 48 verges, à 80 verges le setier (42 hectares 8 ares 85 centiares), vendu aux mêmes personnes de Sinceny, moyennant 11.100 livres, ci. . .   11.100 liv.

Un autre marché de terres appelé le « Jardin aux Entes » et le « Champ Saint-Nicolas », contenant 68 setiers, à 80 verges le setier, (21 hectares 54 ares 44 centiares) vendus moyennant 14.500 livres, ci . . .   14.500 liv.

L'Abbaye de Saint-Nicolas-aux-Bois, église et autres bâtiments en dépendant (à la réserve du grand autel et des petits autels, deux confessionnaux, une horloge, huit cloches, un jeu d'orgues et des tableaux qui se trouvent dans la dite église et dans le réfectoire) ; 190 verges (31 ares 53 centiares) en jardin ; un clos appelé « le Parc » contenant 6 arpens (2 hectares 27 ares 46 centiares) ; un héritage appelé « Larzillière », contenant 30 verges (12 ares 87 centiares) ; le pré de la « Mazure Lorion ». contenant 250 verges (1 hectare 7 ares 27 centiares) ; le pré de « la Barrière », contenant 3 arpents (1 hectare 28 ares 73 centiares ; le pré du « Pont-Dieu, contenant 100 verges (42 ares 91 centiares) ; la « Vallée du Four », contenant un arpent et demi, (64 ares 36 centiares) ; un arpent (42 ares 91 centiares), partie en terre, partie en pré, dit « la Vallée Camar » ; le « Champ Notre-Dame », contenant 80 verges (34 ares 33 centiares) ; une autre pièce, au même lieudit, contenant 60 verges (25 ares 74 centiares) ; une autre pièce, au même lieudit, contenant 100 verges (42 ares 91 centiares) ; une pièce de terre appelée « la Vallée Camar » contenant 23 setiers 45 verges (8 hectares 77 ares 56 centiares ; Les « Trois Etangs » qui sont autour de la dite Abbaye, faisant partie des douze étangs ; la « Petite Ferme Saint-

Nicolas, maison, bâtiments en dépendant, ensemble
un petit bâtiment servant de lavoir, dans lequel se
trouve une fontaine ; 120 setiers (41 Hectares 19 ares
60 centiares) de terres labourables, avec les regains à
faire sur les prés ci-dessus déclarés.

Le tout vendu moyennant la somme de 71.000 livres,
aux sieurs Petit Louis, manouvrier ; Bérault Jean-
Claude ; Bougard Pierre, manouvrier et Bernot
François, laboureur, le 28 juillet 1791, ci. . . . . . . . .   71.000 liv.

En marge se trouve la note suivante :

Cédé au sieur Adrien-Jacques-Maurice Cambis, colonel au 7ᵉ
régiment de dragons, à Paris, rue Basse-du-Rempart, n° 3, par acte
passé devant Denions, notaire à Laon, le 13 juin 1793.

|  | liv. | s. | d. |
|---|---|---|---|
| Ventilation : Bâtiments . . . . . . . . | 23308 | 03 | 06 |
| Terres, etc . . . . . . . . . | 47691 | 16 | 10 |
| Total égal . . . . . . . . . . . | 71000 | » | » |

Un marché appelé le « Marché Grehen » contenant
268 setiers (93 hectares 44 centiares), sur Sinceny,
vendu à Flavigny Louis, demeurant à Rouy, pour
60.000 livres, ci. . . . . . . . . . . . . . . . . . . . . .   60.000 liv.

Trois petits étangs de la « Vallée du Jour », remplis
de mazée et de garennes et « l'Aulnois du mauvais Pas »,
vendus à Blanchart Antoine, marchand, à Chauny,
pour 700 livres, ci . . . . . . . . . . . . . . . . . . .   700 liv.

|  | liv. | s. | d. |
|---|---|---|---|
| Revendus le 5 juillet 1793, à Louis Petit, moyennant . . . . . . . . . . . . . . . . | 185 | » | » |
| La vente étant de. . . . . . . . . . . | 700 | » | » |
| La folle-enchère est de . . . . . . . . | 515 | » | » |

Le Marais et Aulnois de la Forrière, contenant environ 7 setiers (2 hectares 40 ares 31 centiares), vendus à
Blanchard, moyennant 2.000 livres, ci. . . . . . . . .   2.000 liv.

Un certain petit jardin potager de 5 verges 2/3 (2 ares
42 centiares), vendu à Langlet Marguerite, veuve de
Thomas Bocquet, demeurant à Saint-Nicolas-aux-Bois,
moyennant 62 livres, ci. . . . . . . . . . . . . . . . .   62 liv.

Deux pièces de terre, contenant ensemble 3 setiers
21 verges (1 hectare 12 ares), vendues à Dorchy Nicolas,
moyennant 1.300 livres, ci . . . . . . . . . . . . . .   1.300 liv.

Une pièce de pré de 74 verges (31 ares 75 centiares) vendue moyennant 315 livres, à Favereau Pierre-Nicolas, huissier à Chauny, qui l'a revendue à René Drouchon, candrelier à Saint-Nicolas-aux-Bois, le 18 août 1793, ci.                                    315 liv.

Quatre pièces de prés, contenant 4 faulx 45 verges (1 hectare 90 ares), vendues à Noé Antoine, laboureur à Cessières, moyennant 2.075 livres, ci . . . . . . . . . .    2.075 liv.

La pièce de pré d'une faulx et 16 verges 1/2 (49 ares 98 centiares), vendue au même Noé, moyennant 470 livres, ci. . . . . . . . . . . . . . . . . . . . . . .    470 liv.

Une pièce de pré de 107 verges (45 ares 91 centiares), vendue à Béraux Jean-Claude, maçon à Saint-Gobain, pour 605 livres, ci . . . . . . . . . . . . . . . . . .    605 liv.

## Abbaye de Nogent

### Terroir de Jumencourt

23 hommées (1 hectare 40 ares 36 centiares) de vignes en cinq pièces, vendues pour un prix total de 2,625 livres, ci . . . . . . . . . . . . . . . . . . . . .    2,625 liv.

Acquéreurs :

| | liv. | s. | d. |
|---|---|---|---|
| Carrette Jean-Marie-Nicolas, laboureur à Folembray, pour . . . . . . . . . . . . . . | 425 | » | » |
| Toussaint-Lussier, vigneron, pour . . . . | 303 | » | » |
| Lussier Jean, vigneron, pour . . . . . . | 650 | » | » |
| Bouvry Edme-Laurent, pour. . . . . . . | 1247 | » | » |

### Terroir de Visnicourt et d'Anisy

La ferme de Fontenille, bâtiments en dépendant ; 94 arpents 80 verges (48 hectares 41 ares) de terres ; 6 arpents 13 verges (3 hectares 13 ares) de prés, à Visnicourt ; 69 arpents 60 verges (35 hectares 54 ares 47 centiares) de terres et 4 arpents 80 verges (2 hectares 45 ares 13 centiares) de terres à Anisy, vendus pour un prix total de 93.100 livres, ci . . . . . . . . . . . . . . . .    93.100 liv.

Aquéreurs :

| | liv. | s. | d. |
|---|---|---|---|
| Duprez Louis-Denis, demeurant à Anisy, pour . . . . . . . . . . . . . . . . . . . . | 5806 | 13 | 4 |
| Vaudran Alexis, aubergiste à Anisy, pour | 5806 | 13 | 4 |

Chapron Jean, meunier à Anisy, pour . . 5806 13 4
Lestrillard Théodore, aubergiste à Anisy, p. 5806 13 4
Carrette François, laboureur à Anisy, pour 5806 13 4
Vitry Nicolas, pour . . . . . . . . . . . 5809 13 4
Devivaise François, demeurant à Anisy, p. 58260 » »

## Anisy

Le ci-devant château d'Anisy, les bâtiments, terrasses, jardin potager, pièces d'eau, jardin anglais, parcs, cascades et un souterrain de 206 pieds de long, fait en pierres de taille, le tout contenant 42 arpents (21 hectares 45 ares) ou environ, plus une petite maison avec cour à l'usage du jardinier, situées au bas du potager, une tour servant de colombier et un petit verger de 15 verges (7 ares 66 ares), ont été adjugés le 7 août 1792 (20 thermidor), au sieur De Sainte-Marie demeurant à Paris, pour 70.900 livres, ci. . . . . . . . . .  . . . . 70.900 liv.

Le Moulin de Bartel, les bâtiments et maison d'icelui, avec tous les ustensiles à eau dudit moulin ; un terrain tenant à la cour dudit moulin ; un massif d'aulnois, saules et peupliers, coupé par une chaussée ; deux petits emplacements plantés de peupliers, à droite et à gauche du chemin venant de Frémie ; enfin, dans l'étang au-dessus, un moulin appelé l'Etang-Bartel ; un massif de bois tendre et partie de prairie, le tout contenant environ 25 arpents (12 hectares 76 ares 75 centiares) ont été vendus le 7 août 1792, à de Montalard Anne-Claude-Bréhéret, chevalier de Saint-Louis, demeurant à Lizy, moyennant 21.700 livres, ci . . . .  . . . . . . 21.700 liv.

(Provient de l'Évêché de Laon)

## Abbaye de Prémontré

### *Canton de Coucy-le-Château*

L'Abbaye de Prémontré, consistant en trois grands corps de logis ; l'église, cours, jardins, bâtiments, granges, écuries, etc.

Deux vergers contenant environ trois arpents (1 hectare 53 ares 21 centiares). Un petit jardin d'environ trois arpents (1 hectare

53 ares 21 centiares) avec charmilles en terrasses ; Grand jardin attenant de l'Abbatiale, de onze arpents et demi (5 hectares 87 ares 30 centiares), le tout contenant environ 37 arpents (18 hectares 90 ares) enclos de murs et de grilles, 28 arpents environ (14 hectares 30 ares) en plusieurs pièces, tant en clos qu'en terres labourables ;

Un Moulin dit le *Moulin Renault,* bâtiments en dépendant; Un bâtiment servant de réservoir pour le poisson, avec six étangs de 27 arpents et demi (14 hectares 04 ares).

Le tout vendu à Prudhomme Maurice, *sabotier* à Brancourt, moyennant 310.000 livres, ci. . . . . . . . 310.000 liv.

|  | liv. | s. | d |
|---|---|---|---|
| Ventilation : Terres. . . . . . . . | 28 719 | 02 | 6 |
| Moulin . . . . . . . . . | 26 720 | 07 | » |
| Bâtiments. . . . . . . . | 262 560 | 10 | 6 |
| Total égal . . . . | 310 000 | » » | » |

Le tout a été revendu sur folle-enchère, le 21 nivôse an 3, le même prix ou un prix supérieur ; par suite, le premier acquéreur n'a eu rien à payer pour sa folle-enchère.

---

### Chapitre de la Cathédrale de Laon

*Terroir d'Achery*

Six faulx de prés (2 hectares 57 ares 46 centiares) en quatre pièces dont le prix total est de 4.100 livres, ci. . . . . . . . . . . . . . . . . . . . . . . . . . . . . . 4.100 liv.

Acquéreurs :

Cholet Jean-Montain, homme de loi à La Fère, cessionnaire par acte passé devant Moisson, notaire à La Fère le 12 septembre 1791, du citoyen FrançoisRinville, marchand linier à Achery, moyennant. . . .

Cholet, sus-nommé, cessionnaire par acte passé devant Frizon, notaire à La Fère, le 17 mars 1791, de Remy Hirson, marchand linier à Achery, moyennant. . . . . . . .

Bride Nicolas, marchand linier à Achery, moyennant. . . . . . . . . . . . . . .

Somme égale. . . . .

| | liv. | s. | d. |
|---|---|---|---|
| Cholet Jean-Montain (FrançoisRinville) | 2050 | » » | » » |
| Cholet (Remy Hirson) | 683 | 06 | 08 |
| Bride Nicolas | 1366 | 13 | 04 |
| Somme égale | 4100 | » » | » » |

## Chapitre de Saint-Montain
### DE L'EGLISE COLLÉGIALE DE LA FÈRE

*Prairie de La Fère*

7 faulx 61 verges (3 hectares 26 ares 54 centiares) de
prés, en une pièce, en la prairie de Wiby, moyennant
un prix total de 4.000 livres, ci . . . . . . . . . . . .   4.000 liv.

Acquéreurs :

|  | liv. | s. | d. |
|---|---|---|---|
| Doffémont Louis-Montain, juge de paix à La Fère, sous le nom du citoyen Devraisne, moyennant. . . . . . . . . . . . . . . | 1868 | 12 | »» |
| Dupuis Pierre - Francois, moyennant pareille somme de . . . . . . . . . . . | 1868 | 12 | »» |
| Demeuland Hubert, demeurant à Beautor, moyennant. . . . . . . . . . . . . . | 262 | 16 | »» |
| Somme égale. . . . . . . . . . | 4000 | »» | »» |

## Chapitre de Saint-Quentin

*Terres sur Travecy et Beautor*

104 setiers 16 verges (35 hectares 70 ares) de terres, en
44 pièces, vendues pour un prix total de 31.300, liv. ci.   31.300 liv.

Acquéreurs :

|  | liv. | s. | d. |
|---|---|---|---|
| Béthune-Cornille, de Travecy, Dhivert François-Nicolas, du même lieu, acquéreurs pour un tiers, moyennant. . . . . . . . . | 10433 | 06 | 8 |
| Pompierre Louis-Stanislas-Xavier-Labbé, pour même somme, ci . . . . . . . . . . | 10433 | 06 | 8 |
| Cornille Aimable et les habitants au nombre de 29, lesquels sont tous en Société et sont tous acquéreurs, chacun pour une somme de 359 liv. 15 s. 5 d., ci . . . . . . | 10433 | 06 | 8 |
| Somme égale au prix total . . . | 31300 | »» | » |

## Couvent des Cordelières
### *de Chauny*

|  | liv. | s. | d. |
|---|---|---|---|
| 1° Diverses rentes. . . . , . . . . . . . | »»» | »» | » |

2° 5 setiers de terres et prés (1 hectare 21 ares) en 2 pièces aux terroir et prairie d'Ugny-le-Gay, vendus à Démaret Charles-François pour 5825 livres, ci . . . . . . . .   5825 » » »

3° 13 setiers de terre (3 hectares 14 ares 47 centiares) en quatre pièces, aux terroir d'Amigny, vendus à Poyer Claude, laboureur à Amigny, pour . . . . . . . . . . .   2125 » » »

4° 18 setiers ou environ (4 hectares 35 ares 42 centiares) tant terres que prés, en 20 pièces, sur Quierzy, vendus à Vignon Louis, laboureur à Quierzy, pour . . . . .   4025 » » »

Prix total . . .   11975 » » »   11.975 liv.

## Couvent des Minimes

### *de Chauny*

1° Trois setiers (72 ares 57 centiares) de terre, situés à Autreville, vendus à Nattier Claude, laboureur à Autreville, pour . . .   liv. s d.   900 » » »

2° Un setier (24 ares 19 centiares) de terre, en deux pièces, situés à Vouël, vendus à Berlemont Jean-Pierre, meunier à Vouël, pour 305 livres ci . . . . . . . . . . . .   305 » » »

Ensemble . . .   1205 » » »   1.205 liv.

## Couvent des Religieux Sainte-Croix

### *de Chauny*

Deux setiers 6 verges (51 ares 17 centiares) de terre, situés à la montagne de Commenchon, lieudit la *Bourgogne*, plantés de deux rangées de cerisiers au nombre de 64 et d'un noyer, vendus à Maréchal Jean-Louis et Antoine, laboureur à Commenchon, pour 1.000 livres ci   1.000 liv.

Deux autres setiers 2 verges (49 ares 31 centiares) de terre, au même lieudit, plantés de 9 cerisiers et de cinq mauvais pommiers, vendus à Jules Guérin, commis au district, pour 1.550 livres, ci . . . . . . . . . . . . .   1.550 liv.

18 verges (8 ares 37 centiares) de terre, plantées d'un pommier, situées proche la *Ruelle Epinocque,* vendues moyennant 2.400 livres, ci . . . . . . . . . . . . . . . 2.400 liv.

15 verges (6 ares 98 centiares) de terre, plantées de deux pommiers et d'un cerisier, situées ruelle d'Abbécourt, lieudit le *Grand trou,* vendues à Godard, meunier à Commenchon, pour 2.075 livres, ci . . . . . . . 2.075 liv.

### Cure de Condren

Treize setiers (3 hectares 14 ares 47 centiares) de terre et 13 faulx 40 verges (6 hectares 23 ares 50 centiares) de prés, vendus pour un prix total de 11.000 livres. ci . . 11,000 liv.

Acquéreurs :

|  | liv. | s. | d. |
|---|---|---|---|
| Ségard Ambroise, pour . . . . . . . . . . | 3130 | » » | » |
| Cat François et Pierre, pour . . . . . . . | 1339 | 03 | 3 |
| Walmé François, pour . . . . . . . . . . | 1600 | » » | » |
| Raverdy Jean-François, pour . . . . . . | 400 | » » | » |
| Fontaine Joseph et Honoré, pour . . . . | 1195 | 16 | 9 |
| Leclère Etienne, pour . . . . . . . . . . | 915 | » » | » |
| Charlet Pierre-Alexis, pour . . . . . . . | 1500 | » » | » |
| La veuve Jean Lafrise, pour . . . . . . . | 960 | » » | » |
| Somme égale au prix total . . . . | 11000 | » » | » |

### Cure de Guyencourt

14 setiers (3 hectares 40 ares 36 centiares ou environ) de terres ou héritages, vendus le 17 mars 1791, moyennant un prix total de 4.800 livres, ci . . . . . . . . . . . . 4.800 liv.

Acquéreurs :

| | liv. | s | d. |
|---|---|---|---|
| Jean Carpentier, laboureur à Guyencourt, pour . . . . . . . . . . . . . . . . . . . | 700 | 14 | » |
| Jacques Breton, curé, pour . . . . . . . | 1902 | 03 | » |
| Simon-Quentin Roussel, laboureur à Guyencourt, pour . . . . . . . . . . . . . | 700 | 14 | » |
| Goudmand François, laboureur, Poëtte Jean-Louis, Daoust-Romain, les trois ensemble pour 1226 livres 09 sols 6 d., ci . . . | 1226 | 09 | 6 |

Dubois Claude-Louis, représentant le citoyen Pierre-Louis Godin, dont il est cessionnaire, par acte devant Guénin, notaire à Chauny, du 6 juin 1791, pour 70 livres 1 sol ci. . . . . . . . . . . . . . . . . . . . . . . . 70 01 »

Drouart Louis, de Guyencourt, pour 200 livres, ci. . . . . . . . . . . . . . . . 200 » » »

Somme égale . . . . 4800 » » »

## Cure de Travecy

34 setiers (11 hectares 67 ares) de terre et 50 verges (21 ares 45 centiares) de pré, vendus pour un prix total de 7900 livres, ci . . . . . . . . . . . . . . . 7.900 liv.

| Acquéreurs : | liv. | s. | d. |
|---|---|---|---|
| Ducoin Nicolas, de Travecy, pour. . . . | 1729 | 02 | » |
| Foulon Pierre, marchand à Vendeuil, Cordier Antoine, négociant à Saint-Quentin, les deux réunis, pour. . . . . . . . . . . . . . . | 350 | » | » |
| Pompierre Louis-Stanislas-Xavier-Labbé, pour . . . . . . . . . . . . . . . . . . . . . | 3538 | 04 | » |
| Habitants au nombre de 31, acquéreurs en société, moyennant 2282 livres 14 sols ci . . | 2282 | 14 | » |

Somme égale au prix total . . 7900 » » »

# PROCÈS-VERBAL

*De l'Inauguration du* PORTRAIT DU ROI, *dans la salle des séances du Conseil Municipal de la Ville de Chauny, Département de l'Aisne ; et de la Signature de l'Acte d'abjuration du Régicide.*

Cejourd'hui vingt-un Avril mil huit cent seize, trois heures après-midi, M. de Frézals, maire de la Ville, ayant, en vertu d'un arrêté pris par le Conseil Municipal, le 13 du même mois, réuni ce Conseil avec MM. Fouquet, Juge de paix, de St-Gest, Commissaire-Inspecteur de police, les Autorités et Fonctionnaires publics, civils, judiciaires et militaires, une partie de l'ancienne Garde nationale, ayant son drapeau, la Brigade de Gendarmerie, les Vétérans et la majeure partie de la population ; le Cortége s'est d'abord rendu à l'église paroissiale, où M. de Corbie, doyen, l'attendait pour chanter un *Te Deum* en actions de grâces du rétablissement de la santé du Roi, et un *Domine Salvum* pour la conservation de ses jours si précieux à la France ;

On est passé ensuite chez M. de Frézals, où le portrait de Sa Majesté était déposé ; au moment où il a paru, il a été salué par le drapeau, au son de toutes les cloches et au bruit des boîtes ; le cri général de *vive le Roi, vivent les Bourbons !* n'a plus discontinué jusqu'à son arrivée à l'Hôtel-de-Ville ; ce cri a redoublé avec enthousiasme, lorsque, du péristyle, M. le Maire, en élevant ce Portrait, a prononcé le discours suivant :

« Messieurs, la solennité de l'inauguration du portrait de Sa
» Majesté Louis XVIII, est mieux marquée par l'enthousiasme
» que nous en ressentons, que par l'éclat pompeux que nous aurions
» vainement tenté d'apporter à cette fête.

» N'attachons point nos regards seulement sur l'exacte ressem-
» blance de ce portrait chéri ; fixons-les encore, Messieurs, sur
» l'image des vertus que le burin délicat de l'artiste a si justement
» saisie, pour la présenter à nos yeux. Puissions-nous aussi pré-
» cisément graver dans nos cœurs les traits de ce monarque,
» comme les sentiments qui y sont empreints de notre attachement
» inviolable pour sa personne auguste et pour sa famille !

» Le temps est arrivé de nous dépouiller de ces préventions, qui
» ont amené tant d'événements fâcheux ; rallions nos sentimens ;
» qu'un seul vœu soit tourné vers l'objet de notre admiration et
» et de notre bonheur.

» Louis XVIII, ce souverain légitime, n'aurait jamais dû éprouver
» le besoin de s'éloigner de nous. Ce prince magnanime nous a
» donné l'exemple ; comme lui, oublions le passé ; livrons-nous
» aux mouvements qu'inspire le merveilleux, et rendons grace à la
» divine Providence qui nous a conservé et ramené parmi nous
» ces dignes et illustres descendans d'Henri IV.

» Renouvelons ici, Messieurs, ce serment de fidélité, d'amour et
» de dévouement que nous avons déjà fait porter au pied du
» trône de Sa Majesté, et répétons à l'unanimité : *vive Louis XVIII,*
« *vivent les Bourbons !* »

Rentrés tous dans la salle des séances, M. le Maire a placé lui-
même le portrait au-dessous de la légende, *vive le Roi, vivent les
Bourbons !* Au bas on lisait ces deux vers, imités de la *Henriade*

> » Tout le peuple content, dans ce jour salutaire,
> » Reconnait son vrai Roi, son sauveur et son père. »

M. Favereau, secrétaire de la Mairie, a donné lecture de l'arrêté
du Conseil municipal, qui avait voté cette auguste cérémonie.
M. Hébert, inspecteur des forêts royales, membre de ce Conseil,
a prononcé, en son nom, le discours suivant :

« La Fête de famille que nous célébrons aujourd'hui doit laisser
» dans tous nos cœurs des impressions bien profondes. Le Conseil
» municipal, interprète de vos sentimens à tous, a voté l'inaugu-
» ration dans la salle de ses séances, d'un portrait de Sa Majesté
» Louis-le-Désiré. Son vœu a été accueilli par M. le Maire, parce
» qu'il était aussi le sien. Vous venez d'entendre la lecture de
» l'arrêté. Le Conseil a pensé que la Ville de Chauny, ne pouvant
» avoir le bonheur de contempler journellement, comme les
» habitants de la Capitale, ce monarque chéri, dont les traits
» caractérisent si bien toutes les vertus, s'estimerait heureuse de
» posséder son portrait. Sous les yeux de ce bon Roi, nos délibé-
» rations ne pourront avoir pour but que votre bonheur, parce que
» nous savons qu'il ne veut que celui de tous ses sujets ; sous
» ces yeux, qui expriment si bien la bonté, la franchise et l'indul-
» gence, nous ne pourrons que partager les sentimens de son cœur
» royal. Qui pourrait, en effet, conserver un projet de haine ou de
» vengeance, en présence de celui qui aime tant et sait si bien

» pardonner ? Qui pourrait ne pas voir dans tous ses concitoyens
» des frères et des enfans d'une même famille, quand notre
» Père commun nous tend les bras, et nous dit que de notre
» réunion franche et loyale dépend le bonheur général ? Oui,
» Messieurs, sous ses yeux, nous oublierons, comme lui, un trop
» funeste passé ; nous abjurerons des crimes auxquels nous n'avons
» pas participé ; nous les abjurerons, plutôt pour l'honneur du nom
» Français, que par esprit de vengeance. Car, je le répète, on ne
» peut connaître un pareil sentiment sous les yeux du Roi. Nous
» laisserons à nos enfans, dont ce bon Roi et son auguste Dynastie
» peuvent seuls faire le bonheur, le désaveu formel d'un crime
» qui nous a toujours révoltés ; ils nous plaindront d'avoir vécu
» dans des temps aussi malheureux ; mais, au moins, ils ne nous
» mépriseront pas. Ils diront : nos pères ont été victimes eux-
» mêmes du meurtre du Roi Martyr ; mais ils n'ont pas été les
» complices de ceux qui l'ont assassiné. Déjà, Messieurs, je vous
» vois impatiens de partager les sentimens du Conseil ; je ne les
» exprime pas, sans doute, aussi bien que vous les éprouvez.
» Je ne retarderai donc point l'effusion de vos pensées ; que la
» Fête de famille se continue ; nos voix doivent être aujourd'hui
» d'accord comme nos cœurs. Que dis-je, il n'y en a plus qu'une
» dans la Commune de Chauny, pour crier *vive le Roi, vivent à
» jamais les Bourbons !*

Ce cri unanime n'a cessé un moment que pour entendre M.
Beaupré, fils, qui, au nom de l'ancienne Garde Nationale de Chauny,
et des braves Officiers et Militaires décorés et en retraite, qui
habitent cette ville, a adressé à M. le Maire la demande suivante :

« Monsieur le Maire, le cri de *vive le Roi !* a toujours été le *mot
» d'ordre* qui, dans tous les temps, a réuni la Garde Nationale ;
» c'est à ce cri que celle de Chauny a été formée en 1789. On n'ou-
» bliera jamais l'existence brillante qu'elle a eue sous Louis XVI,
» et l'adresse qu'elle a sollicité du District à présenter à S. M. sur
» les funestes évènemens du 20 Juin, et qu'on a tant reprochée
» ensuite à son chef. Il a fallu les terribles évènements dont le
» meurtre du Roi a été suivi, pour enlever à cette Garde toute sa
» splendeur. Combien de fois depuis n'a-t-elle pas éprouvé de
» changemens ! Mais, comme ses sentimens sont toujours les
» mêmes, en entendant le cri qui l'a formée, elle est prête à renou-
» veler au Roi son serment de fidélité. A ces habitans qui la
» composaient jadis, mais que l'âge privera du bonheur de rentrer

» dans ses rangs, succèderont ces militaires en retraite que la valeur
» a illustrés, et qui prouveront que, sous l'étendard des Lis, le
» courage Français ne peut qu'acquérir de la gloire, et qu'ils ont
» encore des sacrifices à faire pour le Roi et leur patrie.

» Monsieur le Maire, nous vous demandons de vouloir bien prier
» M. le Préfet d'ordonner, le plustôt possible, la réorganisation de la
» Garde Nationale de Chauny, de faire part de notre vœu à M. le
» Comte Charles de Ste Aldegonde, Inspecteur-Général de la Garde
» Nationale de l'Aisne, en le conjurant d'être notre interprète auprès
» de Son Altesse Monsieur Colonel-Général, à qui il peut assurer
» que Sa Majesté n'aura jamais de Garde Nationale plus fidèle et
» plus dévouée que celle de Chauny. »

M. le Maire ayant répondu qu'il reconnaissait, dans cette demande,
le zèle qui avait toujours animé la Garde Nationale qu'il avait eu
aussi l'honneur de commander, et qu'il se ferait un plaisir d'obtempérer à tous ses désirs, de suite, M. le Secrétaire a lu la formule de
l'Abjuration du Régicide, conçue en ces termes :

« Nous soussignés, habitants de la ville de Chauny, jurons devant
» le Dieu Tout-Puissant, et sur son saint Evangile, que, n'ayant
» jamais adhéré de fait ni de volonté aux principes impies et sédi-
» tieux introduits et professés en France par une minorité factieuse,
» nous regardons la mort du Roi très chrétien Louis XVI, comme
» le plus exécrable de tous les crimes. Reconnaissons que les fléaux
» que Dieu a versés sur notre malheureuse patrie, en sont la juste
» punition ; et déclarons que notre plus grand regret est de n'avoir
» pu verser jusqu'à la dernière goutte de notre sang pour arrêter le
» coup fatal qui fit tomber une tête aussi chère que sacrée. »

Les Registres en double, placés sous les yeux du Roi, ont été à
l'instant remplis de signatures, aux cris réitérés de *vive le Roi,
vivent à jamais les Bourbons !*

Ces cris, portés au-dehors, n'en ont plus fait qu'un seul pendant
toute la journée. M. le Maire avait annoncé une Distribution
extraordinaire de pain, ordonnée par le Bureau de Bienfaisance,
en faveur des pauvres ; qu'il y aurait des danses et des rafraîchisse-
ments gratuits, et, pour le soir, neuf heures, un feu de joie. Tout a
eu lieu, et la ville de Chauny a offert un tableau des plus touchants.
Une illumination générale qu'on n'avait pas eu besoin d'ordonner,
les maisons pavoisées de drapeaux blancs et ornées d'emblêmes
analogues à la Fête : tout concourait au charme de cette journée,
dont on conservera longtemps le souvenir.

On remarquait avec plaisir un transparent placé chez M. le Commissaire-Inspecteur de police, et sur lequel étaient écrits ces mots :

  « Nous ne pouvons être heureux que par l'oubli du passé,
  » et un retour sincère à l'auguste Famille de nos Rois : »

Plusieurs autres fixaient encore les regards, et particulièrement chez M. Hébert, où un portrait de Sa Majesté était placé sous un drapeau blanc aux armes de France, au milieu d'une illumination brillante, et au-dessus d'un transparent portant ces vers :

  « Chacun de nous, en contemplant ses traits,
  » Où la bonté se peint, où l'humanité brille,
  » Du Grand Henri rappelant les bienfaits,
  » Dans ce tableau retrouve un Portrait de famille. »

Le peuple quittait la danse pour venir voir son bon Roi ; il semblait que, devant lui, sa joie était plus vive ; c'était des enfans reconnaissans qui continuaient leurs jeux sous les yeux d'un tendre Père.

De pareilles fêtes seraient éternelles, comme les sentimens qui les produisent, si l'on ne consultait que son cœur. Le 22, un banquet de cent couverts ayant été ordonné dès la veille, tous ceux qui ont voulu y prendre part se sont rendus chez M. Gueulette de Pontaines, qui avait offert chez lui une salle vaste et commode, dont le portrait du Roi faisait le principal ornement ; ce n'était plus des Autorités civiles, judiciaires, militaires ; c'était une réunion de famille, qui fut bien complète, M. de Frézals en était le chef ; quelques habitans du Bourg de Villequier-au-Mont, avaient désiré en faire partie ; la gaieté la plus franche a régné dans ce repas charmant.

M. de Frézals porta un premier toast à Sa Majesté Louis-le-Désiré :

  « Puissent ses jours avoir la durée de notre reconnais-
  » sance et de notre amour ; il est si nécessaire au bonheur
  » des Français ! »

Une décharge de boites a annoncé au public un toast aussi cher.
Un second fut porté par M. de Saint-Gest, à S. A. R. Monsieur, le Colonel-Général des Gardes Nationales du Royaume :

  « Puisse la Ville de Chauny être assez heureuse pour
  » qu'écontant les vœux de ses habitants, et des braves qui
  » offrent au Roi leurs services, sa Garde Nationale soit

> » parfaitement organisée, et qu'elle jouisse un jour du
> » bonheur de renouveler ses sermens entre les mains de
> » son Colonel-Général ! »

Un troisième par M. Hébert, à S. A. R. Madame la Duchesse d'Angoulême :

> « Nécessaire au bonheur du Roi, puisse le Ciel lui con-
> » server toujours et à la France, cette nouvelle *Antigone,*
> » l'Héroïne Française : en portant sa santé, c'est porter
> » celle de son auguste Epoux ; on ne les séparera jamais
> » dans le cœur des Français ! »

Un quatrième, à S. A. R. Monseigneur le Duc de Berry.

> » Au bonheur dont il va jouir, et à celui que ses Descen-
> » dans doivent procurer aux Français ! »

Un cinquième, à tous les Bourbons :

> « Puisse l'amour que nous portons au Roi, leur prouver
> » combien sa Famille nous est chère ! »

On en porta ensuite à M. le Marquis de Nicolay, préfet de l'Aisne ; à M. le Comte Charles de Ste-Aldegonde, Inspecteur-Général des Gardes Nationales du Département ; à M. de Frézals, Maire de la Ville : c'étaient des toasts de reconnaissance.

A M. le Juge de Paix, à ce mot qui rappelle à tout Français que c'est à notre bon Roi que nous devons le repos et la tranquillité qui nous permet de faire une aussi belle Fête. M. de Saint-Gest, en ayant fait sentir toute la douceur, chacun s'est embrassé spontanément avec une effusion de cœur plus facile à sentir qu'à exprimer ; il a alors chanté ces couplets sur l'air *des deux Vaudevilles :*

> En bons Français nous voilà réunis ;
> Buvons, amis, à notre Roi Louis,
> Nos pères étaient gais lorsqu'ils trinquaient ensemble ;
> Nous trinquerons comme eux au jour qui nous rassemble,
>
> Nous trinquerons toujours. *(bis)*

> Guerriers Français, vieillis sous les drapeaux,
> Vous aspirez à prendre du repos ;
> Mais si le Roi pourtant vous demandait encore ;
> Vous combattiez jadis, vous feriez mieux encore ;
>
> Vous combattrez toujours. *(bis)*

*Vive le Roi, vivent tous les Bourbons !*
A ce seul cri nous nous réunirons ;
Leur clémence, en tout temps, prouve qu'ils sont nos Pères ;
Oublions nos erreurs, embrassons-nous en frères,

Embrassons-nous toujours. *(bis)*

———◁✳▷———

M. Hébert a aussi chanté ceux-ci :

*Sur l'air du Premier Pas.*

Il a bien fait
Le bonheur de la France,
Ce bon Louis, dont voici le Portrait,
En abjurant la haine et la vengeance ;
Pour ses enfans il est plein de clémence,
Il a bien fait. *(bis)*

Aimons-le bien,
Notre Roi, notre Pére,
Il nous protège, il est notre soutien,
C'est en lui seul que le Français espère ;
Pour terminer sa peine passagère,
Aimons-le bien. *(bis)*

Pour le fêter,
Si nous voulons lui plaire,
Voici comment il faut nous comporter ;
Embrassons-nous, aimons nous tous en frères ;
Et pour le Roi, faisons comme nos pères,
Pour le fêter. *(bis)*

Pour Dieu, le Roi,
On doit donner sa vie,
A tous les deux, on doit amour et foi,
Le bon français toujours se glorifie ;
Il est heureux quand il se sacrifie,
Pour Dieu, le Roi. *(bis)*

*Vive le Roi !*
Ce cri, par tout le monde,
Ce cri, du cœur répété mille fois,
Retentira sur la terre et sur l'onde ;
Prions le Ciel qu'à nos vœux il réponde,
*Vive le Roi !* *(bis)*

Les refrains en étaient répétés d'aussi bon cœur que les couplets avaient été chantés. L'orchestre ayant joué l'air *Vive Henri IV!* M. Beaupré, fils, y ajouta ces deux couplets :

> Vive le Père,
> Qu'aujourd'hui nous fêtons,
> Pour que tout prospère,
> A jamais éloignons
> Race étrangère ;
> Il nous faut des Bourbons.

> Fils d'Henri Quatre,
> Ils en ont les vertus,
> Jurons de combattre,
> Pour qu'on ne puisse plus
> Jamais abattre
> Les lis qu'ils ont rendus.

A table, comme ailleurs, quand le cœur dicte un serment, chacun s'empresse de le prêter ; aussi ce couplet fut-il plusieurs fois répété, et jamais on n'entendit un accord plus parfait.

M. Hébert, pour le prolonger, invita M. Beaupré à chanter les couplets suivans :

AIR : Du Vaudeville des *Deux Edmond.*

> Habitans de la Picardie,
> Sans le Roi, pour notre Patrie,
> Bonheur constant et douce paix,
> Jamais, jamais ;

> Mais, sous les yeux du tendre Père.
> Que chacun chérit et révère,
> On voit revenir les beaux jours,
> Toujours, toujours, toujours.

> Projets de haine et de vengeance
> Sont disparus de notre France ;
> Ils ne troubleront plus la paix,
> Jamais, jamais ;

Nous sommes un peuple de frères,
Dont les cœurs francs, loyaux, sincères,
A Louis seront sans détours,
     Toujours, toujours, toujours.

En contemplant cette Figure,
Qui pourrait devenir parjure
Aux doux sermens qui lui sont faits ?
     Jamais, jamais.

Elle respire l'indulgence ;
Tout Français avec assurance
A Louis peut avoir recours,
     Toujours, toujours, toujours.

Pour les Français l'affreuse guerre,
Horrible fléau de la terre,
Peut-elle avoir quelques attraits ?
     Jamais, jamais ;

Mais, pour défendre la patrie,
Des Bourbons la race chérie.
Nous jurons de donner nos jours,
     Toujours, toujours, toujours.

———————✷———

Le chœur fut général ; ces mots *toujours*, répétés mille fois par tous les convives, qui eussent désiré les appliquer à la Fête, portèrent l'enthousiasme à son comble. M. de St-Gest proposa alors un toast aux Dames de Chauny :

« A leur amour, à leur fidélité pour notre bon Roi. »

Cette justice qui leur était rendue, sembla accroître ces plaisirs. On sentait que sans les Dames, il ne peut y en avoir de parfaits ; et, pour partager avec elles une partie de ceux de cette journée, pour les prolonger davantage, de la salle du banquet on descendit dans celle préparée pour un bal, qui, quoi qu'impromptu, eut l'agrément de réunir toute la Ville, et la nuit se passa comme le jour qui l'avait précédée.

M. le Maire accédant aux vœux que lui ont manifestés les habitans de la Ville, de rendre publics les détails de cette fête ; et à leurs désirs, de laisser à leurs enfants le souvenir de l'abjuration du régicide, qu'ils avaient tous signée, en a fait dresser le présent procès-verbal, dont il a arrêté la transcription sur les registres de la Mairie, et auquel il fera donner toute la publicité possible, comme un témoignage d'amour et de reconnaissance de fidèles sujets envers le meilleur des Rois.

Fait à la Mairie de Chauny, le 25 Avril 1816.

DE FRÉZALS.

### Le Maire de la Ville de Chauny aux Habitants,

Son Altesse Royale Madame la Dauphine, traversera notre ville, le 10 de ce mois, après avoir reçu les hommages des Autorités au Poli des Glaces où elle s'arrêtera ; son passage trop court pour vous permettre de lui prodiguer tous les témoignages d'amour, de respect et de dévouement, que vos cœurs ont toujours été jaloux de donner à la famille Royale, n'en sera pas moins un jour de fête pour cette Cité. Nous arrêtons, en conséquence, les dispositions suivantes :

Le 10, au lever du soleil, qui doit éclairer cette heureuse journée, une salve de boîtes et le son de toutes les cloches annonceront le moment de pavoiser les fenêtres de drapeaux blancs, de tapisser les maisons et les orner de fleurs et de verdures.

A six heures du matin, la Garde Nationale sera rassemblée sur la Place où S. A. R. daignera la passer en revue à sept heures.

Les Autorités réunies alors à la Mairie, iront attendre Son Altesse au Poli des Glaces où elle recevra leurs hommages.

Aussitôt l'entrée de S. A. R. sur le territoire de la ville, toutes les cloches sonneront jusques à son départ ; le tocsin sera sonné pendant la revue.

Immédiatement après, les Autorités et la Garde Nationale feront dans la salle de la Mairie l'inauguration des portraits de sa Majesté Charles X et de Madame la Dauphine, et elles se réuniront ensuite pour porter dans un Banquet qui sera préparé, des santés aussi chères que précieuses pour tous les Français.

Une distribution extraordinaire de Pain aux indigents, aura lieu à midi, d'après les cartes qui leur seront distribuées à cet effet.

Le Maire s'en rapporte au zèle des habitants pour l'ordre et l'hilarité qui doivent régner pendant cette agréable journée.

Fait à la Mairie, ce 6 Mai 1826.

HÉBERT.

# CALENDRIER RÉPUBLICAIN

*Décrété par la Convention Nationale, le 5 Octobre 1793*

POUR L'AN II<sup>e</sup> DE LA RÉPUBLIQUE FRANÇAISE

## NOMS DES MOIS

CORRESPONDANTS A LA TEMPÉRATURE DES SAISONS

    1° VENDÉMIAIRE, *vendanges.*
    2° BRUMAIRE, *brumes et brouillards.*
    3° FRIMAIRE, *frimas ou gelées.*
    4° NIVOSE, *neiges.*
    5° VENTOSE, *vents.*
    6° PLUVIOSE, *pluies.*
    7° GERMINAL, *reproductions de la terre.*
    8° FLORÉAL, *fleurs.*
    9° PRAIRIAL, *prairies.*
    10° MESSIDOR, *moissons.*
    11° THERMIDOR, *brûlant.*
    12° FRUCTIDOR, *fruits.*

LES JOURS DE CHAQUE DÉCADE SE NOMMERONT :

1° Primidi ;   2° Duodi ;   3° Tridi ;   4° Quartidi ;   5° Quintidi ;
6° Sextidi ;   7° Septidi ;   8° Octidi ;   9° Nonidi, 10° Décadi.

La première année de la République Française a commencé à minuit, 22 septembre et a fini à minuit, séparant le 21 du 22 septembre 1793.

La deuxième année a commencé le 22 septembre 1793, à minuit, l'équinoxe vrai d'automne étant arrivé, pour l'observatoire de Paris, à 3 heures 7 minutes 19 secondes du soir.

L'année est divisée en douze mois égaux, de trente jours chacun, après lesquels suivent cinq jours pour compléter l'année ordinaire et qui n'appartiennent à aucun mois ; ils sont appelés les *jours complémentaires.*

Chaque mois est divisé en trois parties égales de dix jours chacune et qui seront appelées *décades*, distinguées entr'elles par première, seconde et troisième.

Les mois, les jours de la décade, les jours complémentaires, sont désignés par les dénominations : premier, second, troisième, etc., mois de l'année ; premier, second, troisième, etc., jour de la décade ; premier, second, troisième, etc., jour complémentaire.

En mémoire de la Révolution qui, après quatre ans, a conduit la France au gouvernement républicain, la période bissextile de quatre ans est appelée la *Franciade.*

Le jour intercalaire qui doit terminer cette période est appelé le jour de la *Révolution.* Ce jour-là est placé après les cinq jours complémentaires. Il est appelé *Sextidi* ou sixième jour des *sanculottides,* et les cinq jours complémentaires sont appelés *sanculottides* et consacrés à certaines fêtes ou cérémonies civiques.

Tous les quatre ans ou toutes les Franciades, au jour de la Révolution, il sera célébré des jeux républicains, en mémoire de la Révolution française.

---

### Jours Complémentaires, appelés Fêtes Sanculottides

PRIMIDI. . 1 *Fête de la Vertu.*
DUODI. . . 2 *Fête du Génie.*
TRIDI . . . 3 *Fête du Travail.*
QUARTIDI. 4 *Fête de l'Opinion.*
QUINTIDI. 5 *Fête des Récompenses.*

### Année Bissextile

SEXTIDI. . 6 *La Sanculottide.*

---

Le bon sens fit bientôt justice de cette innovation puérile et grotesque.

Un sénatus consulte du Primidi EGLANTIER de la décade CORBEILLE, décida que le *Calendrier Grégorien* serait rétabli en France, à partir du 1er Janvier 1806.

| Vendémiaire | | | Brumaire | | |
|---|---|---|---|---|---|
| *Premier mois, du 22 Septembre au 21 Octobre* | | | *Deuxième mois, du 22 Octobre au 20 Novembre* | | |
| Primidi. . | 1 | Raisin. | Primidi . | 1 | Pomme. |
| Duodi . . | 2 | Safran. | Duodi . . | 2 | Céleri. |
| Tridi. . | 3 | Chataignes. | Tridi. . . | 3 | Poire. |
| Quartidi . | 4 | Colchique. | Quartidi . | 4 | Betterave. |
| Quintidi . | 5 | CHEVAL. (D. Q.) | Quintidi . | 5 | OYE. (D. Q.) |
| Sextidi. . | 6 | Balsamine. | Sextidi. . | 6 | Héliotrope. |
| Septidi. . | 7 | Carottes. | Septidi. . | 7 | Figue. |
| Octidi . . | 8 | Amaranthe. | Octidi . . | 8 | Scorsonère. |
| Nonidi. . | 9 | Panais. | Nonidi. . | 9 | Alisier. |
| DÉCADI | 10 | CUVE. | DÉCADI | 10 | CHARUE. |
| Primidi . | 11 | Pommes de terre. | Primidi . | 11 | Salsifis. |
| Duodi . . | 12 | Immortelle. | Duodi . . | 12 | Cornuette. |
| Tridi. . . | 13 | Potiron. | Tridi. . . | 13 | Poireterre, (N. L.) |
| Quartidi . | 14 | Réséda. (N. L.) | Quartidi . | 14 | Endive. |
| Quintidi . | 15 | ANE. | Quintidi . | 15 | DINDON. |
| Sextidi. . | 16 | Belle-de-nuit. | Sextidi. . | 16 | Chiroui. |
| Septidi. . | 17 | Citrouilles. | Septidi. . | 17 | Cresson. |
| Octidi . . | 18 | Sarrazin. | Octidi . | 18 | Dentelaire. |
| Nonidi. . | 19 | Tournesol. | Nonidi. . | 19 | Grenade. |
| DÉCADI | 20 | PRESSOIR. | DÉCADI | 20 | HERSE. |
| Primidi . | 21 | Chanvre. (P. Q.) | Primidi . | 21 | Baccanthe. (P. Q.) |
| Duodi . . | 22 | Pêche. | Duodi . . | 22 | Olive. |
| Tridi. . . | 23 | Navet. | Tridi. . . | 23 | Garence. |
| Quartidi . | 24 | Grenesiène. | Quartidi . | 24 | Orange. |
| Quintidi . | 25 | BŒUF. | Quintidi . | 25 | JARS. |
| Sextidi. . | 26 | Aubergine. | Sextidi. . | 26 | Pistache. (P. L ) |
| Septidi. . | 27 | Piment. | Septidi. . | 27 | Macjonc. |
| Octidi . . | 28 | Tomate. (P. L.) | Octidi . . | 28 | Coing. |
| Nonidi. . | 29 | Orge. | Nonidi. . | 29 | Cormier. |
| DÉCADI | 30 | TONNEAU. | DÉCADI | 30 | ROULEAU |

| **Frimaire** | | | **Nivose** | | |
|---|---|---|---|---|---|
| *Troisième mois, du 21 Novembre au 20 Décembre* | | | *Quatrième mois, du 21 Décembre au 19 Janvier* | | |
| Primidi . | 1 | Raiponce. | Primidi . | 1 | Neige. |
| Duodi . . | 2 | Turneps. | Duodi . . | 2 | Glace. |
| Tridi. . . | 3 | Chicorée. | Tridi. . . | 3 | Miel. |
| Quartidi . | 4 | Nèfle. | Quartidi . | 4 | Cire. |
| Quintidi . | 5 | Cochon. (D. Q). | Quintidi . | 5 | Chien. (D. Q.) |
| Sextidi. . | 6 | Mâche. | Sextidi. . | 6 | Fumier. |
| Septidi. . | 7 | Choufleur. | Septidi. . | 7 | Pétrolle. |
| Octidi . . | 8 | Epicia. | Octidi . . | 8 | Houille. |
| Nonidi. . | 9 | Genièvre. | Nonidi. . | 9 | Résine. |
| DÉCADI | 10 | Pioche. | DECADI | 10 | Fléau. |
| Primidi . | 11 | Thuya. | Primidi . | 11 | Poix. |
| Duodi . . | 12 | Raifort. | Duodi . . | 12 | Térébentine.(NL) |
| Tridi. . . | 13 | Cèdre. (N. L.) | Tridi. . . | 13 | Argile. |
| Quartidi . | 14 | Sapin. | Quartidi . | 14 | Marne. |
| Quintidi . | 15 | Laye. | Quintidi . | 15 | Lapin. |
| Sextidi. . | 16 | Ajonc. | Sextidi. . | 16 | Plâtre. |
| Septidi. . | 17 | Ciprès. | Septidi. . | 17 | Pierre à chaux. |
| Octidi . . | 18 | Lierre. | Octidi . . | 18 | Ardoise. |
| Nonidi. . | 19 | Bouleau. | Nonidi. . | 19 | Sable. (P. Q.) |
| DÉCADI | 20 | Hoyau. (P. Q.) | DÉCADI | 20 | Van. |
| Primidi . | 21 | Erable-Sucre. | Primidi . | 21 | Grès. |
| Duodi . . | 22 | Bruyère. | Duodi . . | 22 | Silex. |
| Tridi. . . | 23 | Roseau. | Tridi . . . | 23 | Mercure. |
| Quartidi . | 24 | Oseille. | Quartidi . | 24 | Plomb. |
| Quintidi . | 25 | Grillon. | Quintidi . | 25 | Chat. |
| Sextidi. . | 26 | Pignon. | Sextidi. . | 26 | Etain. |
| Septidi. . | 27 | Liège. (P. L.) | Septidi. . | 27 | Cuivre. (P. L.) |
| Octidi . . | 28 | Truffe. | Octidi . . | 28 | Fer. |
| Nonidi. . | 29 | Olive. | Nonidi. . | 29 | Sel. |
| DÉCADI | 30 | Pelle. | DÉCADI | 30 | Crible. |

| **Pluviôse** | **Ventôse** |
|---|---|
| *Cinquième mois, du 20 Janvier au 18 Février* | *Sixième mois, du 19 Février au 20 Mars* |

| | | | | | |
|---|---|---|---|---|---|
| Primidi . | 1 | Lauréole. | Primidi . | 1 | Tussillage. |
| Duodi . | 2 | Mousse. | Duodi . . | 2 | Cornailler. |
| Tridi. . . | 3 | Fragon. | Tridi. . . | 3 | Violier. |
| Quartidi . | 4 | Perce-neige. | Quartidi . | 4 | Troêne. (D. Q.) |
| Quintidi . | 5 | TEAUREAU (D.Q.) | Quintidi . | 5 | Bouc. |
| Sextidi. . | 6 | Laurier-Thim. | Sextidi. . | 6 | Asaret. |
| Septidi. . | 7 | Mine. | Septidi. . | 7 | Alaterne. |
| Octidi . . | 8 | Mizéréon. | Octidi . . | 8 | Violette. |
| Nonidi. . | 9 | Peuplier. | Nonidi. . | 9 | Marceau. |
| DÉCADI | 10 | COIGNÉE. | DÉCADI | 10 | BÊCHE. |
| Primidi . | 11 | Hellébore. | Primidi . | 11 | Narcisse. (N. L.) |
| Duodi . . | 12 | Brocoli. (N. L.) | Duodi . . | 12 | Orme. |
| Tridi. . . | 13 | Laurier. | Tridi. . . | 13 | Fumeterre. |
| Quartidi . | 14 | Coudrier. | Quartidi . | 14 | Vélar. |
| Quintidi . | 15 | VACHE. | Quintidi . | 15 | CHÊNE. |
| Sextidi. . | 16 | Buis. | Sextidi. . | 16 | Epinards. |
| Septidi. . | 17 | Lichen. | Septidi. . | 17 | Doronique. |
| Octidi . . | 18 | If. | Octidi . . | 18 | Mouron. (P. Q.) |
| Nonidi. . | 19 | Pulmonaire (P.Q.) | Nonidi. . | 19 | Cerfeuil, |
| DÉCADI | 20 | SERPETTE. | DÉCADI | 20 | CORDEAU. |
| Primidi . | 21 | Thlaspi. | Primidi . | 21 | Mandragore. |
| Duodi . . | 22 | Thymélé. | Duodi . . | 22 | Persil. |
| Tridi. . . | 23 | Chiendent. | Tridi. . . | 23 | Cochléaria. |
| Quartidi . | 24 | Traînasse. | Quartidi . | 24 | Pâquerette. |
| Quintidi . | 25 | VEAU. | Quintidi . | 25 | CHEVREAU. |
| Sextidi. . | 26 | Guède. (P. L.) | Sextidi. . | 26 | Pissenlit. (P. L.) |
| Septidi. . | 27 | Noisetier. | Septidi. . | 27 | Sylvie. |
| Octidi . . | 28 | Ciclamen. | Octidi . . | 28 | Capillaire. |
| Nonidi. . | 29 | Chélidoine. | Nonidi. . | 29 | Frêne. |
| DÉCADI | 30 | TRAINEAU. | DÉCADI | 30 | PLANTOIR. |

<table>
<tr><td colspan="3" align="center">Germinal</td><td colspan="3" align="center">Floréal</td></tr>
<tr><td colspan="3" align="center">Septième mois, du 21 Mars<br>au 19 Avril</td><td colspan="3" align="center">Huitième mois, du 20 Avril<br>au 19 Mai</td></tr>
<tr><td>Primidi. .</td><td>1</td><td>Primevère.</td><td>Primidi. .</td><td>1</td><td>Rose.</td></tr>
<tr><td>Duodi . .</td><td>2</td><td>Platane.</td><td>Duodi . .</td><td>2</td><td>Chêne.</td></tr>
<tr><td>Tridi. . .</td><td>3</td><td>Asperge</td><td>Tridi. . .</td><td>3</td><td>Fougère.</td></tr>
<tr><td>Quartidi .</td><td>4</td><td>Tulipe. (D. Q)</td><td>Quartidi .</td><td>4</td><td>Aubépine. (D.Q.)</td></tr>
<tr><td>Quintidi .</td><td>5</td><td>Coq.</td><td>Quintidi .</td><td>5</td><td>Abeille.</td></tr>
<tr><td>Sextidi . .</td><td>6</td><td>Bette.</td><td>Sextidi . .</td><td>6</td><td>Ancolie.</td></tr>
<tr><td>Septidi . .</td><td>7</td><td>Bouleau.</td><td>Septidi . .</td><td>7</td><td>Muguet.</td></tr>
<tr><td>Octidi.</td><td>8</td><td>Jonquille·</td><td>Octidi . .</td><td>8</td><td>Champignon.</td></tr>
<tr><td>Nonidi . .</td><td>9</td><td>Aulne.</td><td>Nonidi . .</td><td>9</td><td>Hyacinthe.</td></tr>
<tr><td>DÉCADI.</td><td>10</td><td>GREFFOIR.</td><td>DÉCADI.</td><td>10</td><td>RATEAU.(N. L.)</td></tr>
<tr><td>Primidi. .</td><td>11</td><td>Pervenche.(N.L.)</td><td>Primidi. .</td><td>11</td><td>Rhubarbe.</td></tr>
<tr><td>Duodi . .</td><td>12</td><td>Charme.</td><td>Duodi .</td><td>12</td><td>Sainfoin.</td></tr>
<tr><td>Tridi. . .</td><td>13</td><td>Morille.</td><td>Tridi . . .</td><td>13</td><td>Bâton-d'or.</td></tr>
<tr><td>Quartidi .</td><td>14</td><td>Hêtre. ,</td><td>Quartidi .</td><td>14</td><td>Chamécerisier.</td></tr>
<tr><td>Quintidi .</td><td>15</td><td>POULE.</td><td>Quintidi .</td><td>15</td><td>VER-A-SOIE.</td></tr>
<tr><td>Sextidi . .</td><td>16</td><td>Laitue.</td><td>Sextidi . .</td><td>16</td><td>Consoude.</td></tr>
<tr><td>Septidi . .</td><td>17</td><td>Mélèze.</td><td>Septidi . .</td><td>17</td><td>Pimprenelle(PQ)</td></tr>
<tr><td>Octidi . .</td><td>18</td><td>Ciguë. (N. L.)</td><td>Octidi. . .</td><td>18</td><td>Corbeille d'or.</td></tr>
<tr><td>Nonidi . .</td><td>19</td><td>Radis.</td><td>Nonidi . .</td><td>19</td><td>Arroche.</td></tr>
<tr><td>DÉCADI.</td><td>20</td><td>RUCHE.</td><td>DÉCADI.</td><td>20</td><td>SARCLOIR.</td></tr>
<tr><td>Primidi. .</td><td>21</td><td>Guainier.</td><td>Primidi. .</td><td>21</td><td>Staticé.</td></tr>
<tr><td>Duodi . .</td><td>22</td><td>Romaine.</td><td>Duodi . .</td><td>22</td><td>Fritillaire.</td></tr>
<tr><td>Primidi. .</td><td>23</td><td>Maronnier.</td><td>Tridi . . .</td><td>23</td><td>Bourrache.</td></tr>
<tr><td>Quartidi .</td><td>24</td><td>Roquette.</td><td>Quartidi .</td><td>24</td><td>Valériane.</td></tr>
<tr><td>Quintidi .</td><td>25</td><td>PIGEON.</td><td>Quintidi .</td><td>25</td><td>CARPE. (P. L.)</td></tr>
<tr><td>Sextidi . .</td><td>26</td><td>Lilas. (P. L.)</td><td>Sextidi . .</td><td>26</td><td>Fusain.</td></tr>
<tr><td>Septidi . .</td><td>27</td><td>Anémone.</td><td>Septidi . .</td><td>27</td><td>Civette.</td></tr>
<tr><td>Octidi . .</td><td>28</td><td>Pensée.</td><td>Octidi . .</td><td>28</td><td>Buglose.</td></tr>
<tr><td>Nonidi . .</td><td>29</td><td>Myrtille.</td><td>Nonidi . .</td><td>29</td><td>Senevé.</td></tr>
<tr><td>DÉCADI.</td><td>30</td><td>COUVOIR.</td><td>DÉCADI.</td><td>30</td><td>HOULETTE.</td></tr>
</table>

| **Prairial** | **Messidor** |
|---|---|
| *Neu ième mois, du 20 Mai au 18 Juin* | *Dixième mois, du 19 Juin au 18 Juillet* |

| Prairial | | | Messidor | | |
|---|---|---|---|---|---|
| Primidi. . | 1 | Luzerne. | Primidi. . | 1 | Seigle. |
| Duodi . . | 2 | Hémérocale. | Duodi . . | 2 | Avoine. |
| Tridi. . . | 3 | Trèfle. (D. Q). | Tridi. . . | 3 | Oignon. |
| Quartidi . | 4 | Angélique. | Quartidi . | 4 | Véronique. |
| Quintidi . | 5 | CANARD. | Quintidi . | 5 | MULET. |
| Sextidi. . | 6 | Mélisse. | Sextidi. . | 6 | Romarin. |
| Septidi. . | 7 | Fromental. | Septidi. . | 7 | Concombre. |
| Octidi . . | 8 | Martagon. | Octidi . . | 8 | Echalotte. |
| Nonidi . . | 9 | Serpolet. (N. L). | Nonidi . . | 9 | Absynthe. |
| DÉCADI. | 10 | FAULX. | DÉCADI. | 10 | FAUCILLE. |
| Primidi. . | 11 | Fraise. | Primidi. . | 11 | Coriandre. |
| Duodi . . | 12 | Bétoine. | Duodi . . | 12 | Artichaud. |
| Tridi. . . | 13 | Pois. | Tridi. . . | 13 | Giroflée. |
| Quartidi . | 14 | Acacia. | Quartidi . | 14 | Lavande. |
| Quintidi . | 15 | CANNE. | Quintidi . | 15 | JUMART. |
| Sextidi. . | 16 | Œillet. | Sextidi. . | 16 | Tabac. |
| Septidi. . | 17 | Sureau. (P. Q). | Septidi. . | 17 | Groseille. |
| Octidi . | 18 | Pavot. | Octidi . . | 18 | Orge. |
| Nonidi . . | 19 | Tilleul. | Nonidi . . | 19 | Cerise. |
| DÉCADI. | 20 | FOURCHE. | DÉCADI. | 20 | PARC. |
| Primidi. . | 21 | Barbeau. | Primidi. . | 21 | Menthe. |
| Duodi . . | 22 | Camomille. | Duodi . . | 22 | Cumin. |
| Tridi. . . | 23 | Chèvrefeuille. | Tridi. . . | 23 | Haricot. |
| Quartidi . | 24 | Caille-lait. | Quartidi . | 24 | Orcanète. |
| Quintidi . | 25 | TANCHE. (N. L). | Quintidi . | 25 | PINTADE. |
| Sextidi. . | 26 | Jasmin. | Sextidi. . | 26 | Sauge. |
| Septidi. . | 27 | Verveine. | Septidi. . | 27 | Ail. |
| Octidi . . | 28 | Thym. | Octidi . . | 28 | Vesce. |
| Nonidi . . | 29 | Pivoine. | Nonidi . . | 29 | Blé. |
| DÉCADI. | 30 | CHARRIOT. | DÉCADI. | 30 | CHALEMIE. |

<table>
<tr><td colspan="3" align="center">Thermidor</td><td colspan="3" align="center">Fructidor</td></tr>
<tr><td colspan="3" align="center">Onzième mois, du 18 Juillet<br>au 17 Août</td><td colspan="3" align="center">Douzième mois, du 18 Août<br>au 21 Septembre</td></tr>
<tr><td>Primidi. .</td><td>1</td><td>Epautre. (D. Q.)</td><td>Primidi. .</td><td>1</td><td>Prune.</td></tr>
<tr><td>Duodi .</td><td>2</td><td>Bouillon-Blanc.</td><td>Duodi . .</td><td>2</td><td>Millet.</td></tr>
<tr><td>Tridi . . .</td><td>3</td><td>Melon.</td><td>Tridi . . .</td><td>3</td><td>Lycopode.</td></tr>
<tr><td>Quartidi .</td><td>4</td><td>Ivraie.</td><td>Quartidi .</td><td>4</td><td>Escourgeon.</td></tr>
<tr><td>Quintidi .</td><td>5</td><td>Bélier.</td><td>Quintidi .</td><td>5</td><td>Barbeau.</td></tr>
<tr><td>Sextidi . .</td><td>6</td><td>Bête.</td><td>Sextidi . .</td><td>6</td><td>Tubéreuse.</td></tr>
<tr><td>Septidi . .</td><td>7</td><td>Armoise.</td><td>Septidi . .</td><td>7</td><td>Sucrion.</td></tr>
<tr><td>Octidi . .</td><td>8</td><td>Carthame. (N.L).</td><td>Octidi . .</td><td>8</td><td>Apocyn. (N. L).</td></tr>
<tr><td>Nonidi . .</td><td>9</td><td>Mûre.</td><td>Nonidi . .</td><td>9</td><td>Réglisse.</td></tr>
<tr><td>DÉCADI.</td><td>10</td><td>Arrosoir.</td><td>DÉCADI.</td><td>10</td><td>Échelle.</td></tr>
<tr><td>Primidi. .</td><td>11</td><td>Panis.</td><td>Primidi. .</td><td>11</td><td>Pastèque.</td></tr>
<tr><td>Duodi . .</td><td>12</td><td>Salicot.</td><td>Duodi . .</td><td>12</td><td>Fenouil.</td></tr>
<tr><td>Tridi . . .</td><td>13</td><td>Abricot.</td><td>Tridi . . .</td><td>13</td><td>Epine-Vinette.</td></tr>
<tr><td>Quartidi .</td><td>14</td><td>Basilic.</td><td>Quartidi .</td><td>14</td><td>Noix.</td></tr>
<tr><td>Quintidi .</td><td>15</td><td>Brebis.</td><td>Quintidi .</td><td>15</td><td>Gougeon.</td></tr>
<tr><td>Sextidi . .</td><td>16</td><td>Guimauve.</td><td>Sextidi . .</td><td>16</td><td>Grange. (P. Q).</td></tr>
<tr><td>Septidi . .</td><td>17</td><td>Lin. (P. Q).</td><td>Septidi . .</td><td>17</td><td>Cardière.</td></tr>
<tr><td>Octidi . .</td><td>18</td><td>Amande.</td><td>Octidi . .</td><td>18</td><td>Nerprun.</td></tr>
<tr><td>Nonidi . .</td><td>19</td><td>Gentiane.</td><td>Nonidi . .</td><td>19</td><td>Sajette.</td></tr>
<tr><td>DÉCADI.</td><td>20</td><td>Ecluse.</td><td>DÉCADI.</td><td>20</td><td>Hotte.</td></tr>
<tr><td>Primidi. .</td><td>21</td><td>Carline.</td><td>Primidi. .</td><td>21</td><td>Eglantier.</td></tr>
<tr><td>Duodi . .</td><td>22</td><td>Câprier.</td><td>Duodi . .</td><td>22</td><td>Noisette.</td></tr>
<tr><td>Tridi . . .</td><td>23</td><td>Lentille.</td><td>Tridi . . .</td><td>23</td><td>Houblon (P. L).</td></tr>
<tr><td>Quartidi .</td><td>24</td><td>Aulnée (P. L).</td><td>Quartidi .</td><td>24</td><td>Sorgho.</td></tr>
<tr><td>Quintidi .</td><td>25</td><td>Agneau.</td><td>Quintidi .</td><td>25</td><td>Ecrevisse.</td></tr>
<tr><td>Sextidi . .</td><td>26</td><td>Myrthe.</td><td>Sextidi . .</td><td>26</td><td>Bigarote.</td></tr>
<tr><td>Septidi . .</td><td>27</td><td>Colza.</td><td>Septidi . .</td><td>27</td><td>Verge d'or.</td></tr>
<tr><td>Octidi . .</td><td>28</td><td>Lupin.</td><td>Octidi . .</td><td>28</td><td>Maïs.</td></tr>
<tr><td>Nonidi . .</td><td>29</td><td>Coton.</td><td>Nonidi . .</td><td>29</td><td>Marron.</td></tr>
<tr><td>DÉCADI.</td><td>30</td><td>Moulin. (D. Q).</td><td>DÉCADI.</td><td>30</td><td>Corbeille (DQ)</td></tr>
</table>

### Du Répartement de la Contribution Foncière

« L'*Impôt* est le sang précieux dont s'abreuvaient les cent bouches
« de l'Hydre Fiscale. »

« Les *Contributions* sont une offrande portée par des mains libres,
« sur l'Autel de la Patrie. »

C'est dans ce style boursouflé et sonnant faux qu'une adresse fut
présentée par un administrateur du District de Chauny, en séance
du 17 novembre 1792, an 1ᵉʳ de la République Française, aux commissaires de son ressort, pour le répartement des contributions foncières et mobilières de l'an 1792.

Citoyens,

Le Dédale de la Fiscalité n'est plus ; avec lui ont disparu les
traces qui en rappelaient l'existence, le mot impur d'*impôt* ne
souillera plus les pages de notre Histoire. Comme les Palmes de la
Liberté ont succédé aux chaînes de l'Esclavage ; ainsi les *contributions* ont succédé à l'*impôt*. Citoyens, vous ne le confondrez pas,
l'Impôt est le sang précieux dont s'abreuvaient les cent bouches de
l'Hydre Fiscale ; les Contributions sont une offrande portée par
des mains libres sur l'Autel de la Patrie.

Sans doute, il sied à une grande nation de se lever toute entière
pour conquérir sa Liberté, mais, bientôt rappelée dans ses foyers
par la voix impérieuse de l'agriculture et du Commerce, livrée au
sein d'une aveugle sécurité à des travaux de paix, elle verrait ses
propriétés devenir, au dehors, la proie d'un ennemi féroce ; au-dedans,
la proie d'un usurpateur audacieux.

Il faut que le citoyen soldat veille sans cesse sur vos frontières, le
glaive suspendu sur ces barbares ; il faut que, sans cesse, le magistrat
porte le flambeau de la loi dans le repaire de la cupidité. Or, sans
contributions, point de soldat citoyen et de citoyen soldat, point de
magistrat, point d'administrateurs.

Oui, les contributions coexistent à la Liberté, et la Liberté sans
elles n'est encore qu'un vain fantôme ; seules elles impriment au
corps social la vie et le mouvement.

Citoyen, l'Homme qui n'a point saisi combien l'institution des
contributions est intimement liée à celle du corps social, n'est

point à la hauteur de la Liberté ; son âme rétrécie n'en a point encore embrassé la majestueuse idée, vous l'avez conçue : ô Citoyen ! vous qui l'avez scellée de votre sang.

Mais si l'établissement des contributions est essentiellement lié au maintien de la Liberté, il n'est pas moins nécessaire que l'Egalité préside à son répartement.

Cette vérité, le premier dogme d'une association politique, est profondément gravée dans le cœur de vos administrateurs, c'est à la lueur de son flambeau qu'ils ont abordé le travail du répartement : heureux si le choc des intérêts privés n'eût pas souvent entravé leur marche.

Le Conseil a d'abord pensé que, pour établir la balance des répartements, il lui suffirait d'arrêter ses regards sur les évaluations présentées dans les *Matrices de Rôles :* mais une défiance réciproque étouffant la voix de la vérité, a écarté de son niveau la plupart des municipalités. Un examen approfondi a convaincu que ne concevant point encore sans doute que la République entière n'est elle-même qu'une grande Commune, elles avoient resséré le cercle de leurs devoirs dans la répartition de leurs portions contributives : oubliant que la sphère d'utilité des Matrices de Rôles ne devait pas être circonscrite dans le seul établissement d'un rapport entre les contribuables d'une même Commune, mais que, formées au sein des lumières et de la franchise, elles devaient offrir aux administrations et par elles au premier corps politique, les éléments destinés à composer le dividende général.

Aussi la plupart des Matrices de Rôles n'offrirent-elles aux regards justement alarmés de nos Administrateurs qu'un tissu d'invraisemblances dont la défiance paroit avoir tracé tous les caractères.

Le Conseil s'est convaincu qu'en s'étayant de telles bases il étoit loin d'obtenir cette Balance rigoureuse, objet de ses plus tendres sollicitudes.

Des observations, des calculs, des combinaisons, des rapprochements ont été les ressorts dont il s'est servi pour élever les évaluations à la hauteur de la vérité.

Cette marche purement spéculative n'a point encore rassuré les Administrateurs, ils ont interrogé l'expérience dans ses organes : ils ont invoqué l'œil impartial de Commissaires choisis dans toutes les classes et toutes les Professions ; ceux-ci ont porté sur toutes vos Propriétés un regard comparatif, ils ont arraché à l'infidélité le secret de la Richesse ; du concours de leurs observations

et de la Théorie des Combinaisons s'est formé le foyer de
Lumière qui a éclairé les travaux du Conseil.

Telles ont été, Citoyens, les bases adoptées dans le Répartement
de la Contribution Foncière.

La Contribution Mobiliaire ne devoit pas moins fixer l'attention
du Conseil, elle pèse sur la classe de nos frères indigents; violer
les Loix de l'Egalité, ce seroit leur ravir le nécessaire : ce seroit
tout à la fois étouffer le cri de la Justice et celui de l'Humanité.

Trois Eléments ont paru devoir composer la Contribution
Mobiliaire, la masse des *Traitements ou Pensions Nationales,
les Taxes fixes,* enfin *le Loyer d'Habitation.*

Les deux premiers soumis à des règles invariables ne laissoient
aucune prise à l'erreur ou à l'infidélité, le troisième devait concentrer
toute notre attention.

L'Administration s'est rappelé que la Contribution Mobiliaire
doit peser sur les Richesses industrielles, dont le loyer d'habitation
devait être regardé comme une véritable mesure : que le loyer
d'habitation croît en raison de la proximité des canaux du
Commerce, que cette valeur est à son *maximum* dans les Villes ;
car là sont le centre du Commerce et la source la plus féconde des
richesses industrielles ; que cette valeur est au *minimum* dans les
Communes les plus éloignées de ce centre commun, car, là, le
Commerce est resséré dans les bornes les plus étroites, le fil des
communications est faible et presqu'anéanti. Vouloir tracer des
nuances qui séparent ces deux extrêmes, ce serait sortir de la
Sphère des possibles.

L'Administration a cru pouvoir réduire à quatre classes les
loyers d'habitation : la première comprend les Villes ; les Bourgs
composent la seconde ; la troisième est affectée aux Communes à
qui la proximité ménage une Communication plus facile : enfin, les
Communes placées à la circonférence occupent la quatrième classe.

Telles sont aussi les Bases de la Contribution Mobilière, si elles
n'ont point atteint toutes le degré de justesse que nous nous
sommes efforcés de lui donner, vos réclamations soumises au
creuset que présentent les Loix sur les *réductions et décharges,*
pourront lui imprimer ce dernier Sceau.

Citoyens, nous aimons à nous le rappeler, les Administrateurs
vous doivent le Compte de leurs Travaux et de leurs mesures; c'est
avec confiance, qu'ils les mettent sous vos yeux ; le Patriotisme le
plus pur et l'attachement le plus sacré à vos intérêts en ont seuls
déterminé le choix.

Département de l'Aisne

## DISTRICT DE CHAUNY

*Année 1792*

## ÉTAT DU MONTANT DES ROLES DE LA CONTRIBUTION FONCIÈRE

### Canton de Chauny

| NOMS DES MUNICIPALITÉS | EVALUATION du REVENU NET | PRINCIPAL | | SOUS ADDITIONNELS | | | | | TOTAL GÉNÉRAL | | |
| --- | --- | --- | --- | --- | --- | --- | --- | --- | --- | --- | --- |
| | | | | Fonds des décharges à raison d'un s. pour liv. | Charges du départ. à raison de 2 s. 3 d p. liv. | Charges du District à raison d'un s. 9 d. p liv. | TOTAL des sous additionnels | | | | |
| | liv. | liv. | s. | liv. s. d. | liv. s. d. | livres | liv. s. d. | | liv. s. d. | | |
| Chauny. | 110,665 | 22,133 | » | 1,105 13 » | 2,540 10 8 | 1,960 | 5,607 3 8 | | 27,740 3 8 | | |
| Abbécourt | 17,555 | 3.511 | » | 175 11 » | 403 » 8 | 311 | 889 11 8 | | 4,403 11 8 | | |
| Amigny-Rouy. | 33,212 | 6,642 | 8 | 332 2 5 | 762 10 » | 588 | 1,682 12 5 | | 8,325 » 5 | | |
| Béthancourt en vaux | 13,069 | 2,613 | 16 | 130 13 9 | 300 » 2 | 231 | 661 13 11 | | 3,275 9 11 | | |
| Bichancourt. | 17,866 | 3,573 | 4 | 178 13 2 | 410 3 5 | 316 | 904 16 7 | | 4,478 » 7 | | |
| Caillouel. | 16,621 | 3,324 | 4 | 166 4 3 | 381 10 9 | 294 | 841 15 » | | 4,165 19 » | | |
| Caumont. | 26,611 | 5,322 | 4 | 266 2 3 | 610 18 10 | 471 | 1,348 1 1 | | 6,670 5 1 | | |
| Caumenchon. | 10,034 | 2,006 | 16 | 100 6 9 | 233 17 11 | 177 | 511 4 8 | | 2,518 » 8 | | |
| Condran. | 20,072 | 4,014 | 8 | 200 14 5 | 460 15 4 | 355 | 1,016 9 9 | | 5,030 17 9 | | |
| Guivry. | 18,523 | 3,704 | 12 | 185 4 7 | 425 5 2 | 328 | 938 9 9 | | 4,613 1 9 | | |
| Marest-Dampcourt | 30,449 | 6,089 | 16 | 364 9 9 | 699 1 » | 538 | 1,541 10 9 | | 7,631 6 9 | | |
| Manicamp. | 36,166 | 7,233 | 4 | 361 13 3 | 830 6 2 | 640 | 1,831 19 5 | | 9,035 3 5 | | |
| Neuf-Lieux. | 6,575 | 1,315 | » | 65 15 » | 150 9 » | 116 | 332 14 » | | 1,647 14 » | | |
| Ognes. | 21,447 | 4,289 | 8 | 214 7 5 | 493 7 7 | 380 | 1,087 17 » | | 5,377 5 » | | |
| Quierzy. | 21,317 | 4,263 | 8 | 213 3 5 | 489 » » | 376 | 1,078 3 5 | | 5,341 11 5 | | |
| Sinceny-Autreville. 31,581 / la Manufacture. 2,000 / la Savonerie de Laventure. . 600 | 34,181 | 6,836 | 4 | 341 16 2 | 784 14 9 | 604 | 1,730 10 11 | | 8,566 14 11 | | |
| Viry-Noureuil. | 57,937 | 11,587 | 8 | 579 7 5 | 1,330 2 7 | 1,026 | 2,935 10 » | | 14,522 18 » | | |
| Vouël. | 17,850 | 3,570 | » | 173 10 » | 409 16 2 | 316 | 904 6 2 | | 4,474 6 2 | | |
| TOTAUX. | 510,150 | 102,030 | » | 5,101 10 » | 11,716 » 2 | 9,027 | 25,814 10 2 | | 127,874 10 2 | | |

Département de l'Aisne

—

## DISTRICT DE CHAUNY

—

*Année 1792*

## ÉTAT DU MONTANT DES ROLES

de la

### CONTRIBUTION FONCIÈRE

—

# RÉCAPITULATION

| NOMS DES CANTONS | ÉVALUATION du REVENU NET | PRINCIPAL | SOUS ADDITIONNELS | | | | TOTAL GÉNÉRAL |
| --- | --- | --- | --- | --- | --- | --- | --- |
| | | | Fonds des décharges à raison d'un s. pour liv. | Charges du départ a raison de 2 s. 3 d. p. liv. | Charges du District à raison d'un s. 9 d. p liv. | TOTAL des sous additionnels | |
| | livres | liv. s. | liv. s. d. | liv. s. d. | livres | liv. s. d. | liv. s. d. |
| CHAUNY........ | 510,150 | 102,030 » | 5,101 10 » | 11,715 » 2 | 9,027 | 25,841 10 2 | 127,871 10 2 |
| ANIZY......... | 177,862 | 35,572 8 | 1,778 12 5 | 4,082 18 7 | 3,143 | 9,004 11 » | 44,576 19 » |
| BLÉRANCOURT..... | 158,325 | 31,665 » | 1,583 5 » | 3,534 5 2 | 2,791 | 8,011 10 2 | 39,676 10 2 |
| COUCY......... | 555,100 | 111,020 » | 5,551 » » | 12,738 1 3 | 9,825 | 28,114 1 3 | 139,134 1 3 |
| GENLIS........ | 186,920 | 37,384 » | 1,869 4 » | 4,291 6 8 | 3,304 | 9,464 10 8 | 46,848 10 8 |
| LA FÉRE........ | 530.545 | 106,109 » | 5,305 9 » | 12,163 1 2 | 9,391 | 26,879 10 2 | 132,988 10 2 |
| SAINT-GOBAIN..... | 445,948 | 89,189 12 | 4,459 9 » | 10,238 7 » | 7,980 | 22.677 16 7 | 111,867 8 7 |
| TOTAUX.... | 2,564,850 | 512,970 » | 25,648 10 » | 58,884 » » | 45,464 | 129,996 10 » | 642,966 10 » |

Département de l'Aisne

## DISTRICT DE CHAUNY

*Année 1792*

## ÉTAT DU MONTANT DES ROLES DE LA CONTRIBUTION MOBILIAIRE

### Canton de Chauny

| NOMS DES MUNICIPALITÉS | PRINCIPAL | SOUS ADDITIONNELS | | | | TOTAL GÉNÉRAL |
|---|---|---|---|---|---|---|
| | | Fonds des décharges à raison d'un s. pour liv. | Charges du Départ., à raison de 2 s. 1 d. pour liv. | Charges du District, à raison de 1 s. 9 d. pour liv. | TOTAL des sous additionnels | |
| | livres | liv. s. | liv. s. | liv. s. d. | liv. s. d. | liv. s. d. |
| Chauny. | 8,969 | 896 18 | 1,004 » | 794 19 7 | 2,695 17 7 | 11,664 17 7 |
| Abbécourt. | 981 | 98 2 | 112 13 | 86 19 » | 297 14 » | 1,278 14 » |
| Amigny-Rouy. | 2,487 | 248 11 | 285 10 | 220 8 9 | 754 12 9 | 3,241 12 9 |
| Béthancourt en Vaux. | 894 | 89 8 | 102 13 | 79 4 10 | 271 5 10 | 1,165 5 10 |
| Bichancourt | 1,223 | 122 6 | 140 10 | 108 8 » | 371 4 » | 1,594 4 » |
| Caillouël | 804 | 80 8 | 92 7 | 71 5 8 | 244 » 8 | 1,048 » 8 |
| Caumont | 753 | 75 6 | 86 10 · | 66 14 10 | 228 10 10 | 981 10 10 |
| Caumenchon. | 607 | 60 14 | 69 14 | 53 16 » | 184 4 » | 791 4 » |
| Condran. | 664 | 66 8 | 76 5 | 58 17 1 | 201 10 1 | 865 10 1 |
| Guivry | 484 | 48 8 | 55 12 | 42 18 » | 116 18 » | 630 18 » |
| Marest-Dampcourt. | 988 | 98 16 | 113 10 | 87 11 5 | 299 17 5 | 1,287 17 5 |
| Manicamp. | 2,014 | 201 8 | 231 5 | 178 10 4 | 611 3 4 | 2,625 3 4 |
| Neuf-Lieux | 226 | 22 12 | 26 » | 20 » 7 | 68 12 7 | 291 12 7 |
| Ognes. | 644 | 64 8 | 74 » | 57 1 8 | 195 9 8 | 839 9 8 |
| Quierzy. | 1,006 | 100 12 | 115 11 | 89 3 4 | 305 6 4 | 1,311 6 4 |
| Sinceny-Autreville. | 2,491 | 249 2 | 286 » | 220 17 7 | 735 19 7 | 3,246 19 7 |
| Viry-Noureuil | 1,751 | 175 2 | 201 10 | 154 15 » | 531 7 » | 2,282 7 » |
| Vouel. | 596 | 59 12 | 68 10 | 52 17 5 | 180 19 5 | 776 19 5 |
| TOTAUX | 27,582 | 2,758 4 | 3,142 » | 2,444 9 1 | 8,344 13 1 | 35,926 13 1 |

Département de l'Aisne

—

## DISTRICT DE CHAUNY

—

*Année 1792*

## ÉTAT DU MONTANT DES ROLES DE LA CONTRIBUTION MOBILIAIRE

—

## RÉCAPITULATION

| NOMS DES CANTONS | PRINCIPAL | SOUS ADDITIONNELS | | | | TOTAL GÉNÉRAL |
| --- | --- | --- | --- | --- | --- | --- |
| | | Fonds des décharges à raison d'un s. pour liv | Charges du Départ., à raison de 2 s. 1 d. pour liv. | Charges du District. à raison de 1 s. 9 d. pour liv. | TOTAL des sous additionnels | |
| | livres | liv. s. | liv. s. d. | liv. s. d. | liv. s. d. | liv. s. d. |
| CHAUNY | 27,582 | 2,758 4 | 3,142 » » | 2,444 » » | 8,344 13 1 | 35,926 13 1 |
| ANIZY | 10,315 | 1,031 10 | 1,187 1 6 | 914 5 8 | 3,132 17 2 | 13,447 17 2 |
| BLÉRANCOURT | 7,743 | 774 6 | 894 4 4 | 686 5 4 | 2,354 15 8 | 10,097 15 8 |
| COUCY | 14,385 | 1,438 10 | 1,657 » 4 | 1,275 » » | 4,370 10 7 | 18,755 10 7 |
| GENLIS | 7,754 | 776 8 | 893 15 2 | 688 3 3 | 2,358 6 5 | 10,122 6 5 |
| LA FÈRE | 26,658 | 2,665 16 | 3,065 8 4 | 2,362 16 11 | 8,094 1 3 | 34,752 1 3 |
| SAINT-GOBAIN | 12,473 | 1,247 6 | 1,432 10 4 | 1,105 19 6 | 3,785 15 10 | 16.258 15 10 |
| TOTAUX | 106,920 | 10,692 » | 12,272 » » | 9,477 » » | 32,441 » » | 139,361 » » |

Le Conseil Général Permanent du District de Chauny adoptant l'Adresse et le Tableau de répartement ci-dessus, et après lecture de l'Arrêté du département du 4 Mai dernier, pris en conséquence de la LOI du 16 Mars précédent, Arrête, après avoir ouï son Procureur-Syndic, que le Répartement des Contributions Foncière et Mobiliaire pour l'année 1792, sera et demeurera irrévocablement fixé ainsi que le présente ledit tableau.

Arrête aussi, qu'un exemplaire tant de ladite adresse que du Tableau du Répartement, sera adressé à chaque Commune de son enclave.

FAIT en Séance Permanente et Publique du Conseil Général du District, à Chauny les jours et an susdits, *signé* : C. MAQUAIRE, *Président* ; P.-M. BOURDON, *Vice-Président* ; L. POULLE, P.-J.-L.-V. THUILLIER, J.-F.-J. COCHEFERT, J.-B. CHALAN, J.-P. VALISSANT, A. LOIZE, J. LASNE, C. BAUDRY, F. DUPONT, S.-L. PARCHEMINIER, *Administrateurs* ; et F.-N. CHOLLET, *Procureur-Syndic.*

Pour les Citoyens Administrateurs, DESOYE, *Vice-Président.*

# BOUCHEREAU, ANCIEN CONVENTIONNEL

## Communication de M. CROQUET

Dans le 25ᵉ Tome du Bulletin de la Société Académique de Laon,
notre honorable Collègue, M. Croquet, a rencontré la notice
biographique rédigée par M. Mathon, ancien archiviste de Laon
et par lui lue à la séance du 25 février 1881, sur le sieur Jules
Bouchereau, ancien conventionnel. Il est né dans le département
du Cher; mais on peut le regarder comme ayant acquis le droit
de bourgeoisie dans notre cité, puisqu'il y a passé près de 50 années,
de l'an 1790 à l'an 1841, date de sa mort, et qu'il y a exercé des
fonctions publiques.

C'est donc à ce double titre que nous reproduisons ici la
biographie que lui a consacrée M. Mathon et qu'il a rédigée
d'après des documents administratifs et des données de source
certaine.

« Augustin-François BOUCHEREAU est né à Troilet-Châtillon
(Cher), le 28 août 1756, de Jacques-Auguste Bouchereau et de
Marie-Anne Geoffroy (acte de décès de Bouchereau, mairie de
Chauny), qui le firent instruire au Collège de Tours, malgré la
médiocrité de leur fortune. Il entra en suite chez un Procureur au
Parlement de Paris, et y passa neuf années comme maître-clerc. Il
était à la veille de traiter, selon le vœu de sa famille distinguée dans
la magistrature, lorsque la révolution de 1789 éclata.

Forcé de renoncer à un genre d'étude ayant exigé beaucoup de
temps et de dépenses, il vint à Chauny où des relations l'avaient
attiré.

Elles ne lui donnèrent qu'une aisance fort modeste. Il s'y trouva
très heureux d'accepter l'emploi de commis près de l'administration
du District, au mois de juin 1790. La même administration lui
confia, le 19 décembre suivant, le service de ses *archives* et l'aptitude
qu'il y montra, le fit juger digne de remplir les fonctions de secrétaire (19 décembre 1791), en remplacement de Ricrocq, démissionnaire. Il y montra du zèle, de l'activité et de l'intelligence.

Choisi comme électeur par les citoyens actifs (26 août), il
assista en cette qualité (2 septembre 1792), à l'assemblée électorale

de Soissons, chargée d'élire les *conventionnels*. Il fut l'un des secrétaires provisoires de cette assemblée qui le porta, le second, à la suppléance.

Thomas Payne ayant opté pour le Pas-de-Calais, et *Pottofeux*, premier suppléant, pour la fonction de procureur-général-syndic, Bouchereau fut prévenu par ce dernier (27 septembre 1792) qu'il devait aller remplir son mandat, à la Convention nationale ; mais les lenteurs apportées à la vérification des pouvoirs laissèrent en suspens son admission, qui fut enfin prononcée par décret du 8 novembre 1792. Elle ne l'émut point. La promesse de ne pas pourvoir à son emploi, durant son absence, lui fut plus sensible.

Bouchereau *obéit* aux dures nécessités de la situation politique et l'un de ses votes les plus importants, fut celui de la *mort* du roi Louis XVI (16 janvier 1793). *Il s'effaça ensuite.* — Beffroy de Regny le peint en une ligne (1) « Il n'a pas fait parler de lui ; on dit que c'est par modestie! » Ce témoignage dispense de commentaire sur ses tendances et son action.

Animé de la meilleure volonté et d'un sincère patriotisme, il resta dans les limites impérieuses du devoir, à cette époque de luttes, d'organisation et de dévorante activité.

Ses votes ne furent favorables ni à Marat ni à Carlier, dont il détestait les doctrines et les excès.

Le sort l'éloigna de la Convention au mois d'octobre 1795. S'il n'eut pas l'avantage de rentrer dans son emploi, à cause de la suppression des districts, décrétée par la Constitution de l'an III, il eut du moins la satisfaction d'être chargé (2 décembre 1795), par le ministre de l'Intérieur, du soin d'activer dans les départements de l'Oise et de l'Aisne, l'approvisionnement de la ville de Paris, en bois et en charbons. Il remplit cette mission durant vingt-six mois.

Le 23 décembre 1796, Bouchereau reçut de l'administration départementale de l'Aisne les pouvoirs nécessaires pour *inventorier les archives de Chauny*, qui lui étaient très familières. Cette besogne dura quelques mois.

Il eut alors l'occasion d'acquérir (22 janvier 1797), moyennant 1162 francs, la *maison vicariale* de la paroisse Notre-Dame de Chauny (2) et en fit son habitation, après avoir refusé d'exercer les

(1) Dictionnaire Néologique des hommes et des choses ; Paris, Montardier, an VIII.

(2) Cette maison, après diverses mutations, est devenue la propriété de la ville de Chauny et fut rebâtie et destinée à être le presbytère de la paroisse Notre-Dame.

fonctions de maître-particulier de la Maîtrise des Eaux et Forêts de Compiègne et celles d'Inspecteur des Contributions du département des Basses-Alpes, auxquels son mérite l'avait fait appeler.

Le Directoire exécutif, plus heureux, utilisa les talents de Bouchereau, sur la proposition faite le 13 novembre 1797, par Dormay, son commissaire près l'administration centrale de l'Aisne, en le nommant commissaire de l'administration cantonale de *Chauny*, (3 décembre). — Bouchereau s'acquitta avec le soin le plus scrupuleux des obligations multiples que ces fonctions peu lucratives lui imposaient. — L'administration centrale le chargea pendant qu'il les exerçait (3 février et 18 avril 1798), de lui faire parvenir les *archives du district de Chauny* et des anciennes administrations. — Bouchereau s'est acquitté scrupuleusement de cette mission et c'est à lui qu'est due la conservation du *registre du club de Chauny*, qui nous donne une idée très exacte de ce qu'étaient les assemblées populaires dans nos contrées, où on ne les prenait pas toujours au sérieux. (Bulletin de la Société Académique, T. IV).

Au mois d'avril 1798, il fut nommé *agent-forestier à Chauny* poste valant à peine six cents francs par an. Bouchereau consulta pour savoir s'il y avait incompatibilité entre ses fonctions de commissaire et les nouvelles. Dormay transmit ainsi ses scrupules au Ministre de l'Intérieur, le 10 avril : « Ce serait une perte pour la chose publique s'il quittait la place de commissaire qu'il occupe ; l'esprit public s'est réveillé dans son canton, depuis le peu de temps qu'il remplit ces fonctions, et il serait bien difficile de trouver à le remplacer. »

Le Gouvernement ne l'astreignit point à cette nécessité. Bouchereau resta donc Commissaire Cantonal et Agent Forestier ; mais la pénurie du Trésor public le laissa en retard pour le paiement d'un très modeste traitement. Au mois d'août 1799, il avait été près d'une année sans le toucher, malgré les vives réclamations de son supérieur immédiat, l'ex-vicaire épiscopal de Marolle, Jean-Baptiste Martin, devenu Commissaire près l'Administration Centrale, adressées au Ministre de l'Intérieur : « Je vous invite avec instance, « Citoyen Ministre, de prendre en considération l'état d'indigence « où se trouve, par défaut de paiement, un grand nombre de Com- « missaires de ce département et, vous le savez aussi bien que moi, « les plus indigents ne sont pas les moins estimables. »

Incertain sur les conséquences du 18 Brumaire, Bouchereau se fit reconnaître apte à remplir les fonctions de *Notaire*, par un Jury spécial, où figurait Fiquet, son ex-collègue à la Convention nationale (10 février 1800) et, le même jour, fut provisoirement nommé titulaire à *Chauny*, en remplacement de Jean-Alexandre Quiche, démissionnaire ; mais il renonça à ces nouvelles fonctions et à celles d'agent forestier, le Gouvernement consulaire n'ayant point tardé à le choisir pour l'un de ses *Conseillers de Préfecture*, dans le département de l'Aisne (4 avril 1800).

Bouchereau donna, dans ce nouvel emploi, des preuves irrécusables d'une sage expérience et d'une probité exemplaire qui engagèrent ultérieurement le Préfet de l'Aisne à le charger de l'approvisionnement du Quesnoy (8 décembre 1813).

Bouchereau prêta serment de fidélité au Roi Louis XVIII (23 septembre 1814) ; mais sa conduite à la Convention nationale le rendit très suspect et, à la demande du Ministre de l'Intérieur et du Préfet de l'Aisne, il donna sa démission en termes très dignes (16 décembre 1814). Et comme il ne s'était pas enrichi dans ses nombreux emplois, le même Préfet sollicita pour lui (24 décembre 1814) une pension de retraite qui ne lui vint pas.

Bouchereau reprit ses fonctions durant les Cent jours. Carnot, Ministre de l'Intérieur, « satisfait de voir de nouveau siéger un collaborateur aussi éclairé » s'était empressé de considérer la démission de Bouchereau comme non-avenue (28 mars 1815).

Bouchereau jura, le 25 avril suivant, obéissance aux constitutions de l'Etat et fidélité à l'Empereur, en reprenant ses fonctions de Conseiller de Préfecture, dans lesquelles il fut confirmé, le 10 mai, par le Ministre d'Etat, Commissaire extraordinaire dans la première division militaire, en exécution des décrets des 20 et 21 avril ; mais l'intérim comme Sous-Préfet de Saint-Quentin, qu'il fit depuis le 3 mai, retarda son installation définitive jusqu'au 24 du même mois. Il fut maintenu jusqu'en décembre 1815. Une ordonnance royale du 8 du même mois pourvut enfin à son remplacement qui fut effectué le 23.

Exilé comme *régicide*, en vertu de la loi du 12 janvier 1816, Bouchereau se fixa cependant à *Chauny* conformément à une permission spéciale de retour accordée le 25 décembre 1818, par le Roi Louis XVIII, sur la proposition de Decazes, Ministre de la police générale.

Il se fit *défenseur* près de la Justice de Paix de cette ville, afin de se procurer quelques ressources.

Peu de temps après, Bouchereau perdit sa femme : Marie-Rosalie Ségard (27 mai 1828), dont il n'avait point d'enfant et prit pour domestique Marie-Isabelle Pinelli, veuve d'André Bernier, capitaine retraité et chevalier de la Légion d'honneur, décédé à Chauny le 19 novembre 1814.

Resté fidèle à ses idées *libérales*, Bouchereau entretint quelques relations avec Merlin de Thionville, retiré à Commenchon et qui eut l'habileté de se faire nommer suppléant de la Justice de Paix de Chauny et de faire protester trois petites communes (1) contre l'expédition d'Espagne (février 1823). Merlin considéré alors comme l'homme le plus dangereux du département de l'Aisne, fut révoqué et son ancien collègue, rendu très circonspect, évita l'action d'une police fort attentive. Merlin, devenu le point de mire des royalistes, quitta Commenchon pour aller demeurer à Paris (novembre 1824).

La révolution de 1830 favorisa Bouchereau : une ordonnance royale, du 18 avril 1831, l'investit des fonctions de Conseiller d'arrondissement de Laon jusqu'en 1833 inclusivement, mais la condition de Cens indispensable à l'élection les lui fit perdre. Il s'en consola en continuant celles de *Conseiller municipal* de Chauny qu'il exerçait depuis le 16 octobre 1831. Une ordonnance royale, du 30 mars 1832, le nomma *Adjoint* de cette ville ; il refusa, pour cause d'incompatibilité entre ces fonctions et celles de *Juge de Paix de Chauny* que lui conférait une ordonnance royale du 27 février précédent.

Bouchereau profita de la bienveillance que les Chambres accordèrent aux victimes de la Restauration, pour obtenir un secours annuel de 900 francs. Cet accroissement inespéré de ressources modifia singulièrement sa situation. — Obsédé, il n'eut pas la sagesse de tenir compte de ses 79 ans et finit par épouser, le 12 décembre 1835, sa domestique dont la mort déjoua les combinaisons (12 février 1840), sans trop chagriner le vieillard. — Une Syrène parvint à l'amener à Laon, afin d'en obtenir, avec consultation d'avoué, de beaux codicilles ; mais la réaction produite par un froid très intense, ne fit que le priver de la faculté de parler et d'écrire. Ce fut tout ce qu'en obtint l'enchanteresse réduite à le ramener fort chétif à Chauny, où il mourut quelques jours après (23 janvier 1841), laissant à un neveu (sieur Foret-Bouchereau), une maison estimée 8140 francs, 20,769 francs de valeurs mobilières et du linge que des intéressés, favorisés par les initiales de Bouchereau, avaient essayé de soustraire.


(1) Commenchon, Guivry, Neuflieux.

Nous croyons devoir terminer ici le quatrième volume du *Bulletin de la Société Académique de Chauny*, afin de le consacrer presque en entier à la publication du travail préparé par M. l'abbé Caron et des notes qu'il lui avait réservées pour son *Histoire de Chauny en Cent ans*.

Nous donnons, pris sur photographie, le portrait de notre regretté fondateur, comme un souvenir qu'il plaira à nos Sociétaires de conserver et de revoir quelques fois. Il sera l'accompagnement d'une biographie bien établie déjà dans les discours prononcés sur sa tombe et dans la chaire de l'Église Notre-Dame de Chauny. (1)

En voulant lui faire ici un nouveau panégyrique, on courrait grand risque de ne reproduire, en l'amoindrissant assurément, que ce qui a été dit sur les mérites de M. le Curé Caron, le jour de ses funérailles.

A plusieurs reprises, dans le cours de cette histoire abrégée de Chauny, *en cent ans*, le nom de la *sœur Victoire*, religieuse de l'Hôtel-Dieu de Chauny, a été cité avec éloges : c'était justice.

Pour être agréable aux personnes qui ont gardé *souvenance* de cette bonne religieuse *de la Croix* et à celles qui n'ont pas eu l'avantage de la connaître, nous croyons opportun de reproduire, ici, une notice biographique de la sœur Victoire telle que nous l'a transmise la Semaine religieuse, ayant pour titre : *La Foi Picarde* (2), à l'époque du décès de cette excellente religieuse.

Pour augmenter encore l'intérêt de cette notice, nous y ajouterons le portrait de la bonne Mère Victoire, d'après sa photographie.

Nous devons la fidèle reproduction de ses traits au talent et à l'obligeance de M. François Courboin, habile aquafortiste, enfant de Chauny.

(1) Voir le Bulletin, t. 3, de la *Société Académique de Chauny,* pour les années 1888 à 1891, p. 142 et suivantes.

(2) Publiée à Noyon, chez M. Andrieux, années 1865 à 1870, avec la collaboration et sous la direction de M. l'abbé *Lecot*, alors vicaire de Noyon, aujourd'hui Cardinal-Archevêque de Bordeaux.

L'Abbé J. CARON

CURÉ D'AUTREVILLE

Fondateur de la *"Société Académique"*

1839-1889

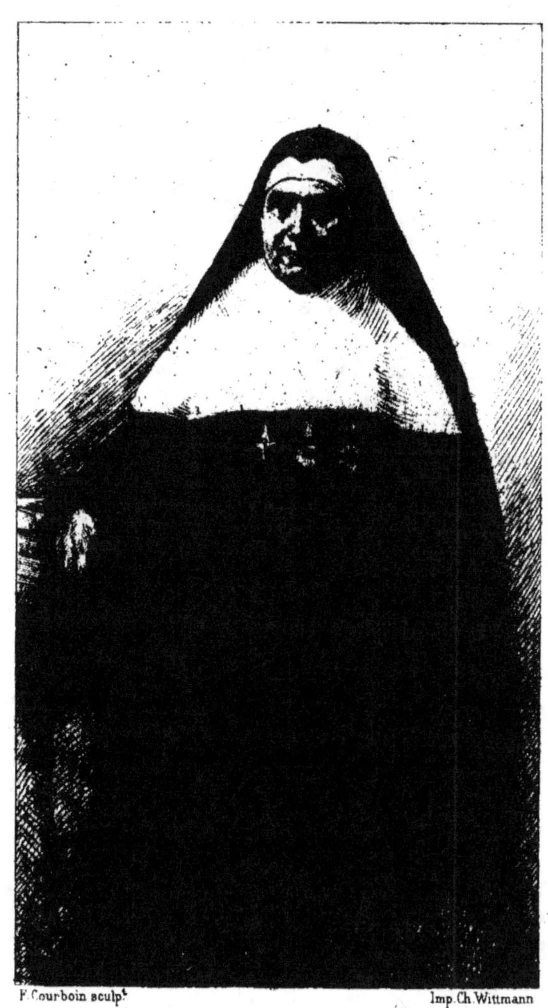

MÈRE VICTOIRE DARRAS
Religieuse de la Croix de Chauny
1804-1868

# *La sœur VICTOIRE de Chauny*

La sœur *Victoire*, cette autre sœur *Rosalie*, que la ville de Chauny avait le bonheur de posséder, vient de mourir le 24 de ce mois (février 1868), dans sa soixante-quatrième année, après une douloureuse maladie.

Née à Lesbœuf, canton de Combles (Somme) en avril 1804, Marie-Sophie Darras s'était fait remarquer, dès ses jeunes années, pour les soins qu'elle aimait à donner aux malades de son pays : elle préludait ainsi à l'Œuvre toute de dévouement qui devait occuper sa vie entière.

Sophie Darras avait dix-huit ans quand elle entra en qualité de sœur hospitalière chez les Dames de *la Croix* de Chauny ; elle y prit le voile deux ans plus tard et reçut en religion le nom de *sœur Victoire*.

Son dévouement, secondé par une activité et une intelligence peu communes, trouva dans cette ville l'aliment qui lui était nécessaire. Aucune œuvre de dévouement ne lui fut étrangère ; sa sympathie généreuse était acquise à toutes les douleurs, soit physiques, soit morales.

On se souvient encore d'une scène attendrissante qui eut lieu devant Leurs Majestés Impériales, lors de leur passage à Chauny, à la fin de l'année 1858. Un commerçant de la ville avait été condamné à une longue réclusion et avait laissé sa femme dans une situation très pénible. A la nouvelle de la prochaine arrivée des Augustes Voyageurs, la sœur Victoire médite un projet charitable ; son bon cœur prépare les moyens de réussir. Elle se trouve à la gare, avec sa protégée, à l'heure de l'arrivée de l'Empereur et, profitant heureusement d'un moment où Leurs Majestés allaient être complimentées par les Autorités de la ville, la sœur Victoire se jette aux pieds de l'Impératrice, une supplique à la main ; elle avait de plus, dans ses bras, les deux petites filles jumelles de sa protégée ; elle les présente avec leur mère agenouillée, en demandant grâce pour un mari, pour un père captif. Surprise et profondément émue de l'infortune de cette famille, l'Impératrice à qui son dévouement a fait donner un jour, dans un foyer d'épidémie, le nom de *sœur*, si bien porté par la suppliante, se retourne vers son époux et l'interroge sur la réponse qu'elle doit faire à l'excellente religieuse. L'Empereur, après une courte information, répond au désir de sa digne compagne et la laisse libre de prononcer le pardon. Aussi l'élargissement du prisonnier fut autorisé immédiatement, et la sœur Victoire compta une bonne œuvre de plus.

Mais c'est surtout dans les grandes calamités, devant les invasions foudroyantes du choléra, que la sœur Victoire montra ce que peut la charité chrétienne. Son dévouement, aidé par une robuste santé, ne connut plus de bornes. Non contente de soigner les nombreux cholériques à l'hospice, jour et nuit, nous disons jour et nuit, car il est avéré qu'elle resta près d'un mois sans se coucher, elle en allait soigner dans la ville et les faubourgs, d'où elle les transportait parfois, sur ses épaules, jusqu'à l'hospice. Ses soins assidus et habilement dirigés ont rappelé plusieurs cholériques à la vie et le pays n'oubliera jamais ces prodiges d'un véritable héroïsme.

Aussi l'édilité municipale, répondant au vœu unanime du pays, voulut récompenser ce dévouement jusque-là sans exemple. Par deux délibérations des 11 février et 10 mars 1833, elle décida qu'il serait décerné à la sœur Victoire une médaille en or, d'une valeur de deux cents francs, portant d'un côté un emblème représentant la Bienfaisance, avec cette inscription : *Epidémie de 1832* ; de l'autre côté : *La ville de Chauny reconnaissante, à la sœur Victoire Darras.*

Ces deux délibérations avaient été prises à la suite d'un rapport dressé par la Commission d'enquête chargée par la Municipalité de recueillir les faits qui attestaient la belle conduite de la sœur Victoire. Ce rapport se termine par ces mots : « Oui, Messieurs, la « sœur Victoire mérite tous nos éloges ; elle est digne de toute notre « estime ; tous les jours elle y ajoute de nouveaux droits ; c'est « une *seconde Providence* pour les malades, et nous sommes heu- « reux d'être appelés à vous proposer de lui voter des remerciements « et de lui donner une marque publique de reconnaissance. »

Cette médaille fut remise solennellement à la sœur Victoire, le 27 juillet 1833, par M. Hébert, maire, assisté de son Conseil municipal, de la Garde nationale et d'une grande partie de la population de la ville qui s'associait ainsi à ses représentants. Ce fut une grande fête pour la cité tout entière.

La sœur Victoire renouvela ses prodiges de dévouement lors de la nouvelle invasion du choléra, en 1849. En vertu d'un décret rendu le 26 décembre de la même année, par le Président de la République, il fut décerné à notre bonne religieuse, une médaille en argent, comme témoignage de la reconnaissance publique.

Ces récompenses civiques ne firent que raviver chez la sœur Victoire le sentiment du zèle et du dévouement qu'elle était habituée à dépenser, chaque jour, dans son service, à l'Hôtel-Dieu ; elles n'éveillèrent en elle aucune pensée d'élévation : « Je suis vraiment « confuse, disait-elle, en 1833, dans sa réponse à M. le Maire, de « l'honneur que la Ville veut bien me faire ; si j'ai fait quelque « chose pour les pauvres malades, je vous prie de croire que je l'ai « fait seulement pour remplir un devoir que mon état m'impose ; « je désirerais pouvoir en faire plus ; mais j'étais loin de m'attendre « à une semblable récompense et, si je l'accepte, j'en attribue bien « moins le mérite à moi-même qu'à la religion et à la Communauté « qui m'ont inspiré les sentiments de Charité qui feront toujours la « règle de ma conduite. »

Elle a tenu parole.

Nous sommes heureux de pouvoir rendre hommage à ce redoublement de zèle généreux, en reproduisant ici, malgré son étendue, la lettre qu'adressait le 2 mai 1851, au rédacteur du journal de Chauny, le *Nouvelliste*, un artilleur de la garnison de La Fère, en témoignage de sa reconnaissance :

« Monsieur,

« J'ai l'honneur de vous prier, si vous le jugez convenable, de « faire connaître aux habitants de Chauny, par la voie de votre « estimable feuille, les soins et les égards dont sont entourés les « militaires, à l'Hôtel-Dieu. C'est le cri de reconnaissance poussé « par un seul au nom de tous. Ce serait donc pour nous, Monsieur, « une bien grande joie, si vous daigniez admettre, au milieu des « pensées toujours belles et nobles de votre journal, l'expression « simple et quelque fois peu française des sentiments de tous les « militaires qui ont eu le bonheur de retrouver ici le repos et « la santé.

« Veuillez, Monsieur, n'avoir aucun scrupule pour mon style ; « on pardonnera à un pauvre soldat.

« En vous priant, Monsieur, d'obtempérer à nos désirs, j'ai « l'honneur d'être,

« Votre très humble et très obéissant serviteur,
« LEBEUF,
« Canonnier à l'Hôpital ».

Suit une description, faite à grands frais de cœur et d'imagination, de l'Hôtel-Dieu, des soins qu'on y reçoit, du dévouement qu'on y trouve, et surtout du zèle maternel que montre la sœur Victoire pour les pauvres malades.

M. Lacroix, directeur de la Manufacture des glaces de Saint-Gobain, qui savait si bien s'associer à tout ce qui était noble et généreux, avait conçu une grande estime pour la sœur Victoire. Il voulut aussi lui laisser un souvenir de sa reconnaissance pour les soins qu'elle ne cessait de prodiguer aux nombreux ouvriers malades de l'Administration.

Cette même Administration qui comprend, elle aussi, le dévoûment et le malheur, accorda à la sœur Victoire une rente qui lui fut fort utile durant sa maladie et son absence forcée de l'Hôtel-Dieu et lui fut servie fidèlement jusqu'à ses derniers jours.

Ces quelques secours qui furent ainsi accordés à la sœur Victoire lui furent précieux, car ils lui ont aidé à subvenir aux frais d'éducation de ses neveux et nièces. « Je ne suis pas mariée, disait-elle parfois en souriant, cependant j'ai quatre enfants à élever » et sa robe noire montra souvent, avec la corde, la pénurie de sa bourse.

La sœur Victoire ne négligea aucune occasion d'augmenter les ressources de la maison à laquelle l'attachaient ses vœux et tant de liens d'affection. On la vit acheter des deniers de son petit patrimoine, un terrain appelé le *Jeu de boules*, où se trouvait une maison dont la fréquentation nuisait aux malades de l'Hôtel-Dieu. La maison fût démolie et le terrain donné à l'Hospice pour servir aux récréations des malades.

Une autre fois, la sœur Victoire voulut doter l'Hôtel-Dieu d'une pharmacie dont l'absence se faisait vivement sentir. Elle se mit à l'œuvre résolument et M. Lacroix, dont nous venons de parler, heureux d'avoir l'occasion de témoigner à la sœur Victoire l'estime affectueuse qu'il garda toujours pour elle, lui fournit la presque totalité de la somme nécessaire à la formation de cette pharmacie.

Elle était infatigable cette bonne religieuse, on la surprit plusieurs fois travaillant de ses mains à l'édification de quelque partie de muraille du vieil hospice, car alors il était bien pauvre en constructions, s'il était riche en vertus et en dévouement.

C'est son dévouement qui a conduit cette courageuse femme au tombeau. Elle donnait des soins à une pauvre malade prise, par moments, d'accès de folie furieuse. Un jour que la digne sœur avait passé auprès de cette femme d'assez longs instants pour la distraire et panser une plaie dont elle souffrait, tout-à-coup, la folle se lève sournoisement, saisit rapidement un sabot qui se trouvait à sa portée et en frappe la religieuse au sein.

Ce fût là l'origine du mal qui emporta, après d'atroces souffrances, la vénérable sœur, à un âge où elle pouvait encore rendre de grands et de signalés services.

La sœur Victoire voulut recevoir en parfaite connaissance, le sacrement des malades. Elle y puisa un surcroît de résignation, de calme, de force que l'on a admirés jusqu'à son dernier soupir ; elle mourut, en effet, comme une sainte fille ; son âme généreuse purifiée par les souffrances de toute nature, monta au ciel, précédée par ses bonnes œuvres.

La ville de Chauny était tout entière à ses funérailles présidées par M. l'abbé Fournaise, curé de Notre-Dame.

M. Hébert, questeur au Corps législatif et maire de Chauny, prononça sur la tombe de la pieuse et sainte fille de *la Croix*, un discours qui répondit pleinement aux sentiments de l'assistance.

Dieu se souviendra du zéle et du dévouement de sa fille, et la mémoire de la vénérable et regrettée sœur Victoire se conservera au milieu de la ville de Chauny, comme un parfum de foi et de charité vraiment évangéliques.

# SOCIÉTÉ ACADÉMIQUE DE CHAUNY

## LISTE DE SES MEMBRES

MM.

BRUNETTE (CHARLES) ✻, Maire de la Ville. — *Président d'honneur.*

POISSONNIER (J.-P.), Propriétaire. — *Président titulaire.*

DAPREMONT (ÉMILE), Adjoint, Licencié en droit. — *Vice-Président.*

TISON (Docteur). — *Secrétaire-Trésorier.*

BAQUET-DUBOIS, Propriétaire.

BRIQUET (LÉOPOLD), Cultivateur, à Abbécourt.

CARRÉ, Conseiller d'Arrondissement, Juge de l'aix du Canton de Coucy.

CROQUET (ONÉSIME), Médecin-Adjoint de la Cie du Nord, à Tergnier.

DEBADIER, Percepteur de Chauny.

DÉCARRIÈRE, Chef du Bureau des études de la Soudière.

DEROLIN (E.), Receveur des Postes et Télégraphes.

DESCAMBRES (E), Notaire.

DUVAL, Notaire.

EVRARD (AMÉDÉE), Directeur de la Soudière, Conseiller municipal.

FONDEUR (POL), Constructeur de Machines agricoles, à Viry.

GUÉRIN (JULES), Conseiller municipal, Négociant.

GUILLAUME (CHARLES), Propriétaire.

HAMCHART (l'Abbé), Curé de Mondrepuis.

HÉBERT ✻, Ancien Questeur au Corps Législatif, etc.

JACQUEMART (RÉNÉ), Conseiller général, à Quessy.

JONCOURT (ÉDOUARD) ✻, Conseiller général, Adjoint au Maire de Chauny.

JONCOURT-LAURENDEAU, Entrepreneur de Travaux.

JOURNEL (KLÉBER), Ancien Maire, Banquier.

LACROIX (Madame Veuve), au Château de Sinceny.

LECOMTE-LEBÈGUE, ancien Négociant, Conseiller municipal.

LÉMEREZ (l'Abbé), Chanoine honoraire, Curé-Doyen de Chauny.

LEPETIT-DOLFUS, Chevalier de la Couronne d'Italie, Industriel, à Suze (Italie).

LEROY-MILON (Madame Veuve), Propriétaire, à Chauny.

MAGNENVILLE (Baron de), Propriétaire, à Versailles.

NEUFLIEUX (de Mory de), ✳, Propriétaire au Château d'Estäy, à Appilly (Oise).

PALANT (l'Abbé), Chanoine honoraire, Curé de Cilly.

PINART-LEGRIS, Conseiller général, à Crécy-au-Mont.

PIGNON (l'Abbé), Curé-Doyen de Coucy-le-Château.

TERNYNCK (Paul), Manufacturier, à Chauny.

TERNYNCK (Emile), Manufacturier, au même lieu.

TOURVILLE (Madame de), Propriétaire, à Paris.

TROUVÉ, Libraire-Éditeur, à Chauny.

VIENNE (Louis de), Directeur de la Glacerie, Conseiller municipal, au même lieu.

WALMÉ, Docteur-Médecin, à Chauny.

---

# LISTE DES OUVRAGES, CIRCULAIRES ET IMPRIMÉS

reçus par la *Société Académique de Chauny*

## DU MINISTÈRE DE L'INSTRUCTION PUBLIQUE

*Bulletin de la Société archéologique et scientifique de Soissons,* tomes XIX et XX, 2e série, 1888-89-90 et tome Ier, 3e série, 1891.

*Travaux de l'Académie nationale de Reims,* 89e volume, année 1890-91, tome Ier et 90e volume, tome 2, année 1890-91.

*Bulletin archéologique du Comité des Travaux historiques et scientifiques,* année 1891, No 3. — année 1892, Nos 1, 2, 3 et 4. — année 1893, No 1.

*Bulletin historique et philologique,* du même Comité, année 1892 Nos 1, 2, 3 et 4.

*Mémoire de l'Académie des sciences, des lettres et des arts d'Amiens,* tome 38e, année 1891 et tome 39e, année 1892.

*Bulletin de la Société des Antiquaires de Picardie,* tome 17, années 1889 à 1893 ; plus année 1892, Nos 1, 2, 3 et 4.

*Mémoires de la Société des Antiquaires de la Morinie*, tome 22, années 1890 à 1892; plus *Bulletin historique* de la même société, 161e livraison. — tome 9, année 1892. — 1er, 2e, 3e et 4e fascicule; plus le tome publié en l'année 1893.

*Mémoires de la Société d'Émulation d'Abbeville*, tome 18, 4e série. tome 2, première partie; plus *Bulletins* de la même société, année 1891, No 4, et année 1892, Nos 1, 2, 3 et 4.

*Bulletin de la Société de l'Histoire de Paris et de l'Ile de France*, 19e année, livraisons 2, 3, 4 et 5, année 1892; plus un catalogue des bulletins mis en vente de cette même société ; et, en outre, les livraisons 1, 2 et 3 (janvier à juin 1893) de la 20e année.

*Discours prononcés* par M. Jansen, membre de l'Institut et M. Bourgeois, Ministre de l'Instruction publique, au Congrès des Sociétés Savantes, à la séance générale du 11 juin 1892.

Et plusieurs programmes de diverses Sociétés savantes pour les concours qui auront lieu en 1893.

*La Thiérache, Bulletin de la Société archéologique de Vervins*, deux volumes in-4o, tome XIII, année 1889 et tome XIV, années 1890-91.

*Mémoires de la Société Académique de Saint-Quentin*, 4e série, tome X, année 1890.

*Bulletin de la Société archéologique, scientifique et littéraire du Vendômois*, tome 31e, année 1892.

*Annales de la Société historique et archéologique de Château-Thierry*, année 1891.

*Comité archéologique de Senlis*, 3e série, tome VI, année 1891 et tome VII, année 1892.

*Histoire du clergé et de l'église d'Amiens*, en 1879, publiée par la Société des Antiquaires de Picardie, tome XIII, année 1892, un volume grand in-4o.

*Bulletin de la Société de Laon*, tome 28e, années 1888, 1889, 1890, 1891. (Publié en 1893.)

*Discours prononcés* le 8 avril 1893, par M. Hamy, professeur d'anthropologie au Muséum, et M. Poincaré, Ministre de l'Instruction publique, etc., au Congrès des Sociétés Savantes.

Deux Albums de statistique graphique, années 1888 et 1889, publiés par le Ministère des Travaux publics.

Ces deux albums sont le dixième et le onzième de la série qui paraît depuis l'année 1879.

# TABLE DES MATIÈRES

## CHAUNY EN CENT ANS

# GRAVURES



FIN DU QUATRIÈME VOLUME

# AVIS

Les Séances ordinaires de la Société Académique se tiennent, pendant l'année, les vacances exceptées, le *dernier Samedi* de chaque mois, à l'Hôtel de Ville, à 8 heures du soir.

Le payement de la cotisation annuelle de, *12 francs*, s'effectue régulièrement à partir du 1 janvier de chaque année. Les abonnements en retard sont perçus, par la poste, avant la clôture du compte annuel du Secrétaire-Trésorier.

Le *Bulletin mensuel* rend compte des ouvrages dont il sera déposé deux exemplaires au Bureau de la Société.